Léon-Marie Vial

Le Juif sectaire

ou la

Tolérance Talmudique

Les mystères du Kahal — documents authentiques — la trahison et la corruption, principe et moyen de gouvernement.

Léon-Marie Vial

Le Juif sectaire
ou
La tolérance Talmudique

Les mystères du Kahal — documents authentiques — la trahison et la corruption, principe et moyen de gouvernement.

1899

Publié par
Omnia Veritas Ltd

www.omnia-veritas.com

DÉDICACE	11
PRÉFACE	17
La prophétie du juif Mirés	17
L'Antisémitisme n'est pas une guerre religieuse	18
Le sémitisme est une guerre religieuse	21
Le sémitisme est une guerre de race	23
L'antisémitisme accepte la guerre de race	26
Nous devons soutenir l'antisémitisme	26
Le juif sectaire	29
PREMIÈRE PARTIE	31
LE JUIF SECTAIRE DANS SA DOCTRINE	31
CHAPITRE PREMIER	33
Les Juifs et le Talmud	33
Le Talmud n'a jamais été désavoué	34
Le Talmud est préconisé	35
Le Talmud est enseigné	36
CHAPITRE II	43
Le talmud et Jésus-Christ	43
L'âme de Notre-Seigneur	43
Le nom de « Jésus »	43
Le mépris de Notre-Seigneur	44
Insultes diverses	44
CHAPITRE III	45
Le Talmud et la Sainte-Vierge	45
CHAPITRE IV	47
Le Talmud et la religion chrétienne	47
L'Évangile est « une hérésie »	47
La religion chrétienne est « la religion de la folie »	47
CHAPITRE V	49
Le Talmud et les sacrements	49
Le Talmud et le Baptême	49
Le Talmud et l'Eucharistie	49
Le Talmud et les cérémonies de l'Église	50
CHAPITRE VI	51
Le Talmud et les Chrétiens	51
« Les Nazaréens »	51

    « Les chrétiens sont des idolâtres » 51

CHAPITRE VII 53
LE DEVOIR DES JUIFS ENVERS LES CHRÉTIENS 53
    Il faut leur faire violer le Dimanche 53
    Il faut les maudire trois fois par jour 54
    Il faut les voler 55
    Il faut les traiter comme des brutes 55
    C'est un devoir de les tuer 55
    C'est un sacrifice agréable à Dieu 56

CHAPITRE VIII 57
LA RÉCOMPENSE DES JUIFS TALMUDISTES 57
    Ils habiteront le « 4e palais du Paradis » 57
    Et le 5e commandement du Décalogue ? 57

CHAPITRE IX 59
DÉFENSE AUX NON-JUIFS DE LIRE LE TALMUD SOUS PEINE DE MORT 59
    L'excommunication juive 60

DEUXIÈME PARTIE 65
LE JUIF SECTAIRE DANS SA CONDUITE 65

CHAPITRE PREMIER 67
LES JUIFS AUX TEMPS APOSTOLIQUES 67
    Les Juifs et Jésus-Christ 67
    Les juifs et les Apôtres 68
    Les juifs et saint Étienne 68
    Les juifs et saint Paul 69
    Les juifs et les premiers chrétiens 73

CHAPITRE II 75
LES JUIFS AUX TEMPS DES PERSÉCUTIONS 75
    Les Juifs sous Néron (54-68) 75
    Les juifs sous Domitien (81-96) 76
    Les juifs sous Antonin le pieux (138-161) 76
    Les juifs sous Marc-Aurèle (161-180) 77
    Les juifs sous Caracalla (211-217) 77
    Les juifs sous Dioclétien (285-305) 77

CHAPITRE III 79
LES JUIFS AU MOYEN ÂGE (475-1453) 79
    Les meurtres rituels 80
    Les profanations Talmudiques 84

CHAPITRE IV 89

LES JUIFS DANS L'HISTOIRE MODERNE 89
- Le juif docteur de l'incrédule 89
- Père de Voltaire et de la libre-pensée 90

CHAPITRE V 95

LES JUIFS ET LA RÉVOLUTION 95
- la Révolution est juive dans la Déclaration des droits de l'homme et du citoyen 95
- La Révolution est juive dans le « Décret de naturalisation des juifs » 96
- « Le droit de cité, refusé à Dieu, accordé aux juifs » 98
- Aveux officiels des juifs 99

CHAPITRE VI 101

TOUTES LES RÉVOLUTIONS SONT JUIVES 101
- La Révolution de 1848 a été juive 101
- « Les idées modernes sont l'avenir du judaïsme » 101
- La Révolution internationaliste sera juive 102
- Les révolutions sont la revanche du Talmud sur l'Évangile 103

CHAPITRE VII 107

LES JUIFS AU XIXE SIÈCLE 107
- Le gouvernement secret des juifs, « le Kahal » 108
- Le Code du Kahal 110
- Le pouvoir universel et absolu du Kahal 112
- Défense de dénoncer le Kahal aux autorités chrétiennes 115
- Défense d'insulter un membre du Kahal 116
- La Magistrature du Kahal 117
- Défense de dénoncer le tribunal juif aux autorités chrétiennes 119
- Contre les récalcitrants 119
- Le Persécuteur secret 121
- La police secrète du Kahal 122
- Les impôts du Kahal 126
- L'impôt sur les opérations commerciales, etc. 127
- L'impôt sur la viande caschère 129
- Le droit de propriété universelle du Kahal 132
- Le droit de séjour 134
- Le droit d'exploiter la propriété d'un non juif ou de « Hazaka » 135
- Vente du droit d'exploiter un hôpital appartenant à des moines catholiques 136
- Vente du droit d'exploitation des magasins du chrétien Baïkoff 138
- De la suppression du droit d'exploitation des biens d'un chrétien 139
- Pour soutenir des cabaretiers juifs contre des fournisseurs chrétiens 141

- *Pour ruiner les fournisseurs chrétiens* 142
- *Pour corrompre une municipalité chrétienne* 142
- *Pour corrompre le secrétaire chrétien d'un préfet (ou d'un gouverneur)* ... 143
- *Pour corrompre un tribunal chrétien* 143
- *Pour corrompre les agents chrétiens de la police* 144
- *Pour corrompre des fonctionnaires chrétiens* 144
- *Pour adoucir les effets d'une révision désavantageuse aux juifs* 145
- *Pour échapper à une statistique qui pourrait être défavorable* 146
- *Pour corrompre un empereur et conjurer un décret impérial menaçant* ... 146
- *Premier impôt* 147
- *Pour corrompre un Empereur.* 148
- *Deuxième impôt* 148
- *Contre les juifs récalcitrants à ces levées d'impôts extraordinaires.* ... 150
- *Troisième ordonnance* 150
- *Pour couronner le succès de la corruption de l'Empereur.* 151
- *Quatrième ordonnance* 151
- *Le Kahal en France* 153
- *Consistoire central des Israélites de France* 158

I 160

LES PAROLES DE HAINE DES JUIFS 160
- *« Le crime est ordinaire chez les chrétiens, extraordinaire chez les juifs »* . 161
- *« Les petits pains qu'ils appellent leur bon Dieu »* 163
- *« La saleté qu'ils mettent là-dedans »* 164
- *« Cléricafards, pierrots d'église »* 164
- *Le docteur juif Lombroso et l'Évangile* 166
- *Les médecins juifs et le baptême* 167
- *Comment le juif Bernheim juge Bernadette et Jeanne d'Arc* 168
- *Bernheim et les miracles de Lourdes* 169
- *Le docteur juif Herzl et l'hospice des incurables* 171
- *« Vous êtes un clérical »* 174
- *« Les Jésuites dans la grève »* 176
- *« L'idée antisémitique vient de Rome »* 176
- *« La persécution contre Dreyfus vient de l'Eglise »* 177
- *« Tous ceux qui n'y croient pas sont des cléricaux »* 178
- *« M. Brunetière le missionnaire du Pape »* 179
- *« Le juif Dreyfus et le catholique Bazaine »* 179
- *« Les antisémites sont des esprits égarés »* 182
- *L'arme juive est usée* 185
- *« Jésuites et antisémites »* 185

II 187

LES ACTES DE HAINE DES JUIFS 187
- *La triplice judéo-maçonnico-protestante* 188
- *Les aveux du grand rabbin Astruc* 189
- *Les aveux du grand rabbin Isidor* 190

Les aveux du f∴ Yves Guyot.. 192
Les aveux de l'» Univers israélite » 193
Les aveux de la « Lanterne » juive 194
Les aveux du Grand-Orient 195
Les aveux du f∴ Brisson, président du conseil 196
« Juifs, protestants et francs-maçons forment l'ossature du parti républicain » 196
« Ils veulent tous la révision » 197
« Il faut la leur accorder » 197
Le IXe arrondissement quartier général de la Triplice 198
Le juif généralissime de la Triplice 199
Le juif Crémieux généralissime 201
Le juif Adriano Lemmi généralissime 207
Le Grand-Orient de France obéit au juif généralissime Lemmi................ 214
Le f∴ Brisson, président de la Chambre, obéit au Gr∴ Or∴ 216
La franc-maçonnerie universelle aux ordres du juif généralissime 219
Les deux loges juives de Londres.. 219
Reprenons notre citation. 219
La loge juive de Rome 219
Les loges juives d'Allemagne 220
« Les juifs gouvernent le monde » 221
Le Juif à l'assaut des libertés catholiques 225
La théorie juive « du prêtre à la sacristie » 227
Le juif et le clergé catholique 229
Le juif Reinach et « les lois existantes » 235
Les juifs contre le repos du dimanche 236
Les juifs et la loi scolaire 241
Le juif Camille Sée et les lycées de filles 250
Le juif Naquet, et la loi du divorce 252
Les juifs et la dépopulation 254
« Il faut se créer des besoins plus raffinés » 257
« Il faut jouir en pleine liberté » 257
« Il faut réhabiliter le capital » 257
« Il faut occuper de somptueuses demeures »... 257
Cette doctrine est pratiquée 258
Quatre millions et demi de ménages sans enfant ou à fils unique 261
La France au dernier rang de la natalité.. 263
La France au cinquième rang de la population aujourd'hui 263
La France au dernier rang de la population, demain 264
La disparition prochaine de la France 265
Que répondent les juifs ? 267
Le système juif 269
« Prêtres récalcitrants, rabbins obéissants » 271
III... 273

- Les privilèges des Juifs en France 273
  - Épiscopat français et Grand Rabbinat 273
  - Rabbins et prêtres catholiques 275
  - Églises et synagogues 276
  - Oratoires juifs et oratoires catholiques 277
  - Fabriques et consistoires israélites 277
  - Séminaires juifs et séminaires catholiques 278
  - Soldats juifs et soldats catholiques 280
  - La loi pour les juifs et la loi pour les catholiques 284
- IV 290
- Jusqu'où va la tolérance talmudique 290
  - Les juifs voleurs des chrétiens 290
  - « Crois ou meurs » 291
  - Les juifs massacreurs des chrétiens 296
- V 299
- Les meurtres rituels au XIXe siècle 299
  - Meurtre d'un enfant russe en 1831 300
  - Meurtre du P. Thomas en 1840 300
  - Quelques meurtres contemporains 303
  - Meurtre d'Esther Solymosi 304
  - Meurtres les plus récents 307
- VI 314
- Tolérance juive à l'égard des chrétiens français 314
  - Morts inexpliquées 319
  - L'Association « morte la bête, mort le venin » 321
  - Valses de la mort 322
  - La mort de Félix Faure 325
  - Un prophète de malheur 327
  - Est-ce « la tragique surprise » ? 328
  - Est-ce « le coup de tonnerre » ? 329

CHAPITRE VIII 331

- Coup d'œil rétrospectif 331

CHAPITRE IX 337

- Conclusion 337
  - « Que faire ? » 337
  - Si nous faisions de la diplomatie ! 338
  - Et si le juif est un fléau de Dieu ? 343
  - « Pourquoi en vouloir surtout au juif ? » 345
  - « Que ferions-nous sans le juif ? » 346
  - « Et la conversion des juifs ? » 346
  - « Pousser à la guerre, les citoyens les uns contre les autres ? » 351
  - Le terrain d'union 353

« Nous autres juifs, avec notre esprit mercantile, nous savons que chaque mot écrit en notre faveur nous rapporte des intérêts usuraires.

« Aussi ne négligeons-nous aucun sacrifice pour le répandre, pour encourager l'auteur et récompenser l'éditeur.

« Si, au contraire il apparaît un livre qui nous soit hostile, nous ne l'achetons pas et l'édition ne tarde pas à passer de la maculature au pilon...

« ... Le publiciste n'est plus rien, nous n'avons qu'à organiser contre lui la conspiration du silence. »

(LE JUIF SAULUS, *Wücherpille*, journal de Mayence, janvier 1895.)

DÉDICACE

Ce volume est l'esquisse, à grands traits, de la tolérance des juifs, à travers dix-neuf siècles, à l'égard des chrétiens, spécialement des chrétiens français qu'il est de mode aujourd'hui d'accuser tous les jours d'intolérance à l'égard des juifs.[1]

La tolérance — ou l'intolérance — des uns à l'égard des autres ressortira avec éclat, croyons-nous, de la situation faite aujourd'hui par une minorité d'environ cent cinquante mille juifs à une majorité de trente-huit millions de Français, catholiques à tous les degrés,[2] pour avoir poussé la tolérance, il y a cent ans, envers ces étrangers, jusqu'à les admettre sur le pied de la plus stricte égalité, parmi les membres de la grande famille française.

À la clarté aveuglante des événements contemporains, résultats inévitables d'un siècle d'expérience, une première conclusion s'impose :

---

[1] Nous lisons dans l'*Annuaire des archives israélites* (1895-1896), sous la signature de M. Prague, directeur : « L'*intolérance* religieuse dirige sur Israël, son séculaire adversaire, le feu roulant de ses calomnies et de ses injures, etc. »
C'est une simple note au milieu du concert de malédictions dont les juifs assourdissent tous les jours nos oreilles chrétiennes ! Malheureusement, il n'y a pas que des juifs dans ce concert !
Un *comité* (soi-disant catholique) *pour la défense du droit*, s'est fondé ; en mars 1899, sur un programme, fulminant, lui aussi, « contre l'esprit d'intolérance ». Il ne s'agit pas de « l'intolérance *juive* », bien entendu ! Tant mieux ! Nous nous expliquerons une fois pour toutes !
[2] Les catholiques de baptême, de première communion et de mariage, qui sont le grand nombre, s'ils ne pratiquent pas assidûment leur religion, du moins ne l'ont jamais reniée et sont heureux, la plupart, d'y revenir à l'heure de la mort, comme nos regrettés présidents Carnot et Félix Faure !
Ils seraient même fiers d'y vivre, ainsi que nos pères d'avant voltaire (qui demanda cependant, mais en vain, un prêtre à son lit de mort), ainsi que les catholiques du monde entier, aujourd'hui, en dehors de chez nous, si le juif n'avait payé l'hospitalité fraternelle qu'il a reçue en France — en France seulement— en imposant aux Français *la honte* de cette religion de charité qui l'a fait accueillir !

La France est perdue si elle ne brise à bref délai le réseau des tyrannies cosmopolites où elle étouffe et se débat dans les étreintes de l'agonie !

— Par quel moyen ?

— *Par l'union* active *de tous les Français sans distinction sur le terrain, seul pratique en ce moment, du patriotisme, c'est-à-dire de* l'antisémitisme.

Ce sera notre conclusion dernière.

Nous dédions ce travail à Édouard Drumont comme un hommage affectueux du disciple au Maître, comme un tribut d'admiration à l'initiateur du mouvement providentiel en voie de sauver l'Algérie et qui sauvera la France, si, dans le secret dessein de Dieu, la France doit être sauvée !

Vial.

Paris, 2 juin 1899.

Cliché P. Nadar

ZADOC-KAHN

Membre du consistoire centre israélite grand rabbin de France

Préface

La prophétie du juif Mirés

« *Si dans cinquante ans vous ne nous avez pas pendus, il ne vous restera pas de quoi acheter la corde pour le faire.* »

— Qui a dit cela ?

— Le juif Mirés, en 1860.

— De qui l'a-t-il dit ?

— De ses coreligionnaires.

— À qui ?

— Au général Turr qui l'a répété au « dîner des Spartiates » chez les Goncourt qui l'ont fidèlement reproduit dans leur journal qui se publie en ce moment.[3]

« Dans cinquante ans ! » dit-il en 1860.

Or, nous sommes en 1899 ! Donc en 1910 ! Donc dans onze ans l'échéance !

---

[3] C'est le même juif Mirés qui reçut une volée de bois-vert des *Archives israélites* (juin 1867), pour avoir dit qu'» Israël devait de la reconnaissance aux papes ». On sait que les juifs, au moyen âge, appelaient Rome « le Paradis des. juifs ».
M. le député Rouanet incline pour les *Archives israélites* contre le juif Mirés et les juifs du moyen âge, puisqu'il a accusé l'Église, à la tribune, le 22 décembre 1898, « *de ne-pas faire son devoir à l'égard des juifs* ».

Mais au train dont vont les événements, surtout avec l'affaire Dreyfus, il pourrait bien se faire que la prophétie ne l'attendît pas, pour se réaliser dans un sens ou dans l'autre !

Non pas que nous souhaitions le massacre des juifs ; *nous le réprouvons au contraire de toutes nos forces ; ce n'est point par le crime qu'on doit réprimer le crime !*

Mais nous réprouvons avec non moins de vigueur *la croissante et criminelle audace des juifs qui font tout ce qu'il faut pour expliquer, sinon pour justifier les représailles sanglantes, au cas où elles se produiraient :*

Ce que l'audace juive justifie, en tout cas, ce sont les progrès chaque jour croissants de l'antisémitisme qui, lui, du moins, quoi qu'on en dise, ne réclame point la mort des juifs, mais leur simple amendement.[4]

En tout cas, cet amendement, il l'exige, bien décidé à ne point capituler devant d'injustes, de criminelles résistances, dussent-elles se réfugier indéfiniment dans le « maquis de la procédure ».

Qu'est-ce donc que l'antisémitisme ?

L'Antisémitisme n'est pas une guerre religieuse

« *L'Antisémitisme*, a dit avec vérité le sympathique député d'Espalion, M. Massabuau, *n'est pas une doctrine, c'est une*

---

[4] Jamais M. Drumont, chef de l'antisémitisme, seul qualifié pour parler au nom du parti, n'a *préconisé* la mort violente des juifs !
En revanche, les chefs du sémitisme ont salué avec sympathie, -s'ils ne l'ont pas provoquée, la fondation de la Société « *Morte la bête, mort le venin* » qui « a pour but de lutter par tous les moyens, *quels qu'ils soient*, contre la tourbe antisémite et son dévoué président ».
De plus, ils rétribuent tous les jours les anarchistes de Sébastien Faure, vulgairement appelés « quarante sous » et que nous appelons, nous, *les chevaliers de la matraque et du revolver*.

protestation, de telle sorte que si, demain, les causes légitimes de protestations antisémitiques venaient à disparaître, il n'y aurait plus d'antisémitisme. »

L'antisémitisme, dans sa forme actuelle, est tout entier dans cette définition.

« Il n'est pas une doctrine. »

S'il était une doctrine, en effet, il combattrait la doctrine juive contenue dans le *Talmud.*

Il flétrirait tes rabbins chargés d'enseigner cette doctrine, au nom de l'État, dans les séminaires rabbiniques et dans les synagogues.

Il flétrirait l'État qui n'a pas honte de stipendier avec les deniers du peuple français ces docteurs d'une doctrine religieuse hostile à la doctrine religieuse de la grande majorité des Français.

Voilà ce que l'antisémitisme ferait s'il était une doctrine.

Mais il n'est pas une doctrine[5] ; il n'est et ne veut être qu'une protestation contre les abus de pouvoir d'une minorité oppressive contre une majorité opprimée.

---

[5] Ou plutôt, *il ne veut pas l'être*, bien qu'au fond et quoiqu'il s'en défende, il soit une doctrine :
La doctrine même du catholicisme qui a si bien façonné le tempérament français pendant dix-huit siècles, qu'il est dans la nécessité, s'il veut demeurer *français*, de redevenir instinctivement chrétien contre le juif cosmopolite !
C'est l'idée exprimée à Lille, en mars dernier, par M. Brunetière, dans sa conférence qui peut se résumer ainsi : « *La France ; c'est le catholicisme* ».
C'est l'idée exprimée par le correspondant russe de la *Libre Parole*, qui lui écrivait de Saint-Pétersbourg, le 9 janvier 1899
« Quoi qu'en disent les ennemis de la France, la fille aînée du christianisme a toujours joui chez nous de la réputation d'être *dévouée à la foi divine du Sauveur* et le peuple russe a toujours été touché par les *qualités essentielles du caractère national français.*

Respectueux de l'article x de la *Constitution des droits de l'homme et du citoyen* :

« Nul ne doit être inquiété pour ses opinions religieuses », les antisémites laissent aux juifs le bénéfice complet de cette clause d'une constitution inspirée cependant et préparée par eux — nous le verrons plus loin — et arrachée de vive force au vote de la Constituante.

« Voilà pourquoi l'alliance conclue par notre gouvernement avec la République française a été chaleureusement approuvée et ratifiée par nos masses populaires. » (Libre Parole, 15 janvier 1899.)

Un récent événement a mis en lumière toute la justesse de cette appréciation.

Le Président de la République française, Félix Faure, venait de mourir *chrétiennement*.

On discutait à la Chambre sur le vote du crédit nécessaire-pour lui assurer des obsèques *religieuses* et nationales, en séance du 20 février 1899.

« Je proteste, s'écria M. Dejante, contre le *caractère religieux* de ces obsèques, contraire au sentiment national ! o

« Je ne puis laisser dire, répliqua M. le Président de la Chambre, que les sentiments de la famille de M. Félix Faure ne soient pas conformes au sentiment de la nation. »

Il aurait pu ajouter : « et de m. Félix Faure lui-même » qui *« en pleine connaissance*, alors que sa parole était encore libre et claire, *s'est adressé à moi à deux reprises différentes, me demandant de faire appeler un prêtre* », dit M. Le Gall, chef de cabinet du Président défunt, en une note officielle, le 20 février.

Sans s'en douter, MM. Deschanel et Dejante venaient tout simplement de manifester, l'un « la qualité essentielle du caractère national français », l'autre... le contraire !

Ah ! si nous n'avions pas *peur* de manifester partout et toujours cette qualité !...

Chose curieuse ! cette crainte de s'avouer chrétien inspirée par les juifs dont elle fait si bien les affaires, les juifs la reprochent aux antisémites : « *Vous n'avez pas de doctrine* », leur a dit M. *Rouanet à la tribune*, le 24 décembre 1898, au nom des juifs !...

Mais, si les antisémites s'avouaient chrétiens, les juifs crieraient à l'intolérance religieuse ! À l'Inquisition !... Torquemada !... Allez la musique !

Quoi qu'ils disent, quoi qu'ils fassent, aux yeux d'Israël, les antisémites auront toujours tort. Ce devrait bien être une raison pour eux de ne pas tant se gêner avec les juifs et d'affirmer crânement leurs sympathies pour la doctrine divine qui a fait, *quoi qu'en dise la synagogue*, la grandeur de la France et donné au monde ce que le monde lui-même s'honore d'appeler « la civilisation française ».

Nous devons à « l'affaire » un retour marqué dans cette voie même et surtout à Paris où jamais l'affluence des hommes n'a été plus considérable que cette année 1899, pour l'accomplissement du devoir pascal.

Faut-il rappeler l'extraordinaire pèlerinage des soixante-dix mille hommes à Lourdes, du 17 au 21 avril ?

Les docteurs juifs peuvent enseigner à loisir leur doctrine de haine contre la doctrine catholique ; les fidèles juifs peuvent s'en instruire à leur gré, tous les jours, dans les séminaires rabbiniques et les synagogues.

Jamais les antisémites, nous parlons des *chefs*, n'ont eu même l'idée d'un projet de loi, tendant ne fût-ce qu'à diminuer cette liberté religieuse, cependant exorbitante, d'une minorité juive.

Les juifs en pourraient-ils dire autant à l'égard de la liberté religieuse de la grande majorité des Français, des catholiques ?

Le sémitisme est une guerre religieuse

Pendant que les juifs pratiquent librement leur religion en France, c'est-à-dire hors de chez eux, comment nous laissent-ils pratiquer la nôtre chez nous ?

Cet article X de la Constitution, dont ils nous imposent le respect quand il s'agit d'eux, comment le respectent-ils eux-mêmes lorsqu'il s'agit de nous ?

Ils le respectent si peu que, dans l'arsenal des lois d'exception forgées depuis vingt ans contre les catholiques, il n'y en a peut-être pas une seule où vous ne découvriez la main secrète du juif.

De telle sorte que si nous, *majorité*, nous respectons leur religion, eux, *minorité*, ne respectent pas la nôtre.

Si nous ne leur faisons pas de guerre religieuse chez eux, où nous ne sommes pas, eux nous font la guerre religieuse chez nous, où ils sont.

Et avec d'autant plus d'acharnement et de succès que, par une sorte d'aberration mentale inspirée et soigneusement entretenue par la presse à leur gage, *sur ce terrain même où ils nous attaquent, nous nous sommes imposé de ne pas nous défendre !...*

Notre condescendance va jusque-là !

Elle est admirablement formulée dans la définition de l'antisémitisme : « Une protestation, non une doctrine.[6] »

M. Brunetière abonde en notre sens quand il montre, dans la *Revue des Deux-Mondes*, mars 1898, la justice des revendications de l'antisémitisme et de ses adhérents.

« *Je conçois bien que l'on s'en fâche, mais non pas qu'on leur en dispute le droit et qu'on crie et l'intolérance.*

« D'autant plus que depuis ces vingt ans *on a comme épuisé contre ces trente-huit millions (de Français) tout ce qu'il y a de mesures de persécution compatibles avec les apparences ou l'hypocrisie de la paix.*

Les lois qu'on appelle « intangibles » sont là pour le prouver, la *loi scolaire* surtout ; ou encore *l'accusation de cléricalisme* qu'on intente à tout gouvernement qui a l'air seulement de moins « persécuter » qu'un autre.

---

[6] Le comte de X., habitant la Pologne russe, non loin de Wilna, a exprimé la même idée dans une *inter view à M. de Boisandré, de la Libre Parole (5 février 1898)* :
Vous me faites rire, vous autres Français, dit-il, quand vous vous laissez accuser par tous ces s... de faire une guerre de religion !
Mais ce sont les juifs qui vous la font : l'affaire Dreyfus a été pour eux le prétexte d'une véritable croisade religieuse, à laquelle tous les juifs du monde entier ont pris part.
Quand donc vous déciderez-vous à comprendre que le juif est l'homme du signe retourné et que sa tactique éternelle consiste à vous mettre sur le dos toutes les ignominies qu'il commet lui-même »
Nous ajoutons que c'est partout ainsi : En Autriche-Hongrie, par exemple, où les juifs sont les maîtres comme chez nous, « ils sont les instigateurs, les promoteurs et les instruments de l'anticléricalisme... » Toutes les lois antireligieuses votées, soit à Vienne, soit à Budapest, sont dues à l'influence juive. » (Abbé Kannengieser, Juifs et Catholiques en Autriche-Hongrie).
La loi du *mariage civil*, par exemple, imposée en octobre 1895. Nous en parlons plus loin.

Considérez aussi la manière dont on traite les « ralliés » et demandez-vous ce que l'on défend contre eux !

Je veux bien que ce soit la possession effective du pouvoir, et sans doute elle en vaut la peine ! Mais surtout, c'est un *ensemble d'idées* et, si je l'ose dire, c'est un *anticredo !* »

Un *anticredo !* Retenons le mot par lequel l'illustre penseur constate mieux que nous ne le saurions faire que :

Le sémitisme, lui, ne se contente pas d'être une *protestation* — contre nos velléités d'échapper à sa tyrannie — qu'il est bel et bien une *doctrine*.

Nous ajoutons : celle du *Talmud*, ce qui nous permet de le définir : « Un recueil choisi de principes Talmudiques à l'usage du parfait sectaire. »

Oui, le sémitisme est une guerre religieuse, n'en déplaise au professeur universitaire belge Edmond Picard, qui prétend le contraire dans l'introduction du volume, si documenté, d'ailleurs, de notre confrère François Bournand : *Les Juifs et nos contemporains*.

Nous verrons bientôt avec quelle férocité implacable cette guerre est conduite depuis des siècles contre la France, « cette incarnation vivante, parmi les nations, de la pensée de Jésus-Christ, » suivant l'expression de M. Kimon.

Mais le sémitisme n'est pas que cela !

Le sémitisme est une guerre de race

Un des principaux défenseurs de Dreyfus, le juif Bernard Lazare, en fait l'aveu, agrémenté d'un... mensonge, à un journal dreyfusiste, le 9 décembre 1898 :

Je l'ai défendu (Dreyfus), parce qu'en lui, dit-il, *on traquait le juif* et que *je suis juif.* »

Parce qu'on traquait le juif », voilà le mensonge ! Il le sait bien !...

Parce que je suis juif », voilà la vérité ! Pour bien établir cette vérité, il ajoute : « Ceux d'entre les juifs qui souffrent me tiennent par *mille liens* qui ne se rompront jamais. »

Parmi ces mille liens, ne faut-il pas compter comme les plus solides ceux de la *religion* et de la *race* ?...

Rien de plus naturel, de plus logique.

La religion informe l'âme, comme l'âme informe le corps. Et cela est vrai des peuples aussi bien que des individus.

La pratique religieuse infuse dans les individus des habitudes bonnes ou mauvaises, suivant la religion, qui, transmises de génération en génération, finissent par devenir des habitudes de *famille*, c'est-à-dire de *race*.

C'est dans la pratique de l'Évangile depuis près de deux mille ans que la famille, c'est-à-dire la *race* française,[7] a contracté l'habitude de

---

[7] La *famille*, voilà le vrai, l'unique fondement de la *Patrie*, qui n'est que l'*extension de la famille*, comme la famille n'est elle-même que l'*extension de l'individu*.
L'individu fonde une famille, les familles fondent le village ou la ville ; les villages et les villes constituent la province ; les provinces constituent la *Patrie*.
La Patrie ? Mais c'est un arbre dont les provinces sont les *branches*, les villes et villages la tige, la famille la *racine*, l'individu la *graine*.
Voilà pourquoi l'idée de *Patrie* répond si bien à l'idée de *race* : celle-là n'étant que la dernière évolution, le dernier terme de celle-ci ; pourquoi encore la *race juive* n'a pu se mêler à la *race française*.
Ce sont des sèves distinctes, circulant dans des arbres distincts, et dont l'une — la sève juive — refuse absolument de se mêler à l'autre.
Allez donc greffer un buisson sur une vigne !... Ceci répond à deux choses :
1° Au *desideratum* de « La Patrie française », formulé par son comité, le 1er avril 1899 :

charité qui la distingue encore aujourd'hui dans le monde entier, malgré ses-défaillances.[8]

Qui pourrait dire que deux mille ans de pratiques Talmudiques n'aient point infusé dans la famille, c'est-à-dire dans la *race* juive, ces habitudes de rapine, de vol, de trahison, etc., que le *Talmud* préconise en cent endroits différents, et dont nous sommes tous les jours victimes de toutes les manières ?[9]

Et voilà comment le sémitisme, par le fait qu'il est une guerre *religieuse*, est devenu fatalement une guerre de *race* ; comment, après avoir persécuté *l'âme* de la France dans sa religion, il en est venu à persécuter le *corps* de la France dans son patriotisme et ses intérêts matériels.[10]

Plus que jamais, disait-il, il faut définir l'idée de Patrie et ramener à des limites étroites le sentiment de la nationalité. »
2° À l'erreur, selon nous, de M. Maurice Barrès, affirmant (*Journal*, 12 mars 1899) qu'une patrie est fondée
sur les morts et sur la terre. »
Les morts et la terre » sont du *patrimoine* de la famille, c'est-à-dire de la Patrie ; ils n'en sont pas le fondement.
[8] Elle s'est soudainement réveillée dans la merveilleuse souscription de 130,000 francs recueillis en quinze jours contre Reinach et les juifs.
[9] M. le grand-rabbin Zadoc-Kahn était de notre avis quand, à l'occasion de Kippour, parlant du Zekhout abot, à la synagogue de la rue de la Victoire, septembre 1895, il s'écriait :
« Nos tendances, nos aspirations sont un legs du passé. Il y a beaucoup de vrai dans l'idée de l'hérédité morale et par cela même dans celle du progrès moral. »
Le tout, c'est de s'entendre sur le sens de « progrès moral ». Il y a, comme toujours, le sens *catholique* et le sens Talmudique.
[10] Voilà sans doute « *les persécutions, les guerres de race et de religion* » auxquelles Mgr le duc d'Orléans s'est déclaré « *fermement opposé* » dans son discours de San-Remo, aux groupes royalistes du Midi, février 1899.
Car il ne serait pas admissible :
Qu'au nom de la *liberté de conscience*, le juif Talmudiste puisse violenter la conscience de trente-huit millions de catholiques ;
Qu'au nom des *droits de l'homme*, le juif cosmopolite puisse les mettre hors de l'humanité ;
Qu'au nom des *droits du citoyen*, le juif étranger puisse les mettre « hors la loi » dans leur propre pays.

L'ANTISÉMITISME ACCEPTE LA GUERRE DE RACE

Mais, ici, tout ne va pas au gré du juif : il rencontre l'antisémitisme.

Libre de persécuter les convictions religieuses de la majorité des Français, il ne l'est plus autant de s'attaquer à la patrie, à ses intérêts matériels.

Cette résistance, pour n'être que partielle et sur un point relativement secondaire, n'en doit pas moins être applaudie, encouragée, soutenue.

Mieux vaut encore résister sur un seul point que de ne pas résister du tout, défendre ne fût-ce qu'un bastion de nos forteresses que de capituler sur toute la ligne ?

NOUS DEVONS SOUTENIR L'ANTISÉMITISME

Disons plus : ce terrain de lutte n'est-il pas le seul pratique, *pour l'instant*, chez un peuple dont le juif a ravagé la foi ?

Une fois armé de sa *Constitution des droits de l'homme et du citoyen*, le juif s'est dit :

Il ne serait pas admissible, dis-je, que le juif puisse commettre de pareils attentats contre trente-huit millions de catholiques français, sans que *ceux-ci aient le droit de se défendre* !
Mais, ce qui serait très admissible, ce serait, pour eux, de céder ce droit *naturel* de légitime défense, à un chef d'État qu'ils verraient *vraiment soucieux de le protéger et de le faire respecter partout et toujours envers et contre tous*.
Et cela serait simplement la protection des droits naturels de la famille française ; ce ne serait ni « une persécution » ni une « guerre de race ou de religion ».
Si c'est là ce que Mgr le duc d'Orléans a voulu dire, il a simplement traduit les sentiments de la grande majorité des Français, que le vaillant et sympathique député du Gers, M. Lasies, résumait en deux mots, au passage de Mgr l'archevêque d'Auch au Houga, le 8 mars 1899
« Monseigneur, dit-il, tous nous sommes prêts aux extrêmes sacrifices pour la défense de notre foi et de notre race. »

« Ce peuple français est invincible sur le terrain élevé de sa foi religieuse !

« *Il faut l'en faire descendre, l'amener peu à peu sur le terrain des intérêts matériels où, nous autres juifs, nous sommes rois et où, par conséquent, nous le vaincrons sûrement.* »

Tel Napoléon aux Tuileries, étudiant sur une carte le champ de bataille de Marengo « Ce pauvre M. de Mélas, disait-il, se repliera vers Alexandrie... Je le joindrai là, dans la plaine de la Scrivia et je le battrai là... là... »

Le juif, aussi, nous a fait descendre là... là... dans la plaine des intérêts matériels ; il y a trouvé son Marengo et nous, la déroute complète.

Et maintenant que faire ?

Remonter à la forteresse ?

Sans doute ! C'est là notre objectif ! Mais c'est momentanément impossible.

Le juif, aidé de ses suppôts obligatoires, le protestant, le franc-maçon et autres « intellectuels », nous barre la route. Il faut déblayer le terrain !

Comment cela ?

Par une éclatante victoire, *non pas sur les sommets élevés de la foi, d'où le juif nous a délogés*, et qu'il s'agit précisément de reconquérir, mais *sur la colline du patriotisme, où l'élite de nos soldats résiste encore et dans la plaine, en même temps, des intérêts matériels*, où le juif a perfidement attiré le gros de nos troupes.[11]

Au surplus, ce ne fut point sur la montagne que Josué vainquit les Amalécites, ce fut dans la plaine.

Sans doute, pendant ce temps, Moïse priait sur la montagne ! Mais la prière de Moïse ne dispensa nullement Josué de la bataille, et ce fut à l'une aussi bien qu'à l'autre que Dieu accorda la victoire.

De même pour nous, Français.

Les uns, en petit nombre, sont restés, malgré l'assaut du juif, sur la montagne de la foi (la foi pratique).

Qu'ils y fassent comme Moïse ! Même, nous les en supplions ; sans eux la bataille est perdue ! Le Maître l'a dit : « Sans moi vous ne pouvez rien faire ! » (Jean, xv, 5.)

Qu'ils prient ! Qu'ils prient ! Mais, de grâce ! Qu'ils ne s'interrompent pas de prier pour décocher pieusement des traits acérés sur les Français qui ont le malheur, assez grand comme cela, de ne point le faire !

---

[11] Admirons ici la justesse de vue de Léon XIII préconisant l'*union des honnêtes gens de tous les partis* sur le terrain du *salut social*, c'est-à-dire ici de la *société*, de la *patrie* française. On ne peut s'unir, en effet, que *là où on est et non pas là où on n'est plus !*
Si l'on songe que, *sur 8 millions* de ménages, plus de 4 *millions et demi sont sans enfant* ou *à fils unique*, qui peut dire que la société française soit *pratiquement* sur les sommets élevés de la foi ?
Mais elle est encore sur la colline moins élevée du patriotisme ! Personne n'en doute aujourd'hui. Le terrain d'union est donc tout indiqué !
Qu'on ne dise pas que c'est la *République*. La république n'est qu'un *fait*.
On ne s'unit pas sur un fait, mais sur un *principe* (religieux ou social). Mais l'*acceptation du fait* peut être une excellente *condition d'union*. C'est le cas, depuis les directions pontificales.

Ceux-ci, hélas ! En grand nombre culbutés de la montagne, n'ont plus d'autre ressource, en attendant l'heure de la grâce, que de combattre comme Josué dans la plaine !

Mais cela aussi est une nécessité voulue de Dieu ! Voilà ce que trop de catholiques oublient ! Que chacun fasse son devoir à son poste de combat !

Dieu verra la bonne volonté des uns et des autres. À tous Il accordera la victoire !

Ajoutons que Dieu, qui aime les humbles, n'accordera cette victoire qu'à ceux dont la préoccupation principale n'est pas de savoir s'il l'accordera plus à la prière qu'à l'action ou plus à l'action qu'à la prière et d'opposer constamment l'un à l'autre deux éléments de combat, *inséparables* dans la pensée divine.

Mais, pour obtenir cette victoire définitive et prochaine, il faut l'espérer, il faut bien connaître notre ennemi — « l'ennemi séculaire », dit l'abbé Lémann — *qui n'a jamais désarmé depuis 2.000 ans !*

Un ennemi connu, c'est un ennemi vaincu !

C'est pour le faire connaître que nous allons esquisser un des principaux traits de sa physionomie dans

LE JUIF SECTAIRE

Nous appelons « sectaire » *le partisan d'une erreur religieuse ou philosophique qui pousse l'amour de son erreur jusqu'au fanatisme et son fanatisme jusqu'à la proscription, la ruine et même la mort de ceux qui refusent de l'embrasser ou de la favoriser.*

C'est dans ce sens que nous appelons le juif « sectaire ».

Il l'est, à l'égard des catholiques, de deux manières : en théorie et en pratique, dans sa *doctrine* et dans sa *conduite*.

Première partie

Le Juif sectaire dans sa doctrine

La doctrine du juif est tout entière aujourd'hui, non dans la Bible, comme certains juifs malins ont réussi à le persuader à la naïveté de certains catholiques, mais dans le *Talmud*, ce recueil monstrueux de la doctrine des Pharisiens, tant de fois flagellée par Notre-Seigneur lui-même, recueil que le savant et pieux Gerson, chancelier de l'Université de Paris, appelait au XIVe siècle « *un vaste désert parsemé de quelques herbes inoffensives fort rares et habité par des bêtes féroces et des monstres de toute espèce* », que l'abbé Lémann appelle aujourd'hui « une haie hérissée, impénétrable, favorable aux serpents, aux vols, aux rapines ».

Chapitre premier

Les Juifs et le Talmud

Par rapport au *Talmud*, les juifs se divisent en deux catégories : les *réformés*, les *orthodoxes*.

Les juifs *réformés* n'admettent pas l'inspiration divine du *Talmud* ; ils sont de deux sortes :

Les uns, en petit nombre, le rejettent tout à fait comme un tissu d'erreurs et de mensonges : ce sont les rationalistes de la secte.

Les autres, en grand nombre, moins rationalistes, l'admettent, mais seulement « comme un livre respectable de Juda ».

Les uns et les autres ont pour organe les *Archives israélites* : directeur, Cahen Isidore, 9, rue de Berlin ; rédacteur en chef, Prague, 46, rue Lafayette.

Les juifs *orthodoxes*, eux, admettent la divinité de la *Bible* et du *Talmud*, tout en croyant cependant le *Talmud bien supérieur à la Bible* « autant que le vin est supérieur à l'eau » (Soph. 2).

Ils ont pour organe *l'Univers israélite* : administrateur-gérant, Bloch, 30, rue Victor-Hugo, à Colombes ; rédaction, 13, rue Montyon, Paris.[12]

---

[12] Nous ne parlons pas d'une troisième catégorie, trop peu importante pour entrer en ligne de compte : les *Karaïtes*, en Crimée, qui répudient le *Talmud* et suivent la Bible seule.

Pratiquement, sinon en théorie, orthodoxes et réformés mettent le *Talmud* au-dessus de la Bible, puisqu'ils ne manquent pas, à l'occasion, de jurer sur le *Talmud*, ce qu'ils refusent de faire sur la Bible seule.[13]

Les juifs, de n'importe quelle école, sont donc mal venus, quand on leur oppose le *Talmud*, *à* invoquer le petit nombre de ceux qui n'y croient pas.

Pour que leur argument ait de la valeur, il faudrait qu'il exprimât un désaveu officiel, catégorique, complet, des *Chefs de la nation* !

Nous les défions bien de le produire.

C'est à M. le grand rabbin Zadoc-Kahn que ce défi s'adresse, comme au chef reconnu du judaïsme en France.

LE TALMUD N'A JAMAIS ÉTÉ DÉSAVOUÉ

Nous savons que M. Israël Lévy a déclaré, au Congrès des Orientalistes, septembre 1897, « *qu'il ne faut faire aucun fond sur le Talmud* ».

Mais il a parlé du *Talmud* au point de vue *historique* et non aux points de vue *dogmatique* et *moral* sur lesquels il sait bien, et M. Zadoc-Kahn encore mieux que lui, « qu'on fait un grand fond » en Israël.

Non seulement le *Talmud* n'a jamais été désavoué, mais encore…

---

[13] Les Archives israélites disent catégoriquement : « Quant au Talmud, nous confessons son incontestable supériorité sur le livre de la loi de Moïse » ;
En pleine conformité avec le Bossuet des juifs, Maïmonide, qui a dit : « L'infracteur de la loi de Moïse peut être absous, mais *le violateur des préceptes des rabbins doit être puni de mort.* »

Le Talmud est préconisé

Il l'est par tous les gros bonnets d'Israël et leur presse officielle ;

Par *l'Univers israélite* qui l'appelle « le *Code civil et ecclésiastique du judaïsme* » et crie aux juifs libres-penseurs qui s'en éloignent : « Moïse et le *Talmud* ne sont plus de votre goût... Vous marchez sur le sol du paganisme, au lieu de veiller près de Jérusalem ; »

Par Théodore Reinach (frère de Joseph) qui, analysant un livre d'apologie des juifs d'Isidore Loeb, admire, sur la foi de l'auteur, « les *belles leçons d'humanité, de charité, de vertu, qui se dégagent presque à chaque page (du Talmud).* » (Univers israélite, 2 oct. 1895) ;

Par le grand rabbin de France, Zadoc-Kahn lui-même, qui s'écriait avec enthousiasme dans la grande synagogue métropolitaine, au Kippour de 1895 :

« Quand on descend des patriarches, de Moïse, de David, quand on a été élevé à l'école des prophètes, *nourri de l'enseignement de ces nobles moralistes qui ont confié leurs doctrines, leurs principes de vie au Talmud...*, on a dû nécessairement profiter de cette action séculaire des plus belles âmes que l'humanité ait produites. » *(Univers israélite, 9 octobre.)*

« Belles âmes ! Les patriarches, Moïse, David ! » D'accord !

Mais « belles âmes » aussi « les nobles moralistes qui ont confié leurs doctrines, leurs principes de vie au *Talmud !* » nous verrons cela plus loin !...

M. Zadoc-Kahn avait des accents plus lyriques encore, le 29 septembre, à l'inauguration du monument élevé à la mémoire du grand rabbin de France, son prédécesseur, M. L. Isidor, au Père-Lachaise écoutez :

« La Thora (dont le *Talmud* fait partie intégrante et principale) est notre force, notre vie, la lumière de nos esprits, la règle de nos consciences.

« Pendant des siècles, elle a été tout pour nous, notre science, notre art, notre philosophie, et, quand nous n'avions pas encore de patrie, notre patrie idéale.

« C'est dans la *Thora* que M. Isidor a puisé les *hautes inspirations* qui ont rendu sa carrière pastorale si belle, si féconde et si honorée...

« C'est là (dans la Thora qu'il avait approfondie) ce qui a donné à cette vie son unité, sa beauté et sa grandeur morale. »

(*Univers israélite*, 2 octobre 1895.)

Il serait difficile, on l'avouera, d'être plus flatteur pour le grand rabbin Isidor et plus élogieux pour le *Talmud* !...

Le Talmud est enseigné

Non seulement il est préconisé, mais il est enseigné. Il l'a été, *hier*.

Le savant rabbin Drach, converti au catholicisme, a écrit depuis :

« Nous avons, par état, *longtemps enseigné le Talmud, après en avoir suivi un cours spécial* pendant de longues années, sous les docteurs israélites les plus renommés de ce siècle. »

(Abbé Lémann, *Prépondérance juive*, Lecoffre, 1894.) Il est enseigné *aujourd'hui* :

1° Au *séminaire israélite*, 9, rue Vauquelin.

À la liste officielle des *chaires et professeurs*, nous lisons :

Talmud et homélétique : Lehmann (Le grand rabbin au séminaire).

2° Au *petit séminaire*, vulgairement appelé *Talmud Torah*, 9, rue Vauquelin. À la liste officielle du personnel, nous lisons :

« Directeur : le grand rabbin, Lehmann Joseph[14] ;

« Sous-directeur : le grand rabbin, Cahen Abraham ;

« Professeurs : les rabbins Debré, Kahn et Lambert (Mayer), Bloch, Durlacher, Ernst, Lazard, Le-moine, Salomon, Stein.[15] »

3° A *l'École orientale normale israélite*, qui forme des instituteurs pour les écoles juives d'Orient et d'Afrique : M. Marx, directeur, 50, rue d'Auteuil.

À la liste officielle du personnel, nous lisons : Lambert, rabbin, enseigne le *Talmud*, etc. »

4° A la Société des études Talmudiques,[16] rue Cadet, 10, tout près du Gr ∴ Or ∴ qui est au n° 16.[17]

À la liste du personnel nous lisons :

« MM. le docteur Klein, président honoraire (rue d'Hauteville, 94), Lévy (N.) président :

---

[14] Décoré de la Légion d'honneur, le 1er janvier 1899 (*Journal officiel*).
[15] L'État, qui a supprimé les subventions aux séminaires et aux facultés catholiques, a scrupuleusement maintenu la subvention annuelle de 25,000 francs à ces deux séminaires israélites.
[16] Dans ces *Sociétés* Talmudiques, les membres des communautés juives peuvent puiser la doctrine à la source même, c'est-à-dire au Talmud, sous la présidence et la direction des rabbins.
[17] Ce qui explique peut-être le choix fait, le 3 décembre 1898, par les manifestants dreyfusards en faveur de M. Picquart, du Grand-Orient, comme quartier général.

« *Les conférences* Talmudiques *ont lieu tous les soirs*, après l'office, sous la direction de M. le rabbin Weiskopf. »

5° Enfin, en dehors de Paris, le *Talmud* est enseigné, à des degrés divers, dans près de 150 synagogues ou communautés israélites par le *Mélamède* (maître-d'école juif), dans l'*école*, à la fois maison de prière *(Bet-Gamidrasch)*, qui fait partie nécessaire du groupe de bâtiments dépendant de toute synagogue.[18]

Il est enseigné notamment :

À Lyon, par les professeurs d'instruction religieuse, Israël Adolphe, 2, rue du Paradis, pour les garçons ; Mme Gerson, 27, rue Sainte-Hélène, pour les-filles ;

À Marseille, par les professeurs de *Talmud*, Barach Eliezer, Sari Moïse, Landeler Maurice ;

À Bordeaux, par le grand rabbin Lévy et Uhry Isaac dans leurs « cours d'instruction religieuse ».

À Besançon, par Lévy Salomon ;

---

[18] Il est enseigné aux hommes et aux femmes par le sermon à la synagogue, les jours de sabbat et de fête, aux enfants dans les cours religieux semblables à nos catéchismes, appelés *Bar Mitzvah*.
Cette initiation religieuse est couronnée, à 12 ans révolus, par un examen dont le résultat, si la science de l'enfant est suffisante, est son admission officielle et solennelle à la synagogue.
Il est enseigné, en outre, *à tous les degrés de l'enseignement juif officiel*, l'école primaire exceptée (où on apprend simplement à lire et à écrire jusqu'à 7 ans) :
1° À l'école dite *Houomuche* où le juif de 7 à 10 ans apprend les cinq livres de Moïse, *avec les commentaires de Raschi* (pour initier au *Talmud*) ;
2° À l'école *Heder*, où l'on apprend, pendant deux ans, le Talmud lui-même, avec les commentaires de Raschi ;
3° À l'école *Heder*, où on étudie le Code *complet* du *Talmud* jusqu'à 17 ans ordinairement, et souvent plus tard, suivant la situation sociale et financière de l'étudiant, car ces cours, surtout à domicile, se paient fort cher ;
4° Enfin, à l'école dite *Talmudor*, qui est l'école publique *des pauvres*, tenue aux frais de la communauté juive.

À *Nîmes*, dans les écoles israélites ;

À *Nancy*, dans les cours d'instruction religieuse, par Blum ;

À *Lille*, par les professeurs Lévy Anselme et Cahen Émile ;

À *Pau*, par Lévy David et Cassid Claire dans l'école dite « du *Talmud* ».

Le *Talmud*, on le voit, est donc copieusement enseigné en France.

Que contient-il ?

Ce que le *Talmud* contient

C'est encore le célèbre rabbin Drach qui va nous le-dire (*Harmonie entre l'Église et la synagogue*, t. i, p. 132, 166-8) :

Après avoir rappelé qu'il *a longtemps suivi les cours* du *Talmud*, sous les plus célèbres rabbins, *qu'il l'a longtemps professé* lui-même, il ajoute :

« Or, dans la *Ghemara*, il *y a au moins cent passages des plus outrageants pour les chrétiens* ...

« *Le Talmud défend expressément de sauver de la mort un non-juif, de lui rendre ses effets perdus, d'en avoir pitié, etc.* (Voir traité *Aboda-Zara*, fol. 13, verso.)

Les rabbins disent encore : *Puisque la vie de l'idolâtre est à la discrétion du juif, à plus forte raison son bien...*

Dans l'édition du *Talmud* de Bâle, 1581, les censeurs *supprimèrent les principaux passages que nous venons de signaler*, ainsi que le traité entier *Aboda-Zara*.

Le synode juif, réuni en Pologne en 1631, *prescrit ce retranchement* dans son encyclique hébraïque où on lit :

« Nous vous enjoignons, sous peine d'excommunication majeure, de ne rien imprimer dans les éditions à venir qui ait rapport en bien ou en mal à Jésus le Nazaréen et de mettre à la place un cercle *comme celui-ci* o, qui avertira les rabbins et les maîtres d'école d'enseigner à la jeunesse ces endroits de vive voix seulement. — *Au moyen de cette précaution les savants d'entre les chrétiens n'auront plus de prétexte de nous attaquer à ce sujet.* »[19]

L'injonction du synode de Varsovie fut ponctuellement obéie. *Toutes les éditions du Talmud parues depuis 1631 sont tronquées.* Voici les principales :

1° Amsterdam, 1644 ;

2° Sulzbach, 1769 ;

3° Prague, 1839 ;

4° Varsovie, 1863.

Heureusement, une seule édition *complète*, antérieure à 1631, celle de *Venise*, 1550, nous a permis de connaître les passages supprimés que « *les rabbins et* « *les maîtres d'école doivent enseigner à la jeunesse de vive voix seulement* ».

---

[19] Il y a eu encore un synode général, en 1866, qui décréta. qu'» aux yeux des chrétiens, on repousserait le *Schulchan-Aruch*, mais qu'en réalité *tout juif devrait s'en tenir à ses lois en tout pays, en tout temps* ». 94 rabbins, 182 avocats, 45 médecins et 11,672 juifs de diverses conditions signèrent ce décret. Le compte rendu en a été imprimé à Lemberg en 1873.

Nous les avons parcourus en compagnie d'un savant hébraïsant, le docteur Rohling, de l'Université de Prague (traduction, A. de Pontigny).[20]

Qu'y avons-nous trouvé à l'adresse de tout ce que nous, catholiques, aimons et vénérons ?

Que Notre-Seigneur, la Sainte-Vierge, les Saints nous pardonnent, mais il est nécessaire de divulguer *quelques-uns* de ces blasphèmes Talmudiques pour avoir une explication suffisante de la haine dont le juif nous a toujours poursuivis et nous poursuit plus que jamais aujourd'hui sous le couvert de l'affaire Dreyfus.[21]

Nous ajoutons les sous-titres.

---

[20] Les juifs n'ayant jamais pu le réfuter — on ne réfute pas l'évidence — l'ont couvert d'injures, naturellement.
L'*Univers israélite*, 25 octobre 1895, l'appelait un *faussaire !* tout comme les feuilles juives appellent aujourd'hui l'État-Major « un nid de faussaires », mais il s'est bien gardé de relever le défi de Rohling « promettant 1,000 thalers (3,750 francs) à quiconque prouvera la fausseté d'une citation quelconque ».

[21] « La révision du procès Dreyfus sera le triomphe des juifs » écrivait en septembre 1898 le Magyarussag, journal du ministère hongrois.
Ce triomphe, ils l'ont obtenu le 3 juin à la Cour de Cassation par le renvoi de « l'affaire » devant le Conseil de Guerre de Rennes.
Mais il leur réserve des surprises !

Chapitre II

Le Talmud et Jésus-Christ

L'âme de Notre-Seigneur

Le *Talmud*, en pleine conformité avec la croyance des sauvages de tous les siècles, admet la métempsycose, c'est-à-dire le passage des âmes d'un corps dans un autre.

« C'est ainsi, dit-il en substance, que Samson reçut l'âme de Japhet, Job l'âme de Tharé, Isaac l'âme d'Ève, Elie l'âme de Jaël. »

Or, sait-on l'âme que le grand rabbin Abarbanel attribue à Notre-Seigneur dans son *Commentaire sur Jésus* (f. 54,3) ?

L'âme d'Esaü, c'est-à-dire, suivant, le *Talmud*, (Tr. Baba bat., f. 16,2) l'âme « *un meurtrier et d'un adultère !...* »[22]

Le nom de « Jésus »

Dans le traité *Aboda* (f. 17,1), le texte hébreu du nom de « Jésus » est tronqué de manière à former un autre mot hébreu qui signifie « *que son nom et sa mémoire soient anéantis !...* »

---

[22] N'est-ce pas ce rabbin, ministre des finances, vers 1500, de Sa Majesté très catholique Ferdinand de Castille, qui, pour justifier la confiance du roi, expliquait ainsi le prétendu « *droit des juifs de faire l'usure envers les étrangers* » ?
« Les chrétiens, disait-il, ne sont pas étrangers à l'égard du Père céleste. »
Mais il dut se justifier ainsi de cette parole auprès de ses coreligionnaires qui l'en reprirent :
« Je l'ai dite pour *le bien de la paix*, afin que les juifs pussent vivre parmi les chrétiens sans être inquiétés. » Tout cela est très Talmudique.

Le mépris de Notre-Seigneur

Les pharisiens de Nazareth appelaient Notre-Seigneur par dérision « le fils du charpentier » (Matth. xiii, 55).

Le *Talmud* (Aboda, f. 50, 20) a précieusement recueilli cette insulte en la modifiant un peu et appelle Notre-Seigneur « le fils du menuisier ».

Insultes diverses

Les pharisiens accusaient le divin Maître de chasser les démons « au nom de Beelzébub, prince des démons » (Matth. x, 25, xii, 24).

Le *Talmud* l'accuse d'» *avoir pratiqué la magie et l'idolâtrie* » (Tr. Aboda s. f. 27, 2), l'appelle

« une idole » *(id.)*, « *un fou* » (Tr. Schab., f. 104, 2), « un *impie et un sans Dieu* » (Tr. Sanhédrin, 105, 1), « *un juif apostat* » (Tr. Gittin, 57, 1).

Le rabbin Fabius, de Lyon (un contemporain, 1840), en son *Offrande au Dieu de l'Univers*, s'inspire du *Talmud*, éditions d'Amsterdam .et de Venise, lorsqu'il appelle Notre-Seigneur « *une idole née dans l'impudicité et l'adultère* » (Traité Sanhédrin, fol. 67 et 107).

Si le Fils de Dieu n'est pas épargné, sa très sainte Mère, cela se conçoit, ne l'est pas davantage !

Chapitre III

Le Talmud et la Sainte-Vierge

La verge que Dieu fit fleurir miraculeusement dans le tabernacle pour confirmer à sa vocation au sacerdoce (Nombres xvii, 8) a toujours été regardée dans l'Église comme la figure de Marie d'où devait sortir la *fleur* du Messie.

Voici comment le vieux rabbin Nizzachon apprécie ce symbolisme, page 47 :

« Les hérétiques (les chrétiens) disent que ceci (le verset 8) concerne cette *Charja* (en latin *stercus*) Marie, qui serait restée vierge en donnant le jour à Jésus : *puisse leur esprit crever !* » Luther avait des expressions analogues à l'égard des catholiques.

Les soi-disant « intellectuels » protestants, juifs, francs-maçons devraient bien s'en souvenir lorsqu'ils rappellent les catholiques à « la mansuétude évangélique, à la tolérance humanitaire ». Mais revenons aux beaux principes de la tolérance Talmudique dont nous aurions tort vraiment de nous éloigner trop longtemps.

Chapitre IV

Le Talmud et la religion chrétienne

L'Évangile est « une hérésie »

« La doctrine de Jésus, dit le nouveau *Talmud* (traité Aboda, 1 f. 17, 1.), est une hérésie et Jacques son disciple est un hérétique. *(Ibid, 27, 2.)*

Au traité Tchab (116, 1) les Évangiles sont appelés « les livres des hérétiques ».

La religion chrétienne est « la religion de la folie »

En son discours — très Talmudique — du premier jour de l'an juif (1842), le rabbin de Lyon Fabius disait que « la religion juive a sur la religion chrétienne l'immense avantage de n'avoir pas de mystères, car tout en elle est raison et lumière, tandis que celle des chrétiens dit à la raison de se taire et à la folie de parler. »

La folie ? Pourrions-nous répondre à ce fervent Talmudiste, mais elle court les pages de votre *Talmud*. Impossible de feuilleter la partie dogmatique sans se heurter à chaque instant à des absurdités comme celle, par exemple, qui décrit « les amusements de Dieu au Paradis » *(AbodaZara f. 3. 2 ; Baba b. f. 74, 1 et 2)*.

N'empêche que l'argument du rabbin de Lyon a été utilisé bien des fois, depuis, contre les catholiques par la *Lanterne* juive par exemple, et autres feuilles sémitiques.[23]

---

[23] « Les curés n'enseignent que des bêtises », c'est l'argument courant de nombre d'instituteurs à leurs élèves. Ils l'ont emprunté à la loge qui l'a emprunté au *Talmud* :
« Citoyennes, disait le f∴ Colly en une réunion organisée par la loge de Plaisance, janvier 1899, dites à vos enfants qu'il n'y a *pas d'âme*, *pas de Dieu*, que ce sont des *mensonges* que veut leur apprendre le prêtre, cette *néfaste bêta noire*, etc. »
Cela était dit devant des instituteurs, des institutrices laïques, un inspecteur primaire, une rédactrice de la
Fronde, la directrice des patronages laïques du XIVe arrondissement. (Voir plus loin.)

Chapitre V

Le Talmud et les sacrements

Le Talmud et le Baptême

Le prophète Jérémie dit (chap. xxxi, 31 et 32) : « Le temps vient, dit le Seigneur, dans lequel *je ferai une nouvelle alliance* avec la maison d'Israël et la maison de Juda, non selon l'alliance que je fis avec leurs pères au jour où je les pris par la main pour les faire sortir de l'Égypte, *parce qu'ils ont violé cette alliance.* »

Le rabbin Nizzachon, l'insulteur de la Sainte-Vierge, apprécie ainsi ce passage, page 70 :

« Les hérétiques disent que ces paroles sont une prédiction du prophète, qui s'applique à Jésus, lequel leur donna *l'ignominieux baptême (sic)* à la place de la circoncision et institua la célébration du premier jour de la semaine (le dimanche) à la place du sabbat. »

« L'ignominieux baptême » ! Retenons cette expression appliquée à un sacrement de l'Église ! Le *Talmud* traite-t-il avec plus de respect le plus grand des sacrements ? Nous l'allons voir !

Le Talmud et l'Eucharistie

Dans le traité *Aboda* (f. 21, 1), à la question de savoir si un juif propriétaire peut accepter dans sa maison des locataires païens (catholiques), le *Talmud* répond :

« Oui, car ils n'apportent pas leur *idole* (Notre-Seigneur en viatique) dans les maisons, pour qu'elle y séjourne en permanence, mais seulement quand quelqu'un des leurs va mourir. »

Le *Talmud* ne permettrait donc pas d'accepter un locataire qui voudrait avoir une chapelle où Notre-Seigneur « séjournerait en permanence ». Ce serait accepter « une idole » et se rendre complice d'une idolâtrie ».

Le Talmud et les cérémonies de l'Église

Le même traité (s. f. 14, 2) parlant des « prêtres », des « offices chrétiens », des « calices », « des cierges, etc. », qualifie le tout d'un seul mot : « idolâtrie ».

Chapitre VI

Le Talmud et les Chrétiens

« Les Nazaréens »

C'est le nom de mépris sous lequel désigne les chrétiens celui que les juifs regardent comme le plus grand rabbin qu'ait produit la France, Salomon Raschi, de Troyes (1040-1105) :

« Un Nazaréen, dit-il *sur le traité Aboda* (s. f. 61), est celui qui adopte les enseignements erronés de cet homme qui prescrivit aux siens d'observer le premier jour de la semaine (le dimanche). »

Et le *digne* rabbin enveloppe dans le même mépris « cet homme » et ses disciples « les Nazaréens »

« Les chrétiens sont des idolâtres »

L'épithète « idolâtres » devait venir naturellement aux chrétiens, puisque le *Talmud* appelle le Christ « une idole ».

Et c'est le célèbre Kimchi, rabbin de Narbonne au XIIe siècle, qui nous la décerne :

« Les .chrétiens sont des *idolâtres*, dit-il en son *Commentaire sur ObdJ.* (1, 20), parce qu'ils se prosternent devant la Croix. »

L'aigle Moses Maïmonide,[24] le Bossuet des Juifs, est plus catégorique encore :

Les chrétiens, dit-il sur *Abedu Mischna* (3. f. 78,3), qui suivent les errements de Jésus sont *tous* des *idolâtres*, malgré les différences de leurs doctrines et l'on doit, d'après l'enseignement exprès du *Talmud, en user avec eux comme on en use avec les idolâtres.* »

Eh bien ! Veut-on savoir comment « le *Talmud* veut qu'on en use avec les idolâtres (les chrétiens) » ?

Le voici :

---

[24] Originaire de Cordoue, 1136-1209, fut premier médecin du grand Saladin, est regardé par les juifs comme le premier écrivain de leur nation.

CHAPITRE VII

LE DEVOIR DES JUIFS ENVERS LES CHRÉTIENS

Il faut leur faire violer le Dimanche

Le *Talmud*, qui défend aux juifs d'avoir le moins de rapports possible avec les idolâtres, fait cette exception formelle (Tr. Aboda s. f. 2, 1) :

« Les chrétiens sont des idolâtres, cependant il est permis de faire le commerce avec eux *le premier jour de la semaine* (le dimanche), *qui est leur jour de fête.* »

Ce qui veut dire en bon français : « N'ayez aucun rapport avec les chrétiens quand ces rapports pourraient leur être utiles, mais vous pouvez en avoir avec eux quand ils leur sont nuisibles, qu'ils leur font violer, par exemple, un précepte formel de leur loi. »

Il y a encore une autre raison,

Le dimanche est le jour de *repos* des chrétiens.

Or, le *Talmud* leur dénie expressément le droit de se reposer ce jour-là, *dimanche*.

À propos du passage de *l'Exode* (xii, 16) où Dieu prescrit aux juifs le repos du *dimanche* et du *sabbat*,[25] il est dit que *ce repos ne regarde pas les non-juifs*, car « *les fêtes sacrées sont pour Israël, non pas pour les étrangers, non pas pour les chiens.* » (Tr. Megilla, 7, 2).[26]

Le *Talmud* va plus loin.

Il faut les maudire trois fois par jour

Sixte de Sienne (1520-1569), juif converti, comme les abbés Léman, de Lyon, comme le rabbin Drach et, comme eux, très au courant des choses Talmudiques, de plus prédicateur de grand renom, cite ces passages du *Talmud* :

« Nous *ordonnons que tout juif maudisse trois fois par jour tout le peuple chrétien* et prie Dieu de le confondre et de l'exterminer avec ses rois et ses princes.

« Mais que *les rabbins surtout fassent cette prière dans la synagogue en haine de Jésus.* » (Talmud : Ordin. i, tract. i dist. 4.)

---

[25] « Le premier jour (*le dimanche*) sera saint et solennel et le septième jour (le samedi) sera une fête également vénérable.
« Vous ne ferez aucune œuvre servile durant *ces jours*, excepté ce qui regarde le manger. »
[26] Le passage « non pour les chiens » se trouve dans l'édition de Venise, antérieure à 1631, il est supprimé dans l'édition d'Amsterdam postérieure à cette date, où le Synode de Pologne décida de supprimer dans le Talmud ce qui est injurieux pour les non-juifs, et « *qu'on enseignerait seulement de vive voix*, à l'avenir ».
Les juifs continuent néanmoins à employer cette expression, avec bonheur, dans leurs polémiques particulières.
À la *Gazette nationale de la Bohême du Nord-Ouest*, qui l'avait attaqué, le juif Herman Heller répondit (oct. 1895) « — Je suis décidé à en appeler aux tribunaux contre de pareils *chiens de chrétiens*. — (Ici des menaces). — Alors vous nous paierez, *chiens que vous êtes*, tout ce dont vous vous êtes rendus coupables envers nous. »
À M. Sapin, de Lyon, qui publiait son *Indicateur des Juifs*, une lettre du 24 novembre 1896 disait : « Je vous jure que si vous publiez mon nom dans n'importe quoi, *je vous tuerai comme un chien.* »
Et c'était signé : *Un Juif de l'Armée française.* Simple effet de l'éducation talmudique !

Il faut les voler

« Dieu a ordonné aux juifs de s'approprier les biens des chrétiens autant de fois qu'ils le pourront, soit par la fraude ou la violence, soit par usure ou par vol. » *(Idem.)*

Le commandement du Décalogue « tu ne voleras pas » ne les gêne guère, car, dit le *Talmud*, il signifie : « tu ne voleras pas *ton prochain.* »

Or, il n'y a que le juif qui soit le prochain du juif, puisque *« les juifs seuls sont les hommes et les autres nations ne sont qu'une variété d'animaux »* Baba, m. f. 112, 2) ; aussi :

Il faut les traiter comme des brutes

« Il est ordonné à tous les juifs de regarder les chrétiens comme des brutes et de ne pas les traiter autrement que des animaux. » (*Talmud* cité par Sixte de Sienne.)

C'est un devoir de les tuer

Le traité *Aboda* (s. f. 17, 1) dit formellement :

« Il est *prescrit* de tuer de sa main les traîtres d'Israël et les hérétiques comme Jésus de Nazareth[27] et ses partisans et de les précipiter dans la fosse de perdition. »

Cette prescription Talmudique fut consciencieusement appliquée, avant même le *Talmud*, à l'apôtre saint Jacques le Mineur, que les juifs précipitèrent non « dans la fosse de perdition », il n'y avait pas de fosse à proximité, mais du haut du frontispice du temple sur le parvis où il expira.

---

[27] D'autres éditions disent : « Zadok et Baïthos et leurs partisans ».

Le célèbre Raschi, de Troyes (le plus grand rabbin de France), que nous citions il n'y a qu'un instant, est non moins catégorique :

« *Il faut étrangler le meilleur des chrétiens* », dit-il sur l'Exode (7, 1.), édition[28] d'Amsterdam (1644).

Et le *Talmud* insiste sur cette nécessité de faire mourir les chrétiens :

C'EST UN SACRIFICE AGRÉABLE À DIEU

Celui qui répand le sang des impies offre un sacrifice agréable à Dieu. » (Jalk. Schim., f. 245, 3, sur le Pentateuque.)

Mais qui faut-il comprendre sous le nom d'» impies » ?

« Sous ce nom, répond Rabbi Eliézer, directeur de la synagogue de l'île de Naxos (archipel),[29] sous ce nom *on comprend Jésus et ses partisans.* » (Prof. Rohling p. 54, 3.)

Et quelle sera la récompense de ces juifs *vertueux* (!) jusqu'à l'héroïsme pour avoir massacré « Jésus et ses partisans »

---

[28] Dans l'édition de Venise, 1550, on lit : « le meilleur des hérétiques. » Ce qui revient au même, le *Talmud* appelant Notre-Seigneur et ses disciples *des hérétiques.*
[29] Mort à Cracovie, 1586.

Chapitre VIII

La récompense des Juifs talmudistes

Ils habiteront le « 4e palais du Paradis »

Du reste, voici le texte, d'après le docteur Rohling (p. 79, 14)

« Ceux qui auront mis à mort des *chrétiens*, des étrangers, des non-juifs, trouveront leur récompense éternelle dans le 4e Palais du Paradis.

C'est donc au *Talmud* que Mahomet a emprunté son paradis pour les musulmans massacreurs de « roumis » (de chrétiens).

Voilà qui est clair !

Mais il y a une objection :

Et le 5e commandement du Décalogue ?

Ici, c'est le Bossuet des Juifs, le grand Maïmonide, qui va répondre :

« Le commandement : « *tu ne tueras pas* » signifie, dit-il, qu'on ne doit pas tuer un *homme d'Israël*.

« Mais ceux qui nient l'enseignement d'Israël, particulièrement les *adeptes du Nazaréen, doivent être mis à mort* et c'est toujours une *bonne-œuvre* que de les exécuter.

« Si on ne le peut pas, *on doit tâcher d'occasionner leur mort.* » (Prof. Rohling, p. 56.)

Et voilà quelques-unes des « monstruosités (quelques-unes seulement) dont est parsemé le *Talmud* », suivant l'expression du célèbre et pieux Gerson.

Chapitre IX

Défense aux non-juifs de lire le Talmud sous peine de mort

Au surplus, un texte du même code met toutes ces abominations à l'abri des curiosités indiscrètes.

Défense est faite au *goy* (le non-juif) *de lire* le *Talmud, sous peine de mort.*

« Car, ajoute le texte, il vaudrait tout autant exterminer tous les juifs, car si les non-juifs savaient ce que nous enseignons sur eux, ne s'empresseraient-ils pas de nous mettre à mort ? »[30]

(*Le juif selon le Talmud*, introduction, p. 9.)

Ne pas oublier que le *Talmud* est le code officiel de la religion juive.

Mais s'il est défendu de révéler cet enseignement au goy, il n'est pas défendu de le pratiquer, c'est même un devoir rigoureux imposé sous les peines les plus sévères.

---

[30] En ce qui concerne les chrétiens, le Talmud se trompe. Ils respectent le commandement de Dieu : (tu ne tueras pas », même à l'égard de ceux qui enseignent qu'on peut le violer à leur égard. Mais *ils ont le droit de se défendre !* Plus que cela : ils en ont le *devoir*. Aujourd'hui surtout où la France chrétienne agonise sous les coups d'Israël.

« Est excommunié quiconque *méprise* les paroles d'un rabbin ou de la !loi, quiconque *détourne* les autres de l'observation de la loi D, disent le *Schulchan. Aruch* et le traité *Baba kouma* (113, b.)

L'EXCOMMUNICATION JUIVE

Elle est appliquée par le *Kahal* ou *gouvernement secret* des juifs. Nous le décrivons plus loin. Elle comprend deux degrés : 1° l'*Indouï ou(Chamto))* 2° le *Hérem*.

L'*Indouï* pourrait s'appeler l'*Excommunication mineure* et le *hérem*, l'*Excommunication majeure*.

« Qui lèse le *hérem*, dit le *Talmua, lèse et offense toute la loi.* » (Kolbo, paragr. 139.)

Dans *Indoui*, l'excommunié n'a plus aucun rapport avec ses coreligionnaires, sauf sa femme, ses enfants et ses domestiques, et ne peut ni se laver ni se raser durant toute la peine.

La peine infligée par la communauté sainte (dix hommes), érigée en tribunal, dure trente jours, mais peut être prolongée jusqu'à soixante et même quatre-vingt-dix, si c'est nécessaire, pour amener le coupable à résipiscence.

Et si c'est insuffisant, on lui applique le *hérem :*

Le violateur de la loi est alors complètement isolé, même de sa femme et de ses enfants. Un seul homme est admis à le voir : le marchand d'aliments.

La communauté sainte réunie au son de la trompette dans la synagogue fait allumer les cierges et prononce alors la *grande excommunication* dont voici les principaux passages :

« Par le jugement du Seigneur des seigneurs, que N.. fils de N... soit excommunié dans les deux tribunaux, dans le *tribunal suprême* et dans le *tribunal inférieur* (le petit et le grand *Kahal*).

« Qu'il subisse l'excommunication des saints les plus hauts et l'excommunication des séraphins et enfin l'excommunication des petites et des grandes communautés !

« Que toutes les plaies, que toutes les maladies graves et affreuses tombent sur lui !

« Que sa maison soit un repaire de dragons !

« Que son étoile s'assombrisse dans les nuages qu'elle s'irrite et se courrouce contre lui, qu'elle lui soit funeste

« Que son corps soit jeté aux bêtes sauvages et aux serpents !...

« Que son or et son argent soient donnés à d'autres et que ses enfants tombent au pouvoir de ses ennemis !

« Que sa descendance exècre et maudisse son jour !

« Qu'il soit maudit par la bouche d'Addiriron et d'Achtariel, par la bouche de Sandalphon et d'Adraniel, par la bouche d'Ansisiel et de Patchiel, par la bouche de Séraphiel et de Sangasael, par la bouche de Michael et de Gabriel, par la bouche de Raphaël et de Mescharetiel !

« Qu'il reçoive l'anathème de la bouche de Zaphza et de la bouche de Hafhavif qui est le grand Dieu et de la bouche des soixante-dix noms du roi trois fois grand et enfin par la bouche de Zortack, grand chancelier !

« Qu'il soit englouti comme Korée et toute sa troupe !

« Que son âme sorte de lui avec effroi et épouvante !

« Que la sentence du Seigneur lui donne la mort !

« Qu'il soit étranglé comme Achitophel !

« Que sa lèpre soit comme la lèpre de Giezi !

« Qu'il tombe et ne se relève plus !

« Qu'il soit rejeté de la sépulture d'Israël !

« Que sa femme soit donnée à d'autres !...

« Que cette excommunication tombe sur N... fils de N... et qu'elle soit son partage !

« Mais sur moi et sur tout Israël, puissent s'étendre la paix et la bénédiction du Seigneur !

Amen ! »

Puis on éteint les cierges pour marquer que le coupable est exclus de la lumière céleste.

Enfin, si le coupable meurt dans son péché, personne, même ses proches parents, ne peut l'accompagner au cimetière.

On ne porte point le deuil de sa mort et sur sa tombe on place une pierre pour signifier que le mort, a mérité d'être lapidé.

Voilà, on en conviendra, une peine épouvantable qui ne révèle guère cette « tolérance » dont les juifs aiment à faire parade.

Quant à nous — « les intolérants » — nous ne la souhaitons pas même à Dreyfus !

Il est vrai que les juifs ne songent guère à la lui appliquer, puisque ce qui est « *trahison* » pour la conscience catholique française, n'est que le simple accomplissement de la loi Talmudique pour la conscience juive, avec, en plus, dans le cas de Dreyfus, une nuance d'héroïsme qui en fait un *martyr*.

Mais peut-être, direz-vous, en est-il du *Talmud* pour les juifs, comme du catéchisme pour tant de chrétiens : un enseignement fait pour être reçu, mais non pratiqué.

Nous le souhaiterions pour les juifs !

La vérité est que, si trop souvent le chrétien ne pratique pas son catéchisme, le juif, lui, pratique son *Talmud*, ce qui est bien plus facile, il est vrai !

C'est ce qu'insinue trop charitablement l'abbé Lémann, quand il dit que « derrière la haie du *Talmud*, hérissée, impénétrable, favorable aux serpents, aux vols, aux rapines, *des décisions dangereuses ont pu se prendre* en haine du christianisme ».

« Ont pu se prendre », l'euphémisme est charmant !

Elles se sont prises en effet, nous allons voir jusqu'à quel point ; ce qui prouvera que le juif n'est pas seulement sectaire en *théorie*, qu'il l'est encore et surtout en *pratique*.

Deuxième partie

Le Juif sectaire dans sa conduite

Sectaire ? Il l'a été de tout temps, depuis le jour où, trompé dans ses espérances de l'avènement d'un Messie glorieux qui devait le rendre Maître du monde, son orgueil lui fit méconnaître l'avènement humilié du Messie prédit par ses prophètes.

Quand nous disons « le juif », nous parlons comme toujours, des *chefs* surtout, des *conducteurs du peuple*, de ceux en un mot qui ont assumé, devant. Dieu, la grosse responsabilité des égarements de ce peuple.

De ces *chefs*, les véritables pères du *Talmud*, quelle a été la conduite à l'égard de Jésus-Christ, de ses apôtres, des chrétiens à travers l'histoire ?

La voici :

Chapitre Premier

Les Juifs aux temps apostoliques

Les Juifs et Jésus-Christ

Le divin Maître les avait maudits : « Malheur à vous, scribes et pharisiens hypocrites, qui n'entrez pas dans le royaume du Ciel (en refusant la parole de Dieu) et empêchez les autres d'y entrer. »

Malheur à vous, scribes et pharisiens hypocrites qui, sous prétexte de longues prières, dévorez les maisons des veuves.

Malheur à vous, chefs aveugles, qui craignez d'avaler un moucheron et ne faites nulle difficulté d'avaler un chameau.

Malheur à vous, sépulcres blanchis, beaux au dehors, pleins de pourriture au dedans. (Matth. xxiii.)

Malheur à vous, docteurs de la loi, qui chargez les autres de fardeaux qu'ils ne peuvent porter et que vous ne daignez même pas toucher vous-mêmes du bout des doigts. » (Luc xi).

À ces reproches aussi sanglants que mérités, comment répondirent ces orgueilleux docteurs ?

En envoyant Notre-Seigneur à la mort.

Au moins purent-ils invoquer un motif ?

Aucun, si ce n'est leur orgueil blessé, leur haine exaspérée par la parole divine :

Vous voulez me faire mourir, leur disait le divin Maître à la veille de sa Passion, *parce que ma parole ne trouve point d'entrée dans votre cœur.* » (Jean viii, 37.)

Les juifs et les Apôtres

Depuis, elle n'y entra pas davantage.

Quand le Sanhédrin traduisit les apôtres à sa barre pour avoir prêché l'Évangile, malgré la défense du grand prêtre, qu'il entendit la réponse de saint Pierre : « *Nous devons obéir à Dieu plutôt qu'aux hommes* », quelle fut l'attitude de l'Assemblée ?

À ces mots, disent les *Actes* (v. 33), les pharisiens du tribunal *se consultent pour trouver le moyen de les faire mourir.* »

Ce moyen, ne le trouvèrent-ils pas, en effet, dans Hérode Agrippa, le digne petit-fils et successeur du meurtrier des Innocents, qui, pour savourer le plaisir de son omnipotence, fit passer au glaive saint Jacques le Majeur et, « voyant que cela faisait plaisir aux juifs »,[31] fit emprisonner saint Pierre, en vue de le livrer publiquement au supplice, après la fête de Pâques ?

On sait comment l'apôtre fut miraculeusement délivré ; il n'en avait pas moins été l'objet d'une tentative de mort de la part des juifs.

Les juifs et saint Étienne

---

[31] Videns quia, placeret judæis (Act. xii, 5).

Lorsque le diacre Étienne leur rappela, en vue de leur conversion, les miséricordes de Dieu à leur égard, qu'il les vit importunés par ce souvenir et leur jeta leurs vérités à la face : « Têtes dures, cœurs incirconcis, les dignes fils de ceux qui ont tué les prophètes, les meurtriers du Messie », comment accueillirent-ils ces reproches ?

En massacrant Étienne à coups de pierre, séance tenante, sans autre forme de procès (Act. viii, 5 et suiv.) ; Saul était là mêlant ses rugissements à ceux des bourreaux. Mais grâce aux prières d'Étienne, il allait trouver son chemin de Damas ; Saul allait devenir Paul.

Comment les juifs vont-ils traiter l'ancien complice de leur haine contre les chrétiens ?

Les juifs et saint Paul

Paul, converti, prêche la divinité du Christ aux juifs de Damas ; que répondent les juifs ?

Rien ; mais « *ils décident de le tuer.* » (Act. ix, 23.)

Paul leur échappe, vient à Jérusalem et recommence ses prédications ; que font les juifs de Jérusalem ?

Comme ceux de Damas : « *ils essaient de le tuer.* » (Act. ix, 29.)

Enfin, pour se faire oublier de tant d'ennemis acharnés, en même temps que pour répondre à l'appel divin, Paul partit semer la parole de Dieu à travers l'Asie et l'Europe, mais non sans trouver les juifs sur son chemin comme :

À Antioche de Pisidie, où ils excitèrent contre lui une émeute de fausses dévotes ». (Act. xiii, 50) ;

À Iconium, où ils essayèrent de le faire lapider par les païens. (Act. xiv, 2) ;

À Lystre, où ils le lapidèrent eux-mêmes, le laissant pour mort sur le champ de l'émeute (Act. xiv, 18) ;

À Thessalonique, où ils mobilisèrent contre lui la lie du peuple (xvii, 5). Aujourd'hui ils mobilisent les anarchistes. Rien de nouveau sous le soleil !

À Bérée, où ils excitèrent encore une émeute (Act. xvii, 13) ;

À Corinthe, où deux fois ils lui résistèrent en face, la menace et le blasphème à la bouche (Act. xviii, 6, 122) ;

Enfin, dans son trajet maritime d'Europe en Asie, où Paul dut changer d'itinéraire pour échapper aux juifs qui *avaient résolu de le jeter à la mer* (Act. xx, 3)

Paul revient à Jérusalem !

Il y a trois ans qu'il en est parti !

Les juifs l'ont-ils oublié ?

Ils le reconnaissent dans le temple, sur les indications des juifs d'Asie venus à Jérusalem pour les fêtes de Pâques et ameutent contre lui la populace *qui réclame son sang.*

Elle l'aurait eu sans l'intervention des troupes romaines, rapidement mobilisées pour le protéger par le tribun Lysias.

Paul est, admis à s'expliquer sous la protection des lances romaines, les juifs le laisseront-ils parler jusqu'au bout ?

Non pas ! C'est sa vie qu'ils veulent, non ses explications et les vociférations, *les cris de mort* étouffent sa voix ! (Act. xxii, 22.)

Déjà la tourbe juive se rue sur sa victime qu'elle croit tenir quand le tribun la lui arrache de vive force et, pour la mettre à l'abri d'un coup de main, la fait transporter d'urgence à la forteresse militaire.

Ces bêtes féroces vont-elles enfin renoncer à leur proie ?

Ce serait mal les connaître ; après une nouvelle tentative d'émeute, au cours d'un interrogatoire devant le Grand-Prêtre où saint Paul se défend avec autant d'habileté que de courage, les juifs décidèrent d'en finir :

« Le sanhédrin prierait le tribun de lui amener, pour un dernier interrogatoire, le prisonnier, *qui serait tout simplement massacré pendant le trajet !*

« *Près de cinquante juifs, parmi les plus fanatiques, firent même le serment de ne prendre ni un atome de nourriture, ni une goutte de boisson qu'ils n'aient exécuté le complot* » (Act. xxiii 12 15).

Malheureusement pour les conjurés — ces précurseurs de l'anarchie — le complot transpira et parvint jusqu'au tribun.

Celui-ci, pour mettre sa responsabilité à l'abri, résolut de faire juger Paul, hors de Jérusalem, à Césarée, par le gouverneur de la province, Félix.

Saint Paul y fut expédié à neuf heures du soir, escorté de 200 lances, 70 cavaliers et 200 soldats. .

Une véritable escorte d'empereur, quoi !

Voilà le déploiement de forces auquel avaient obligé la perfidie, la férocité des juifs.

Enfin saint Paul leur avait-il échappé

Pas encore !

Le Grand-Prêtre lui-même — un précurseur de Zola — accompagné de l'avocat Tertullus (son Labori), vint accuser le prisonnier devant le gouverneur romain de Césarée.

L'éloquence de l'avocat, pas plus que les violences du Grand-Prêtre, qui appela saint Paul « une peste »[32] n'eurent le don d'émouvoir, paraît-il, le gouverneur, puisqu'il demanda un supplément d'enquête auprès du tribun Lysias.

L'enquête traîna deux ans, au bout desquels Félix, arrivé à la fin de son mandat, fut remplacé, comme gouverneur, par Festus.

Le nouveau juge rendra-t-il enfin la justice, avec la liberté, au prisonnier préventif ?

Non pas ! Les juifs veillaient.[33] Festus, touché de leurs attentions et, sans doute, de leurs arguments sonnants voulut persuader à Paul que son intérêt *était d'être jugé à Jérusalem* !

Il comprit le piège et répondit fièrement :

« Si j'ai commis un crime digne de mort, je ne refuse pas de mourir ! Mais il n'y a rien de vrai dans toutes leurs accusations contre moi, nul ne peut me livrer à eux !

« J'en appelle à César ! » (Act. xxv, 11.)

---

[32] Le grave *Temps* parlait le 23 octobre dernier de « *la peste antisémitique* ». C'est une réminiscence !

[33] Comme aujourd'hui (juin 1899) « les délégués de la gauche de la Chambre, constitués en *comité de salut public*, reconnaissent avec M. Dupuy que la situation, *défavorable aux juifs*, comporte une *vigilance* particulière. »

César, c'était Néron et Néron était à Rome. Saint Paul irait donc à Rome ! Et il y alla.

Et voilà comment il échappa à la mort que lui réservaient les juifs de Jérusalem !

N'empêche qu'ils lui avaient infligé — à défaut de la mort — trois ans de prison préventive, pour un délit imaginaire dont il allait être acquitté par Néron lui-même ![34]

Et voici plus de quatre ans, aujourd'hui (1899), que les juifs poursuivent la réhabilitation du traître Dreyfus, sans l'ombre d'une présomption d'innocence.

La ténacité du juif n'a pas changé.

Sa haine du chrétien non plus, nous l'allons voir.

Les juifs et les premiers chrétiens

Les juifs de Rome accueillirent saint Paul par cette parole de défiance : C'est donc vous qui représentez « cette secte que l'on combat partout » ?

L'apôtre essaya vainement, on le comprend, d'évangéliser des gens en de telles dispositions :

« Vous êtes bien ce peuple, leur dit-il, prédit par Isaïe, qui ferme ses yeux de peur de voir, bouche ses oreilles de peur d'entendre, ferme son cœur de peur de comprendre et de se convertir. » (Act. xxviii, 26-28).

---

[34] Parmi les œuvres de bienfaisance d'Israël, il y a, parait-il, une *Fondation Saint-Paul*.
« C'est une bourse de mille francs attribuée au jeune Israélite français ayant obtenu dans l'année le diplôme de docteur en droit, décerné par le Consistoire central. » *(Indicateur des juifs*, p. 22.)
Est-ce en réparation des anciens traitements infligés à l'apôtre du même nom ?

Et ce peuple continua à voir dans les chrétiens la secte que l'on combat partout » et à être lui-même « la secte » que l'on trouve partout à la tête des combattants.[35]

Suivons le juif dans l'histoire des persécutions :

---

[35] Les premiers missionnaires de la Gaule, les saints Lazare et Maximien, les saintes Marthe et Marie-Magdeleine, venaient de Palestine, d'où ils avaient *été chassés par les juifs*.

Chapitre II

Les Juifs aux temps des persécutions

Les Juifs sous Néron (54-68)

Nous ne savons la part que les juifs ont eue dans cette fameuse persécution (64) où Néron jetait en pâture à des chiens furieux les chrétiens enveloppés de peaux de bêtes, où il les enduisait de bitume, les transformant en torches vivantes pour éclairer ses orgies nocturnes.

Ce que nous savons, c'est que Néron, accusé par son peuple d'avoir allumé le fameux incendie de Rome pour se procurer du haut de sa tour l'illusion agréable de l'incendie de Troie, Néron crut très habile d'en accuser les chrétiens et, pour accréditer la calomnie, de déchaîner sur eux la persécution.

Qui lui suggéra cette idée d'accuser les chrétiens ? Des courtisans, disent les historiens.

Or, on sait que *Néron n'avait pas de courtisans plus assidus que les juifs.*[36]

Ils disent aujourd'hui : « Ce sont les cléricaux, c'est le goupillon, c'est la calotte »[37]

---

[36] « Le juif Alitilus dirigeait alors les conseils du folâtre empereur et l'impératrice Poppée était toute dévouée à la synagogue. » (Henri Desportes, *Mystère du sang*, p. 55.)

Ils ont bien pu dire alors : « Ce sont les Nazaréens. » Ils ne changent guère de refrain.

En tout cas, les juifs se vantent eux-mêmes d'avoir provoqué les persécutions sous cinq empereurs romains.

Nous allons citer leurs propres témoignages :

Les juifs sous Domitien (81-96)

Le livre juif *Sefer Juchasin* (Amsterdam 1717) rapporte qu'au temps du pape Clément (91-100), les juifs mirent à mort, à Rome et au dehors, une foule de chrétiens « *innombrables comme le sable de la mer* », dit le texte.

Les juifs sous Antonin le pieux (138-161)

Antonin le pieux, c'est entendu, toléra les chrétiens.

On parle même d'un édit qu'il rendit en leur faveur. Mais cet édit, à supposer son authenticité parfaitement établie, ce qui n'est pas, signifierait tout au plus que cet empereur persécuta moins qu'un autre.

L'édit, en tout cas, ne visant que les *chrétiens d'Asie*, ne détruirait nullement le fait suivant raconté dans le *Seder Hadoroth* des juifs, page 127, concernant seulement les chrétiens de Rome :

---

[37] *L'Univers israélite* affectionne particulièrement l'expression « les cléricaux » pour désigner les catholiques.
Le parti antisémitique vient-il de triompher à Vienne ?
« Coalition de socialistes et de *cléricaux*, » dit la feuille religieuse (9 oct. 1895). Les catholiques hongrois protestent-ils contre l'importation juive du mariage civil ?
« Vous connaissez les luttes acharnées des *Cléricaux* contre les nouvelles lois », dit son correspondant de Budapesth *(Univers israél.*, 25 oct. 1895).

Rabbenu Jehuda, y est-il dit, possédait la faveur du monarque (Antonin).

Il lui désigna la malice des Nazaréens comme cause d'une maladie pestilentielle et *obtint la mort de tous les Nazaréens qui se trouvaient à Rome* en l'an 3915 » (155 après Jésus-Christ).

LES JUIFS SOUS MARC-AURÈLE (161-180)

Le même passage du même livre indique que ce fut sous l'influence des juifs que Marc-Aurèle fit massacrer *tous les Nazaréens qu'il put*, en 177.

De ces « Nazaréens » furent saint Pothin, évêque de Lyon, et 47 de ses fidèles, dont sainte Blandine avec les chrétiens Macturus et Sanctus.

LES JUIFS SOUS CARACALLA (211-217)

Caracalla est le nom de ce monstre qui égorgea son frère Géta entre les bras de sa mère, puis 20,000 Romains coupables d'avoir pleuré la mort du jeune prince.

Sous le règne de cet empereur, justement appelé par un oracle « la bête féroce d'Ansonie », les juifs purent s'en donner à cœur joie contre les « Nazaréens ».

Le *Seder Hadoroth* dit, en effet, page 125, que :

« En l'an 3974 (214 après Jésus-Christ), « *les juifs tuèrent* 200,000 *chrétiens à Rome et tous les chrétiens de Chypre.* »

LES JUIFS SOUS DIOCLÉTIEN (285-305)

L'édit de persécution promulgué .par cet empereur (303), d'après lequel « toutes les églises devaient être démolies, tous les chrétiens refusant l'adoration aux dieux de l'empire, envoyés au supplice », fit couler à flots le sang chrétien pendant dix ans consécutifs, période sanglante qui fut justement appelée *l'Ère des Martyrs*.

Quelle part y prirent les juifs ?

Leur livre, le *Sefer Juchasin*, va nous le dire page 108

« *Sur le désir des juifs, Dioclétien tua un grand nombre de chrétiens*, parmi lesquels les papes

« Caïus, et Marcellinus,[38] de même que le frère de Caïus et sa sœur Rosa. »

N'avons-nous pas, dans ces aveux des juifs, la preuve péremptoire que les prescriptions sanglantes du *Talmud* ne sont pas restées lettre-morte pour eux à l'égard des premiers chrétiens ?[39] L'ont-elles été dans la suite ? Le juif s'est-il un peu humanisé avec le chrétien du moyen âge, par exemple ? Qu'on en juge :

---

[38] Caïus fut martyrisé en 295 et Marcellin, son successeur immédiat, en 305. Tous deux sont canonisés.
Ce fut sous Dioclétien également que fut martyrisée (308) sainte Eulalie, vierge de Mérida (Espagne).
[39] Sous Julien l'Apostat (360-363), les juifs se firent un peu oublier des chrétiens.
Cet empereur n'avait-il pas juré de poursuivre le triomphe du judaïsme sur les ruines du christianisme, par des moyens plus sûrs dans sa pensée que l'effusion du sang chrétien ?
L'année même de sa mort, ne tenta-t-il pas la reconstruction du temple
Ne mit-il pas à la disposition des juifs et le savant architecte Alypius d'Antioche, ancien gouverneur de Bretagne, et les matériaux et les ouvriers et les milliards nécessaires ? (L'ancien temple avait coûté 12 milliards.)
N'alla-t-il pas jusqu'à résister « aux tourbillons de feu jaillissants des décombres, dévorant outils et ouvriers, » raconte Ammien-Marcellin, son biographe.
En un mot, ne donna-t-il pas aux juifs toutes les marques de bienveillance ? Que leur fallait-il de plus ?
Il leur fallait du sang chrétien ?
Ce qui explique sans doute les émeutes de Palestine par eux provoquées à Ascalon, Gaza, Béryte, etc., sous le règne de l'apostat.

Chapitre III

Les Juifs au Moyen Âge (475-1453)

La part que les juifs avaient prise dans les persécutions obligea les chrétiens à des mesures de prudence.

Ils ne se souciaient guère de vivre en compagnie de gens qui, loin de regretter leur passé sanglant, ne parlaient que de les voler, de les piller, de les assassiner et ne se gênaient nullement pour le faire à l'occasion.

Saint Cyrille d'Alexandrie (412-450) avait été obligé de les chasser de sa ville épiscopale, parce que « ils avaient comploté le massacre des chrétiens ».[40]

Saint Agobard, évêque de Lyon (840), un des plus célèbres prélats du IXe siècle, formula les griefs des chrétiens contre les juifs, en de vigoureux écrits.

Déjà l'Église s'en était émue dans divers conciles particuliers et surtout au deuxième concile œcuménique de Nicée (787) où elle renouvela, par l'organe des trois-cent-cinquante évêques présents, diverses prohibitions concernant les juifs, notamment *celle de manger et de demeurer avec eux*.

---

[40] « *Judæos qui, furore acti, in cædem christianorum conspiraverunt, juxta leges, puniri sategit* », dit le Bréviaire romain au 2e nocturne de la fête du saint (9 février).

Cette bonne mère pouvait-elle, en effet, laisser ainsi ses enfants à la merci des loups ravisseurs ?

Sans doute elle imposa aux chrétiens de ne point se venger, de respecter la vie et les biens (légitimes) des juifs, mais elle imposa en même temps aux juifs de commencer eux-mêmes par respecter la vie et les biens des chrétiens.

De là, pour les juifs, le ghetto où était parquée leur malfaisance et, s'ils en sortaient, l'obligation de porter l'habit jaune et la rouelle qui les faisaient crier gare malgré eux, aux chrétiens égarés sur leur passage.

De là, pour les chrétiens, tout cet ensemble de dispositions canoniques qui, tendant à isoler de plus en plus le chrétien du juif, les protégeait l'un contre l'autre, celui-là de la haine Talmudique du juif, celui-ci, des représailles des chrétiens.[41]

Non pas que le juif renonçât totalement à massacrer les chrétiens, mais il dut le faire discrètement, à la dérobée, et se contenter, au lieu des hécatombes sanglantes des grandes persécutions, des victimes isolées des meurtres rituels.

LES MEURTRES RITUELS

Rappelons quelques faits seulement parmi des centaines :[42]

En 1137, le petit Guillaume était apprenti chez un tanneur à Norwich (Angleterre).

---

[41] La révolution juive a détruit tout cela.
En accordant aux juifs « les droits de citoyen » qu'on ne leur devait pas — pas plus qu'on ne les doit aux Esquimaux du Groënland — elle leur a donné le pouvoir, dont ils usent et abusent aujourd'hui, de nous ôter à nous, Français, même les *droits de l'homme*, de nous traiter, comme le veut le *Talmud*, « en semence de bétail. » Tr. Jebam, f. 94, 2, Tos.)
[42] Voir *Le mystère du sang*, par H. Desportes, chez Savine ; *Le sang chrétien*, par Job, chez Gautier, Paris. M. Desportes cite plus de 200 cas d'une authenticité incontestable.

Aux avant-veilles de Pâques, les juifs l'attirèrent dans leur ghetto ; le pauvre petit criait ; pour étouffer ses cris, ils lui mirent un bâillon à la bouche.

Puis, racontent les *Petits Bollandistes*, après lui avoir infligé mille outrages, ils le crucifièrent et lui percèrent le côté, en dérision de la mort de Jésus-Christ.

Il fallait maintenant faire disparaître le cadavre : on le porta dans un sac, hors des murs de la ville, pour le brûler.

Déjà il était suspendu à un arbre, au-dessus du bûcher qu'on allait allumer, quand des visiteurs inattendus firent déguerpir les assassins.

Voici maintenant une victime parisienne :

Nous lisons dans le martyrologe français (25 mars) :

« À Paris, saint Richard, enfant de douze ans, que les juifs firent mourir après avoir exercé sur lui des cruautés inouïes ; les prodiges que Dieu a faits par son intercession montrent évidemment le prix et la gloire de son martyre (1180). »

Le R. P. Bivère, S. J. en un ouvrage édité à Anvers (1634), *Sacrum sanctuarium crucis et patientiæ*, affirme que les reliques de notre petit martyr étaient conservées dans l'église des SS. Innocents où elles opéraient de nombreux miracles.

Il affirme, en outre, qu'il fut crucifié par les juifs *cruci suffixus a perfidis judæis*

Il y eut bien d'autres victimes : Et le bienheureux Hugues, enfant crucifié par les juifs en 1255, à Lincoln, « en haine de la religion catholique », disent les *Petits Bollandistes*.

Et le petit Dominique Sancius de Val, à Saragosse, enfant de chœur à la cathédrale, enlevé, au sortir de la messe, par le juif Moïse Albaicet, traîné de vive force à la synagogue où il fut couronné d'épines, crucifié et percé d'une lance ! C'était le jeudi saint, vers l'année 1250. Le petit martyr était né en 1243.

Le corps fut jeté dans une fosse, au bord de l'Èbre qui coule à deux pas de la synagogue.

Il fut miraculeusement découvert et enseveli avec honneur dans l'église Saint-Gilles, avec cette inscription sur le reliquaire : « *Ici repose le bienheureux Dominique de Val, mis à mort en haine de Notre Seigneur Jésus-Christ.* »

Les miracles opérés à son tombeau l'ont fait placer sur les autels. Il convertit son assassin, le juif Albaicet.

Et le petit Simon, de Trente (Tyrol), 19 mois, massacré, lui aussi, par les juifs, aux approches de Pâques, en 1475.

Il fut volé par le juif Tobie, pendant qu'il jouait devant la maison paternelle, emporté à la synagogue où les juifs avaient tramé le coup.

Dans la nuit du jeudi au vendredi-saint, le vieux sacrificateur Moïse dépouilla l'enfant, l'étrangla à demi d'un tour de mouchoir, pour l'empêcher de crier, et, le plaçant sur ses genoux, exerça sur lui des tortures que la pudeur nous défend de décrire.[43]

Puis, d'un coup de couteau, ce monstre lui enleva la joue droite, pendant que l'assistance, véritable meute de chacals, lui arrachait des lambeaux de chair et en suçait le sang. (Nous n'ajoutons rien au récit des *Petits Bollandistes.*)

---

[43] C'est exactement ce que les juifs ont reproché, sans preuve, bien entendu, au Frère Flamidien, dans la retentissante affaire de Lille, février 1899.
Nous voyons, en revanche, que ces pratiques n'étaient pas inconnues aux juifs du moyen âge ; nous verrons plus loin qu'elles ne le sont pas davantage aux juifs du XIXe siècle !

Enfin, un des bourreaux est chargé de tenir (la victime les bras étendus en forme de croix et les autres de la percer à coups d'aiguille, des pieds à la tête.

L'innocente victime poussait bien quelques gémissements, mais ils étaient vite étouffés sous les hurlements, en hébreu, de ces forcenés : « *Tuons celui-ci comme Jésus le Dieu des chrétiens, et qu'ainsi nos ennemis soient à jamais confondus* ».

C'est presqu'à la lettre les expressions du *Talmud* sur le devoir de tuer les chrétiens. L'innocente victime expirait le 24 mars.

Les parents éplorés recherchaient leur enfant.

— « Cherchez à la synagogue », leur criaient les autres enfants, bien au courant des mœurs du ghetto. Ils y allèrent, mais en vain.

Les juifs avaient caché le cadavre sous des tonneaux de vin.

Mais, craignant la cachette insuffisante, ils le jetèrent dans un ruisseau qui coulait au-dessous de la synagogue, et pour mieux dépister les recherches, allèrent eux-mêmes prévenir la justice qu'» *ils venaient de découvrir le cadavre d'un enfant flottant sur l'eau* ».

La ruse était cousue de fil blanc.

La justice n'eut pas de peine à établir les responsabilités et à châtier les criminels comme ils le méritaient !

Il y avait une justice dans ce pays, quoiqu'au moyen âge !...

Elle ne suffisait pas, hélas ! À réprimer tous les forfaits des juifs, car aux « meurtres rituels » trop éclatants, c'est-à-dire trop dangereux, « ils savaient substituer les profanations Talmudiques », plus faciles à dissimuler.

Les profanations Talmudiques

En voici quelques-unes :

Le martyrologe romain fait mémoire en ces termes, au 9 août, du crime accompli par les juifs à Beyrouth, vers 765 :

« À Béryte, en Syrie, la mémoire de l'Image du Sauveur qui, ayant été crucifiée par les juifs, répandit du sang en telle abondance que les églises d'Orient et d'Occident en furent abondamment pourvues ».

Le récit qui en fut fait au deuxième Concile de Nicée, 787, motiva la défense aux chrétiens, rappelée plus haut, « de manger et de demeurer avec les juifs ».

En voici la traduction par l'évêque Athanase, d'après les *Missions catholiques* (avril 97) :

« Béryte est une ville dépendante d'Antioche, située sur les confins de Tyr et de Sidon.

« Les juifs sont nombreux.

« Or, un chrétien qui avait loué un logement près de la grande synagogue tenait au-dessus de son lit une image en pied de Notre-Seigneur Jésus-Christ convenablement peinte.

« Au bout de quelque temps, il alla se loger ailleurs, dans la ville, et en emportant son mobilier dans son nouvel appartement, il oublia l'image du Sauveur.

« Le logis abandonné fut loué à un juif.

« Celui-ci s'installa sans prendre garde à l'image.

« Un jour que le juif avait à dîner un de ses coreligionnaires, son hôte, levant les yeux, vit l'image du Nazaréen :

« Comment, s'écria-t-il aussitôt, toi, juif, tu gardes une pareille peinture ! » Et il s'emporta en blasphèmes que nous ne pouvons répéter.

« Au sortir de la maison, il alla dénoncer le fait, aux chefs de la synagogue. Ceux-ci vinrent le lendemain... accompagnés d'une foule de juifs.

« À la vue de l'image, ils entrent en fureur contre celui qui habitait l'appartement et le déclarent exclu de la synagogue (l'excommunication).

« Puis ils descendent le tableau et se disent :

« *Moquons-nous de ce Jésus, comme nos pères l'ont fait autrefois.*

« Et ils se mettent à cracher sur la sainte image, à lui donner des soufflets, à l'insulter de toute manière.

« *Nous avons entendu dire que nos pères transpercèrent les mains et les pieds de Jésus avec des clous ; faisons de même à son image.*

Et ils enfoncent des clous dans les mains et dans les pieds.

« *Nos pères lui ont présenté du fiel et du vinaigre dans une éponge.*

Et ils portent une éponge remplie de vinaigre à la bouche du Christ.

« *Ils lui ont frappé la tête d'un roseau.* Et ils frappent la tête de l'image.

« *Nos pères lui percèrent le côté d'une lance.*

Et, faisant apporter une *lance*, les chefs de la synagogue la donnent à l'un des assistants pour qu'il en perce le saint tableau.

« Mais voici que de la blessure sortent du sang et de l'eau en abondance. Alors les chefs de se dire :

« Les chrétiens prétendent que Jésus a fait quantité de miracles, portons ce sang et cette eau dans notre synagogue, appelons les malades. Nous les oindrons de ce sang, et alors nous verrons bien si ce que disent les chrétiens est vrai. »

Un vase rempli du sang qui coule par la blessure est par eux porté en *ricanant* à la synagogue, pendant que des témoins, saisis de respect à la vue du miracle, vont chercher des paralytiques, des aveugles, des possédés *qui sont tous guéris* au contact du sang miraculeux.[44]

Il y a des profanations moins éloignées de nous : On connaît le miracle dit *des Billettes*, 1290, à Paris, et celui *du Très-Saint-Sacrement à* Bruxelles (XIVe siècle).

Des hosties consacrées, percées par des juifs à coups de couteaux ou de poignards, laissèrent jaillir du sang-sur les profanateurs.

Les hosties miraculeuses de Bruxelles, conservées clans l'église de Sainte-Gudule, ont été le centre d'attraction du Congrès eucharistique de 1898.

La réparation du sacrilège dit *des Billettes*, se fait depuis 1290. (C'est aujourd'hui en l'église Saint-Jean-Saint-François, au Marais, 6, rue Charlot, le 3e dimanche de l'Avent.)

---

[44] Les profanateurs eux-mêmes furent convertis par un prodige de la miséricorde divine plus grand que le miracle lui-même. Mais nous n'avons à indiquer ici que les effets de la haine *Talmudique* des juifs pour le Christ et les chrétiens.
La synagogue où s'opéra le miracle est la mosquée actuelle du sérail où se rend le wali pour les prières officielles.

À Paris, une statue de la Sainte-Vierge, placée dans une niche à l'angle des deux rues actuelles :

Roi-de-Sicile et des *Rosiers*, dans le voisinage de la *rue des Juifs*, fut mutilée en 1428.

Une statue en argent y fut replacée en grande pompe par François Ier ; elle fut volée en 1545. Une nouvelle statue de bois, cette fois, la remplaça elle fut brisée en 1551.

Enfin une statue de marbre d'un poids considérable eut le sort de la statue d'argent ; elle fut volée et vendue à des juifs d'Allemagne.

Ce sont quelques faits entre mille !

Étonnons-nous si, dans ces conditions, saint Louis avait éprouvé le besoin de tenir les juifs à de faire saisir tous les exemplaires de leur monstrueux *Talmud*[45] en 1254 et de leur faire restituer les biens qu'ils avaient volés en 1257 ;

Si Philippe le Bel — qui n'était pas un « clérical » puisqu'il fit la guerre au pape Boniface VIII

— les chassa en 1306[46] ;

---

[45] Le pape Grégoire IX, sur la preuve qu'il venait d'acquérir d'une *Association universelle des juifs formée en vue de ruiner les pays chrétiens*, avait ordonné, en 1239, à tout l'Episcopat d'Angleterre et d'Espagne *de faire brûler les livres juifs*.
L'Alliance israélite universelle, fondée par Crémieux, a le même but que l'Association universelle.
On en trouvera plus loin la preuve péremptoire (Voir la note du sous-titre : *Le juif Crémieux généralissime*).
[46] Hélas ! ils revenaient en 1316, sous Philippe le Long, et en profitaient, disent les historiens, pour faire empoisonner par les lépreux les fontaines publiques.
C'était une manière d'empêcher ce roi *clérical* de faire la croisade qu'il projetait, par un souvenir pratique de la lèpre importée d'Orient par les croisés.

Si Charles VI en fit autant en 1394 ;

Si en un mot les juifs furent chassés sept fois d'Europe depuis le règne de Charles le Chauve, ainsi que l'a affirmé l'abbé Maury à l'Assemblée constituante !

La rouelle et les ghettos n'étaient pas toujours une barrière suffisante à la haine Talmudique des juifs contre les chrétiens.

Il y eut, paraît-il, de sanglantes représailles auxquelles le roi prit part. Ce furent les juifs qui eurent le dernier mot ! Le roi mourut à Longchamp peu après (3 janvier 1322), *de mort violente !* Comme Félix Faure ! Il avait 28 ans !

Chapitre IV

Les Juifs dans l'histoire moderne

Au surplus, si le juif n'a jamais eu qu'une haine telle du chrétien, il a, pour la satisfaire, plusieurs armes à sa disposition dont il varie l'emploi avec les circonstances.

Quand il ne peut verser le sang des chrétiens, il verse le mensonge dans leurs âmes : de boucher, il se fait empoisonneur, voilà tout !

Nous avons encore ici le témoignage d'un juif célèbre, James Darmesteter, professeur de l'État, qui trace le portrait suivant, aussi vrai que peu flatteur, de ses coreligionnaires dans l'histoire moderne.

Le juif docteur de l'incrédule

Nous citons :

« Le juif s'entend à merveille à dévoiler les points vulnérables de l'Église...

« Il est *le docteur de l'Incrédule*.

« *Tous les révoltés de l'esprit viennent à lui dans l'ombre ou à ciel ouvert.*[47]

---

[47] « *L'incrédule* » aujourd'hui, le « *révolté de l'esprit* », c'est Jaurès, c'est de Pressensé, c'est Trarieux, c'est Scheurer-Kestner, c'est Clémenceau, c'est Zola, ce sont « les intellectuels » (tout le syndicat en un mot), tous accourus, en effet, dans l'ombre ou à ciel ouvert », à Dreyfus, à Reinach, à Zadoc Kahn, leurs nouveaux « docteurs ».

« Il est à l'œuvre dans l'immense atelier de blasphèmes du grand empereur Frédéric (le vainqueur de Rosbach, ami de Voltaire) et des maisons de Souabe et d'Aragon. »

Père de Voltaire et de la libre-pensée

« *C'est lui* (le juif, nous citons toujours) *qui forge tout cet arsenal meurtrier de raisonnement et d'ironie, qu'il léguera aux sceptiques de la Renaissance, aux libertins du grand siècle.*

« *Et tel sarcasme de Voltaire n'est que le dernier et retentissant écho d'un mot murmuré six siècles auparavant clans l'ombre du ghetto, et plus tôt encore, au temps de Celse et de Porphyre, au berceau même de la religion du Christ.* »[48]

Un mot de Voltaire, par exemple, qui a fait fortune : « *Écrasons l'infâme* », n'est qu'une réminiscence du précepte Talmudique commenté par le grand rabbin Raschi : « Il *faut étrangler le meilleur des chrétiens p* (Sur l'exode 7, 1, édition d'Amsterdam.)

Voltaire ! Un vil plagiaire des juifs, voilà, certes, une précieuse découverte, mais qui ne nous surprend pas.

En tout cas, elle explique à merveille l'admiration de tous les « intellectuels », juifs ou enjuivés, pour l'ami du roi de Prusse, détracteur de la grande catholique française Jeanne d'Arc !

Ce qu'elle n'explique guère, par exemple, ce sont les lignes suivantes par lesquelles l'*Univers israélite* (25 octobre 1895), essaie de couvrir la maçonnerie des méfaits à elle imputés trop exclusivement, en effet, selon nous, par les catholiques :

---

[48] Au surplus, ce rôle d'empoisonneur des âmes ne fait point négliger aux juifs la pratique si avantageuse du vol, si bien que, sous Louis XIII, les cahiers des trois ordres des États généraux, noblesse, clergé, tiers-état, demandent à nouveau le renvoi définitif des juifs.

« La franc-maçonnerie, dit-il, est devenue la bête noire du parti catholique et nombre d'évêques lancent à tout propos leurs foudres contre cette secte satanique.

« *Nous n'avons ni à la défendre ni à l'attaquer, car nous avouons l'ignorer* (quelle candeur !)...

« Mais il nous semble bien qu'on prend la question par le petit côté.

« Au lieu de reconnaître que la grande masse du peuple est devenue *voltairienne...* on préfère attribuer cette révolution intellectuelle à une secte dont le mystère prête à toutes les suppositions et frappe facilement l'imagination...

« On détruirait la franc-maçonnerie que *la libre-pensée n'en serait guère atteinte...* »

C'est vrai ! Il resterait toujours *l'esprit voltairien* pour faire prévaloir *l'esprit de la libre-pensée* et l'esprit du *Talmud* pour entretenir l'esprit voltairien.

Voilà à quoi l'*Univers israélite* n'avait pas pensé !

Lui aussi avait « pris la question par le petit côté ». En ceci il est peut-être excusable. Il ne l'est sûrement plus, quand il ose ajouter la petite infamie suivante :

« C'est à la libre-pensée et à l'athéisme, *que les juifs ont appris des chrétiens*, qu'il faut s'en prendre des actes qu'on reproche à certains juifs libres-penseurs ou athées. »

S'il avait eu la sincérité du juif Darmesteter, il aurait dit :

« C'est à la libre-pensée et à l'athéisme, que les *chrétiens ont appris de Voltaire et que Voltaire avait appris des juifs*, qu'il faut s'en prendre, etc... »

Et dire que c'est grâce aux arguments juifs de Voltaire que les juifs ont conquis non pas « les droits de l'homme » — que personne ne leur refusait — mais ces « droits de citoyens » français auxquels ils ne pouvaient prétendre, puisque, de leur propre aveu cent fois surpris sous la plume ou sur les lèvres de leurs grands hommes « *les juifs, sont un peuple à part* »

Mais ils avaient besoin, paraît-il, des « droits de citoyens » français, pour dépouiller les Français de leurs « droits de chrétien ».

Et ils y sont arrivés si bien que les catholiques français ne peuvent plus aujourd'hui fonder une école une association, une « ligue » quelconque, ni même organiser une procession, sans la permission des juifs qui, du reste, la leur refusent la plupart du temps.[49]

Les catholiques français en sont réduits à n'être-plus qu'un troupeau de « parias » obéissant aux injonctions que leur jettent impérieusement les Reinach et autres échappés des ghettos de Francfort.

---

[49] Ce n'est pas d'aujourd'hui que les juifs abhorrent les processions.
Au VIe siècle, sous Childebert, fils de Clovis, « ils huaient les fidèles qui y assistaient », raconte M. Raymond Lacan dans son *Histoire des juifs*.
Quant aux « ligues » *antisémitique*, de la *Patrie française*, des *Patriotes*, etc., l'ardeur de M. Dupuy à invoquer contre elles — quand même il y comprendrait la *Ligue des droits de l'homme* — l'article 291 du Code pénal, prouve suffisamment que les juifs, dont il sert la cause en définitive, ne les ont pas-plus en odeur de sainteté que les corporations d'autrefois, « les ligues » de ce temps-là.
Pour être juste envers M. Dupuy, nous devons ajouter qu'il a refusé de poursuivre M. Trarieux, président de la *Ligue des droits de l'homme*, tout en poursuivant les présidents des autres ligues et qu'il ne poursuit pas du tout la « ligue » illégale de la franc-maçonnerie.
Mais ici, il y a une raison péremptoire : il « en fait partie-comme membre de la loge de Clermont « Les enfants de Gergovie ».
M. Jules Guérin, délégué général de « la Ligue antisémite », le lui a humoristiquement rappelé devant le tribunal qui condamné, pour la forme !

Ce n'est pas le résultat qu'attendait la *Constituante* en octroyant aux juifs « les droits de citoyen ».

Et puisque nous parlons de la *Constituante*, il est temps d'apprécier son œuvre : *la Révolution*

CHAPITRE V

LES JUIFS ET LA RÉVOLUTION

La Révolution est essentiellement juive

Elle l'est dans les deux grands actes qui la constituent essentiellement : *la Déclaration des droits de l'homme et du citoyen et le Décret de naturalisation des juifs.*

Un mot de chacun ;

LA RÉVOLUTION EST JUIVE DANS LA DÉCLARATION DES DROITS DE L'HOMME ET DU CITOYEN

Cette déclaration, votée le 12 août 1789, révisée en juillet 1791, soumise aux déclarations de l'assemblée 1e 5 août, présentée au roi le 3 septembre, enfin signée par lui le 13 septembre 1791, porte le titre de

« *Constitution française du 3 septembre* 1791 ».

Une seule remarque :

Pourquoi a-t-on choisi cette formule : « *droits de l'homme et du citoyen* », alors que les cahiers des électeurs parisiens portaient « *droits de la nation* » ? Parce que cette dernière formule n'était favorable qu'aux *Français*, tandis que la première était favorable aux *juifs* et préparait le terrain au décret de leur naturalisation.

Pourquoi encore ? Parce que la formule « les droits de l'homme et du citoyen » *Répondait pleinement à l'idéal social préconisé par le juif franc-maçon Dohm de Berlin, en sa brochure parue en 1781 : « De la réforme de la situation des juifs.* »

Et voilà pourquoi cette formule « fut adoptée en séance publique, dit Poujoulat en son *Histoire de la Révolution française*, sous le coup de la menace des tribunes, *bien qu'elle ait été rejetée préalablement par vingt-huit bureaux, sur trente, de l'assemblée.* »[50]

LA RÉVOLUTION EST JUIVE DANS LE « DÉCRET DE NATURALISATION DES JUIFS »

Voici ce fameux décret, du 27 septembre 1791 :

« *L'Assemblée nationale*, considérant *que les conditions nécessaires pour être citoyen français et pour devenir citoyen actif sont fixées par la Constitution* et que tout homme qui, réunissant les mêmes conditions, prête le serment civique et s'engage à remplir tous les devoirs que la Constitution impose, a droit à tous les avantages qu'elle assure ;

« *Révoque* tous ajournements, réserves et exceptions insérés dans les précédents décrets, *relativement aux individus juifs qui prêteront le serment civique.*

« Mandons et ordonnons... ...

---

[50] C'est pour le maintien de cette formule juive, qu'à propos de « l'affaire », les juifs ont dépensé près de soixante millions, fondé une douzaine de journaux, dont un « *Les droits de l'homme* », plusieurs associations, dont une « *La ligue pour la défense des droits de l'homme et du citoyen* », ligue juive à ce point que le juif Cohen, de *l'Univers israélite*, la recommande (mai 1898) comme un bon moyen d'unir « la masse de ses coreligionnaires » contre... les autres.
Ce qui n'empêche pas cette ligue, du reste, d'avoir un article premier ainsi conçu :
« Il est constituée une association exclusivement française ! »...
Le peuple ne s'y est pas trompé quand il l'a baptisée : « La ligue des droits du juif ».

« En foi de quoi nous avons signé ces présentes auxquelles nous avons fait apposer le sceau de l'État.

(Plus bas) N. L. P. du Port.

Signé : *Louis*.

Et scellé du sceau de l'État.

(Plus bas) N. L. P. du Port.

Pour être complet, le premier considérant du décret aurait dû être modifié comme il suit :

« ... Considérant que les conditions nécessaires pour être citoyen français et pour devenir citoyen actif sont fixées par la Constitution, que cette *Constitution a été élaborée, que ces conditions ont été imposées par les juifs aux Français qui n'en voulaient pas*, révoque, etc. »

Comment ce décret, repoussé dans treize séances de la *Constituante*, a-t-il été adopté, de guerre lasse, le 27 septembre 1791, deux jours avant le départ de l'Assemblée ?

Il l'a été, sur les suppliques d'abord, les pétitionnements ensuite, puis les menaces, enfin les appels à la Commune, signifiés à la *Constituante* par les juifs Cerfberr et Berr-Isaac-Berr, au nom des cinq cents juifs de Paris.

« *Le droit de citoyen*, disaient-ils impérieusement à l'assemblée récalcitrante, *doit être accordé aux juifs sans restriction et sans retard.* » (Mémoire adressé à l'assemblée le 28 janvier 1790).[51]

---

[51] Les deux juifs Cerfberr et Berr-Isaac-Berr, à la tête des 500 juifs de Paris, dominèrent alors la *Constituante*, par *les mêmes moyens* que les juifs d'aujourd'hui ont dominé le Parlement, au temps du Panama, qu'ils ont dominé la dernière Assemblée de Versailles (18 février) en lui imposant l'élection de M. Loubet, qu'ils dominent aujourd'hui le ministère

Et le droit de citoyen leur fut accordé, car, dit l'historien juif Graetz, « les juifs perdaient patience ».

C'est donc un droit qu'ils doivent à « la menace de chambardement ».

En ce cas, quelle est sa valeur ?[52]...

« LE DROIT DE CITÉ, REFUSÉ À DIEU, ACCORDÉ AUX JUIFS »

Dupuy, la Chambre et le Sénat et s'apprêtent à dominer l'armée... si l'armée leur en laisse le temps ! (Soixante millions sont déjà dépensés et les millions coulent toujours !)
En un mot, Cerfberr fut *l'Arton* de la *Constituante* et Berr Isaac-Berr en fut le *Reinach*.
C'est de celui-là, sans doute, que le duc de Broglie disait à la tribune (19 janvier 1791) d'après le *Moniteur* du 20 janvier :
« Parmi eux (les juifs), il y en a un surtout qui a acquis sa fortune immense aux dépens de l'État et qui répand dans la ville de Paris des sommes considérables pour gagner des défenseurs à sa cause. »
En un mot, Cerfberr remplissait le rôle capital de « facteur » que nous allons analyser dans le « gouvernement secret des juifs ».
[52] Menace appuyée par le souvenir encore frais du « chambardement » du 14 juillet 1789, où l'on vit les têtes de de Launay, de Flesselles, de Foulon et Berthier promenées au bout de piques !
Notez que ce « chambardement » préliminaire avait été préparé et exécuté par le même sectaire, homme des juifs dont le nom figure au bas du décret de naturalisation.
Quand, le 21 mai 1789, moins de deux mois avant, du Port présenta son plan de *Constitution juive à* la loge
« Les Philalètes », La Fayette lui dit :
« Voici un très grand plan, quels sont vos moyens d'exécution ?
« J'en connais de sûrs, dit-il, mais je frémis moi-même rien que d'y penser...
« Ce n'est que par des moyens de terreur qu'on parvient à se mettre à la tête d'une révolution et à la gouverner.
« Des instructions furent données aux principaux agents du comité des insurrections. »
(Bertrand de Molleville, *Hist. révolut. t.* iv, p. 181.)
Et nous avons eu le chambardement du 14 juillet.
C'est à l'homme qui l'avait organisé, « à ce terrible sectaire, dit Louis Blanc *(Révol. février*, t. ii p. 318), que les juifs ont eu recours pour faire violence à la *Constituante* et déduire de la *déclaration des droits de l'homme et du citoyen* ses conséquences logiques », c'est-à-dire *la naturalisation des juifs.*
Pour faire violence à la nation française qui exige. le maintien du châtiment d'un traître, les juifs ont recours aujourd'hui à Sébastien Faure et à Jaurès.
Il y a du déchet dans le choix des hommes ; le système demeure le même.

Ici se place la juste remarque de M. l'abbé Lémann :

« Pendant qu'à l'origine de ses délibérations, l'assemblée nationale *ouvre* ses travaux par la « déclaration des droits de l'homme », dans laquelle *elle exclut Jésus-Christ de la législation française*, elle *clôture* ses travaux en octroyant *au juif, son meurtrier et son ennemi séculaire, le droit de cité qu'elle refuse à l'Homme-Dieu.* »[53]

AVEUX OFFICIELS DES JUIFS

C'est bien ainsi que l'entendent aujourd'hui les juifs qui revendiquent la « Grande Révolution » comme *leur* œuvre, l'œuvre hébraïque par excellence. Nous citons :

L'Univers israélite, organe officiel des juifs *Talmud*istes, dit que : « *La Révolution avec son égalité et sa fraternité est l'étoile d'Israël* »[54] septembre 1867, page 34).

Les *Archives israélites*, organe officiel des juifs réformés, disent, 6 juillet 1889, que : « 1789 est une nouvelle Pâque » et que « *la Révolution française a un caractère hébraïque très prononcé* ». Zadoc-Kahn exaltait, le 27 septembre 1895, sur la tombe de son prédécesseur le grand rabbin

---

[53] C'est précisément pour cela qu'à la « *faillite de la science sans Dieu* » constatée par M. Brunetière, nous pouvons ajouter la *faillite de la révolution sans Dieu*, constatée par tout le monde.
Qui ne reconnaît aujourd'hui dans la proclamation des fameux « Droits de l'homme » la consécration officielle des *droits du juif à* piller, à voler, à rançonner tout le monde et surtout les Français ?
Nous n'avons plus qu'un moyen, *mais infaillible celui-là*, d'échapper au juif.
On projette une nouvelle *Constituante* : qu'elle proclame les « *Droits de Dieu* »
Ce sera la ruine immédiate et irrémédiable des *droits du juif* à qui les vrais *droits de l'homme* désormais devront suffire.
[54] Parce que cette « égalité » a consacré sa prétendue « supériorité aristocratique » sur tous les peuples, que cette « fraternité » lui a permis de piller et d'égorger à son gré « le Nazaréen », suivant les prescriptions Talmudiques.

Isidor :

« Cette *glorieuse Révolution* qu'on peut bien insulter et maudire, mais dont on ne saurait détruire *l'œuvre bienfaisante.* »

« Bienfaisante ! » assurément, pour les juifs ! Bernard Lazare écrivait dans le même sens, 9 décembre 1898, à un journaliste dreyfusard :

« Je suis certain, mon cher ami, que nous serons encore côte à côte... *pour défendre la Révolution qu'on attaque et qu'on ne vaincra pas.* »

Les juifs « défendent la Révolution » que « les Français attaquent ». Pourquoi ? Parce que cette « Révolution » est *antifrançaise*, c'est-à-dire *Juive !*

Au surplus, toutes les révolutions ont ce « caractère hébraïque très prononcé », comme disent les *Archives*.

Nous parlons des révolutions faites ou à faire, par la même méthode, celle des anarchistes, nullement de celles qui pourraient et devraient se faire légalement, *à la française*, dans le sens de la vérité et de la justice pour tous.

Chapitre VI

Toutes les révolutions sont juives

Qui fut l'âme de la révolution de Portugal en 1820, d'Espagne en 1830 ? Le juif Mendizabal devenu ministre président d'Espagne.

Qui fut l'âme de la révolution de 1848 ? N'est-ce pas le juif Crémieux, grand maître de la maçonnerie du rite écossais en France, alors que le baron James de Rothschild figurait comme 33e dans l'annuaire maçonnique de cette année (Annuaire de Pinon p. 85) ?

Et n'est-ce pas parce que Crémieux était l'âme de cette Révolution; qu'elle en fit son ministre de la Justice ?

À ceux qui pourraient douter encore de l'origine juive des révolutions, citons des aveux, *officiels* comme toujours :

La Révolution de 1848 a été juive

« *La puissante révolution qui se prépare en Allemagne (1848) se développe sous l'influence des juifs* » a dit le juif anglais Disraëli, en son *Coningsby* (p.183), Londres 1844.

« Les idées modernes sont l'avenir du judaïsme »

En un concile juif tenu à Leipzig, le 29 juin 1869 (à la veille de l'année terrible), où prirent part, au nom de leurs coreligionnaires des divers pays d'Europe, les grands rabbins de France,[55] d'Angleterre, d'Allemagne, de Russie, des Pays-Bas, de Belgique, de Turquie, etc., l'ordre du jour suivant fut voté, à l'unanimité, sur la proposition du docteur Philipson de Bonn et sous la présidence du professeur Lazarus de Berlin :

« *Le synode reconnaît* que le développement et la réalisation des idées modernes (imprégnées de la haine Talmudique du chrétien) *constituent la plus sûre garantie pour le présent et, pour l'avenir du judaïsme et de ses enfants.* »

Est-ce assez dire que les idées *modernes*, c'est-à-dire *révolutionnaires, au sens juif du mot,* sont exclusivement juives ?

Et cela a été dit et applaudi par les représentants officiels de tous les juifs d'Europe, devant le grand rabbin de France, à la veille de la guerre de 1870 qui devait vider sur la France tous les ghettos d'Allemagne.[56]

LA RÉVOLUTION INTERNATIONALISTE SERA JUIVE

Mais à quoi bon insister ?

Ne voyons-nous pas, au moment où la Révolution, soi-disant socialiste, se prépare sous nos yeux, les juifs allemands Lasalle, Aron, Singer, Friedlander, Packuscher, les gendres français de juifs Guesde et. Lafargue, le fils de juive Millerand de la *Lanterne*, diriger cette révolution, sous le patronage posthume du juif anglais Karl Marx, dans le sens du *Talmud*, qui en sera comme toujours le bénéficiaire ?

Au congrès internationaliste de Stuttgard (octobre 1898) que voyons-nous ?

---

[55] Lazare Isidor.
[56] Nous y avons gagné Reinach, la cheville ouvrière du syndicat Dreyfus et Mayer, de la *Lanterne*. Celui-ci, on le sait, a filé avec la caisse !

Le millionnaire juif Singer élu président du bureau, le juif Kloss élu vice-président, le juif Schœnlank, la juive Luxembourg, rédactrice de journal, prendre-une part importante aux débats, auxquels assiste Guesde.[57]

Ne voyons-nous pas tous ces juifs du congrès, de concert avec les juifs du syndicat Dreyfus, diriger secrètement la grève des terrassiers qu'ils fomentent d'un côté, avec leur or, tout en accusant, d'un autre côté, les *jésuites* de l'avoir provoquée ?

Oui, la révolution internationaliste se fera au profit du juif.

C'est le sort inévitable de toutes les révolutions Bien aveugle est celui qui refuse de le voir ! Mais pourquoi le juif est-il l'âme de toutes les révolutions ? Le voici ;

LES RÉVOLUTIONS SONT LA REVANCHE DU TALMUD SUR L'ÉVANGILE

« C'est l'idée exprimée par l'illustre chef de l'antisémitisme, Édouard Drumont, dans sa lettre à M. de Pontigny, qui sert de préface au *Juif selon le Talmud*, de Rohling (p. 1.1) :

---

[57] À la séance de l'après-midi (8 octobre), Guesde a apporté les félicitations des socialistes français aux socialistes allemands et affirmé, en terminant « *la solidarité internationale-des socialistes de tous les pays.* » Et ce, au moment où les socialistes allemands venaient d'affirmer qu'» *en cas de guerre avec la France ils marcheraient contre elle comme un seul homme* » ! Voir la presse du 9 octobre.
Deux ans plus tôt (juin 1896), chez Marguery où les socialistes français offrirent un déjeuner au « grand socialiste allemand » Liebknecht, M. Jaurès déclara, aux applaudissements de MM. Guesde, Lafargue, Millerand, Jourde, Chamoin, Vaillant, Gérault-Richard, Fournière, etc. que :
« *Français et Allemands, dont les génies respectifs sont faits pour se comprendre, n'ont pas à tenir compte des luttes* fratricides provoquées par les despotes. »
Deux ans plus tard, au congrès de Stuttgard, les socialistes allemands affirmaient qu'ils en « *tiendraient* » bel et bien « compte », « en cas de guerre avec la France ».
Et M. Guesde applaudissait toujours !
Quoi d'étonnant que ces gens-là aient adopté pour cri de ralliement : « *À bas l'armée !* »

« *Toutes les révolutions*, a dit très justement Proudhon, *sont des révolutions théologiques.*

« La crise générale au milieu de laquelle se débat le monde en ce moment se résume en un mot : *la Revanche du Talmud sur l'Évangile.*

Les grandes phrases sur la philosophie, les droits de l'homme, la régénération de l'humanité, qui, pendant les premières années de ce siècle, ont servi au juif comme de paravent pour opérer à son aise, ne trompent plus personne ; c'est un vieux décor de papier qui se déchire et s'en va en lambeaux... »

« *Les révolutions sont la revanche du Talmud sur l'Évangile !* » Retenons ce mot dont voici le commentaire dépouillé d'artifice :

« Après bientôt dix-neuf siècles d'existence aventurière, le christianisme est enfin sur le point de toucher à son terme...

« *En vain la Tiare se débat contre le spectre de la Révolution juive de 1793, en vain il (sic) veut se dégager des bras de fer du colosse sémitique qui l'étreint !*

« *Tous ses efforts sont inutiles !*

« Le péril est imminent et *le catholicisme papal se meurt à mesure que le judaïsme pénètre dans toutes les couches de la société*, anime le monde et souffle un *zéphir de vie* dans les *narines* des peuples (sic) ! »

Qui parle ainsi ?

L'*Haschophet*, journal algérien, en un article intitulé *L'agonie de l'Univers romain* (avril 1894).[58]

Cet aveu cueilli dans une feuille de synagogue, dans un pays où la synagogue ne déguise pas sa pensée, n'est-il pas suggestif ?

Ce n'est qu'un avant-goût d'autres aveux plus contemporains qu'on trouvera au cours de notre démonstration.

Elle nous amène pour l'instant aux juifs du XIXe siècle.

---

[58] De ces expressions de haine, de ces désirs de sauvage destruction, inspirés par le *Talmud*, rapprochons le programme de ce « catholicisme papal » formulé à nouveau par Léon XIII, le jour de sa fête (11 avril 1899) dans un *hymne à la paix* dont voici la conclusion :
« *Ce serait recul et ruine que tenter de soustraire la civilisation au souffle du christianisme qui lui donne sa vie et qui seul peut lui conserver la solidité de l'existence et la fécondité des résultats.* »
D'un côté, *l'amour et la paix* ; de l'autre, *la haine* et le « *chambardement* »
Non, le véritable ennemi, ce n'est pas le protestant, ce n'est pas le franc-maçon, à qui il reste, malgré tout, un peu d'amour au cœur, avec un peu de sang français, c'est-à-dire *chrétien*, dans les veines.
L'ennemi, c'est le juif à qui il ne reste rien, rien dans le cœur que de la haine contre le chrétien, rien dans les veine s que du sang Talmudique, c'est-à-dire cosmopolite, contre le Français.

Chapitre VII

Les Juifs au XIXe siècle

Il semblait que le juif une fois admis dans la grande famille française, sa haine contre le chrétien allait enfin désarmer.

C'est bien le résultat que s'étaient promis les commissaires de la Commune, Godard, Bertolio, Duvergier, Fauchet, Mulot président, lorsqu'ils écrivaient, le 24 février 1790, à l'Assemblée constituante :

« ... *Au nom de l'humanité et de la Patrie*,[59] au nom des *qualités sociales* des juifs, de leurs *vertus patriotiques*, de leur *vif amour de la liberté*, nous vous supplions de leur donner le titre et les droits dont il serait injuste qu'ils fussent privés plus longtemps »

La qualité *sociale* du juif, nous la voyons s'épanouir aujourd'hui dans sa haine du *chrétien* ; sa vertu *patriotique*, dans sa haine de *l'armée !*

Quant à cette liberté pour laquelle il professait « un amour si vif », il s'en sert au profit de sa double haine contre l'Église et la Patrie, contre « le sabre et le goupillon ».

---

[59] C'est « au nom de *l'humanité* et de la *patrie* » que les communards adressaient leurs adjurations, en 1790 !
C'est « au *nom de la civilisation et de l'humanité* » que le f∴ Dupuy, le 20 janvier, « au *nom de la liberté et de la justice* », que le f∴ Barthou, le 20 mai 1899, les adressaient à la Chambre, en faveur des juifs d'Algérie ! Toujours le même refrain !

Cette « qualité sociale », cette « vertu patriotique », cet « amour de la liberté », nous allons les apercevoir avec éclat et les apprécier à leur juste valeur dans la description rapide, mais obligatoire, que nous allons tracer ici du *gouvernement secret* des juifs.

Car ils ont un gouvernement, auprès duquel le gouvernement secret de la maçonnerie et le gouvernement officiel de la République, lui-même, ne sont que des hochets !

LE GOUVERNEMENT SECRET DES JUIFS, « LE KAHAL »

Ce gouvernement s'appelle *le Kahal*.

Il est *universel*. Son centre est à Paris, au 44 de la rue de la Victoire, siège de la grande synagogue, et sa circonférence nulle part, car, s'il en avait une, ce ne pourrait qu'être celle d'un des deux hémisphères du globe et il rayonne sur les deux à la fois, par ses prolongements naturels, les *Kahal*s des grandes et petites synagogues qui vont d'un bout du monde à l'autre, de Paris à Sydney par New-York et San-Francisco, et de Sydney à Paris par Alexandrie, Constantinople, Vienne et Berlin.[60]

Il est *absolu*, d'un absolutisme qui dépasse celui de Louis XIV et Napoléon, puisque Louis XIV et Napoléon laissaient au moins au Parlement le droit de remontrance, que le *Kahal ne reconnaît à personne*.

---

[60] Le grand rabbin de France Zadoc-Kahn envoie des circulaires aux juifs *du monde entier :* sa circulaire aux juifs d'Amérique, par exemple, publiée à New-York, le ter juillet 1898.
Le grand rabbin Lazare Isidor, son prédécesseur, agissait de même.
Et sur sa tombe inaugurée en septembre 1895, le grand rabbin de Paris Dreyfus put célébrer « la *toute-puissance de son influence, de son crédit* qui s'affirmait *avec tant de succès dans toutes les sphères, dans tous les milieux* où la personnalité, le nom de M. Isidor étaient entourés de respect et de vénération. »
Il exalta « son intervention efficace en faveur de... tous ceux qui, en France, comme dans *le monde entier, s'adressaient à lui* ». *(Univers israélite,* 2 oct. 1895).

Il réunit dans ses mains le pouvoir législatif et le pouvoir exécutif.

Il a le droit de vie et de mort, ses décisions sont infaillibles et ses arrêts sans appel !

Il a, à ses ordres, toujours discrétionnaires, une *magistrature* pour les imposer, une *police* pour en surveiller l'exécution, un *budget* pour alimenter sa police et ses fonctionnaires, un *impôt* pour alimenter son budget, lequel impôt est voté sans l'avis des-contribuables, réparti sans contrôle et payé sans murmures.

« Les décisions du « Kahal » ne sont susceptibles d'aucun contrôle et n'ont besoin d'approbation de-qui que ce soit » dit une pièce officielle du *Saint-Bet-Dine* datée de Minsk (Russie), 26 Nisan 5.560 (avril 1800).

C'est le pouvoir des doges de Gênes et de Venise, étendu et exercé par le juif sur le monde entier ; on s'en aperçoit aujourd'hui en France !

Ce gouvernement secret, vieux souvenir du tout-puissant Sanhédrin, au temps de la gloire d'Israël, a toujours fonctionné, depuis sa dispersion à travers le monde, dans la mesure où le lui permettait, bien entendu, ce qu'il appelle aujourd'hui « l'intolérance moyen-âgeuse » et qui n'était que l'usage, bien restreint, du droit de légitime défense.

Napoléon Ier lui rendit sa gloire perdue par la reconstitution, en 1806, du Grand-Sanhédrin de France, qui devait rayonner sur tout le peuple juif, comme lui, Napoléon, rayonnait sur l'Europe et le monde.

Il avait cru se l'asservir, il venait de se donner un Maître.

Du jour où l'Empereur décréta (1808) qu'» il était défendu aux juifs de prêter sur gages ;

« *Que les lettres de change souscrites par les chrétiens au profit des juifs, pour des prêts effectués par ces derniers, devaient être limitées à une certaine somme ;*

« *Qu'il fallait entourer de précautions et de difficultés le changement de résidence des familles juives, etc.* »

Du jour où Napoléon décréta ces *justes restrictions* contre les juifs, le Sanhédrin (le *Kahal*), lui, décréta la chute de Napoléon !

« Dieu enverra à notre ennemi tant de chagrins, dirent les juifs dans leur prière traditionnelle, qu'il ne pourra plus penser à nous tourmenter ! »

Effectivement Napoléon tombait à Waterloo (1815), pendant que le *Kahal* demeurait, plus vigoureux que jamais ![61]

Nous ne le *sentons* que trop, hélas ! Dans les événements contemporains. Mais il ne suffit pas de le sentir, il faut le *voir* ; c'est pourquoi nous allons le montrer dans toute *sa hideur*.

Le Code du Kahal

Ce code, nous le connaissons.

C'est le *Talmud !* Nous en avons parlé dans la première partie.

Le *Talmud* est bien la constitution fondamentale du peuple juif, dont il résume la suprême aspiration :

« La conquête par lui du monde entier. »[62]

---

[61] « Le tout puissant Empereur avait eu contre lui cette *force mystérieuse de la finance à laquelle on ne résiste pas, même quand on est Napoléon Ier*, dit un jour M. Léon Say à la Tribune. » (*France juive*, t. i, p. 327.)

Mais cette Constitution, en pratique, a besoin d'être interprétée. Elle l'est par les lois du *Kahal*.

Le *Kahal* a beaucoup légiféré, surtout en Russie, de 1790 à 1833.

Un juif russe converti, Brafmann, a eu l'idée de publier toutes ces ordonnances (plus de mille) en son *Livre sur le Kahal*, paru à Vilna en 1870. C'est un résumé fidèle du droit coutumier d'Israël, son code de jurisprudence.

Il émut, à ce point, les autorités russes qu'elles songèrent sérieusement en 1871 à supprimer le *Kahal*, dans les provinces du Nord.

Il émut bien davantage les juifs qui parvinrent à supprimer l'ouvrage et l'auteur.

Cependant un exemplaire parvint aux mains d'un autre Russe, M. de Wolski, qui publia, en français, en 1887, le résumé du *Livre sur le Kahal*, chez Savine, sous le titre : *La Russie juive.*

Les juifs ont réussi à ruiner l'éditeur, M. Savine, qui a déposé son bilan en 1898.

Quant au livre, la grosse part de la première édition est passée aux mains d'un libraire juif pornographe, bien connu à Paris ; une autre part, environ 200, attendent aux mains des juifs du mont-de-piété, avec la fin d'un procès dont ils sont l'objet, l'heure de rejoindre les autres exemplaires chez le juif pornographe, où le pilon à son tour les attend.

---

[62] « Le Messie rendra le sceptre royal aux juifs, *tous les peuples le serviront et tous les royaumes lui seront assujettis.* » (*Traité Schab.*, fol. Z20,1. *Traité Sanhédrin*, f. 88, 2, 99, 1.)

Plus heureux, une douzaine d'exemplaires, réfugiés dans une librairie de faubourg, un instant flairés par notre juif, ont pu lui échapper. On en voulait trop cher !

Ils sont en lieu sûr, maintenant ; un d'eux nous est venu dans les mains.

Ce qui nous a valu la bonne fortune de pouvoir, comme nous le faisons, jeter aux quatre vents du ciel les mystères impénétrables de cette caverne de brigands qui s'appelle le *Kahal*.

Nous allons l'explorer ensemble :

Le pouvoir universel et absolu du Kahal

Il est prouvé jusqu'à l'évidence par le fait suivant

L'empereur de Russie (Alexandre II) avait institué une *Commission d'étude de la question juive* dans ses États.

« M. Derjawine, écrivain russe et membre de cette Commission, en a publié le *Compte rendu à* Moscou .1860.

« Il raconte, pages 796 et suivantes :

La lettre d'un grand rabbin

« Une lettre saisie sur un juif de la Russie blanche, écrite par un grand rabbin de ce pays-là et adressée à un juif très influent de Strasbourg, jouissant d'une immense fortune, attestait la puissante organisation du peuple juif et les immenses sacrifices d'argent que les juifs étaient prêts à supporter, afin de paralyser, par tous les moyens possibles et, certes, peu honorables, l'action de la Commission instituée par Sa Majesté l'empereur.

Derjawine maudit dans toutes les synagogues du monde

« *Dans cette lettre*, il était dit que les juifs ont maudit Derjawine comme le plus grand ennemi et persécuteur des juifs, et ont lancé sur lui un *Hérem* (anathème) qui est répété par toutes les synagogues du monde entier, auxquelles ce fait a été communiqué ;

Un million de roubles dépensés pour le faire expulser de la Commission

« Que, pour arranger cette « affaire », c'est-à-dire laisser la question juive dans le statu quo, tous les juifs de toutes les Russies et des autres pays se sont cotisés et ont envoyé 1.000.000 de roubles argent pour suborner tout ce qui est corruptible et pour faire renvoyer de la Commission instituée par l'empereur leur ennemi mortel, le procureur général Derjawine ;

La tête de Derjawine mise à prix

« Que si cependant tous les moyens étaient impuissants pour obtenir son expulsion de la Commission, *le poison ou tout autre moyen devra faire disparaître de ce monde ce grand persécuteur et ennemi du peuple d'Israël ;*

« Que, pour exécuter cet ordre, on assignait *aux juifs de Saint-Pétersbourg chargés de son exécution un laps de temps de six ans ;*

En attendant, embrouiller la question juive

« Qu'en attendant, il fallait mettre en œuvre tous les expédients pour gagner par l'argent — qui ne ferait pas défaut — les hautes influences en vue de faire traîner en longueur la question juive,[63] car tout espoir d'une solution avantageuse était illusoire, tant que

---

[63] Voilà deux ans que dure « l'affaire » chez nous et ce n'est pas fini !...

Derjawine ferait partie de la Commission ou *n'aurait pas cessé de vivre* ;

Le monde entier mis en branle

« Qu'afin d'aider aux efforts du Comité juif de Saint-Pétersbourg pour entraver et embrouiller la question juive, la Commission instituée par *l'empereur recevrait de tous pays des écrits en toutes langues, rédigés par les juifs les plus capables*, traitant la question et démontrant de quelle manière il fallait la résoudre en Russie[64] ; question grave, en effet, pour les juifs, puisqu'il ne s'agissait de rien moins que de leur ôter le droit de débit de l'eau-de-vie dans les cabarets des petites villes et des campagnes, où, pour eux, l'art d'abrutir les paysans par l'ivrognerie, l'abus et la frelatation des boissons alcooliques est devenu la plus productive spéculation. »

Dernières manœuvres

Derjawine raconte ensuite comment « l'empereur fut inondé, en effet, d'un déluge de mémoires, de brochures, etc., en français, en allemand, en anglais ;

Comment le juif Notko, qui s'était insinué dans la confiance de Derjawine, lui offrit 200.000 roubles contre l'engagement qu'il prendrait de ne pas faire d'opposition aux conclusions de ses collègues les commissaires ;

Comment Derjawine avait repoussé du pied ce qu'il considérait comme une trahison ; Comment, pour le punir, les juifs avaient ruiné son influence auprès de l'empereur ; Comment enfin ils avaient réussi à *acheter*, par l'intermédiaire du juif influent Péretz, *pour 30.000 ducats chacun* (environ 300.000 francs), *le vote de la*

---

[64] Les Bjœrnson, les Conybeare et autres juifs « les plus capables du monde entier » ont si bien réussi chez nous à embrouiller *l'affaire*, que bien des Français n'y voient plus clair !
La lumière commence à venir tout de même et éclatante !...

majorité des membres de la Commission pour le *statu quo* que les juifs demandaient. »

C'est le pendant de « l'affaire Dreyfus » qui n'aboutira peut-être pas au même succès,[65] mais d'où ressort également cet absolutisme du *Kahal* qui ne permet même pas qu'on soupçonne son infaillibilité. Qu'on en juge par les documents officiels suivants :

Défense de dénoncer le Kahal aux autorités chrétiennes

N° 134

Samedi, 25 Sivan 5562 (juin 1802).

Les membres du *Kahal*, après délibération, ont décidé :

Considérant qu'il a été prouvé à la séance précédente[66] que le Rebe Josée, fils d'Aviel, par sa dénonciation contre le *Kahal*, avait exposé cette institution israélite à supporter de très grandes dépenses, afin d'amortir l'effet de ladite dénonciation ;

Considérant que, pour ce motif, le *Kahal* a décrété d'ôter audit Rebe Josée la moitié de place à la synagogue ;

Ayant reconnu que cette punition n'est pas assez forte, le *Kahal*, dans sa séance d'aujourd'hui, voulant l'augmenter, décrète : que ledit Rebe Josée, fils d'Aviel, sera privé pour toujours du titre de

---

[65] Nous parlons du succès *final*.
Les juifs triomphent momentanément par le renvoi du procès devant le conseil de guerre de Rennes, rendu le 3 juin, par les chambres réunies de la Cour de cassation.
Ce n'est qu'un épisode ; le dénouement ne peut qu'être la victoire définitive des Français !... à moins qu'il ne faille sceller le tombeau de la France et y inscrire le *finis Galliæ* de la désespérance !...
Mais non ! c'est impossible !...
[66] L'acte classé dans le *Livre sur le Kahal*, de Brafmann, sous le n° 132.

Moreine.⁶⁷ Par conséquent, lorsqu'il arrivera à la synagogue pour faire la prière, on l'invitera à s'approcher de la Tora après tous les autres, et celui qui l'appellera devra faire précéder son nom de Habor (goujat, mal-né).

« En outre, il est interdit à Rebe Josée, fils d'Aviel, de se présenter jamais devant le saint tribunal *Bet-Dine*.⁶⁸

Défense d'insulter un membre du Kahal

N° 170

Lundi, 22 Élivat 5562 (octobre 1802).

Les membres du *Kahal*, considérant que le Rebe *Haïm, fils d'Abraham*, ayant insulté une fois déjà le président du *Kahal*, infraction pour laquelle il a été puni de la perte du titre de Moreïne et d'une amende de 5 *ducats au profit de la caisse du Kahal* ; que ledit Rebe Haïm, au lieu de se corriger, a eu le malheur de nouveau, en s'approchant de la sainte table, d'injurier d'une manière grave, et cela en présence de quelques personnes, plusieurs membres du *Kahal* ;

Le *Kahal* décide, au grand complet, que ledit Rebe Haïm, fils d'Abraham, sera *exclu pour toujours de la confrérie des funérailles*, dont il faisait partie jusqu'à ce jour ; qu'en outre, il est *condamné à 10 ducats d'amende qu'il doit verser immédiatement à la caisse du Kahal*. — Quant à son titre de Moreïne, dont il a été déjà privé dans la séance précédente,⁶⁹ il est enjoint aux notaires de la ville⁷⁰ de ne

---

⁶⁷ Titre de noblesse décerné par le *Kahal*, indispensable pour être élu membre de ce tout-puissant tribunal.
⁶⁸ Cela veut dire : livré à toutes les vexations possibles et imaginables de ses coreligionnaires, contre lesquels il n'a plus aucun recours, devant aucun tribunal juif.
⁶⁹ *Livre sur le Kahal*, de Brafmann, sous le n°167.
⁷⁰ Il s'agit de la ville *israélite*, bien entendu, la ville que les juifs considèrent comme *leur*, s'ils sont en majorité, ou comme devant leur appartenir, s'ils sont en minorité.

point mettre ce titre, même dans les actes écrits, lorsqu'ils devront mentionner le nom de Rebe Hahn, fils d'Abraham.

La Magistrature du Kahal

Elle se nomme le *Bet-Dine*.

Elle n'est que la section judiciaire du *Kahal* auquel tout juif doit être aveuglément soumis.

Qu'on juge, d'après le *Hoschen-Hamischpat* du code d'Israël, combien elle est *exclusive* dans ses-attributions :

Il est défendu aux juifs d'avoir un procès devant les tribunaux chrétiens, de poursuivre un intérêt devant les instances civiles et administratives des-*goïm, même au cas où les lois juives et celles des goïm s'accorderaient, quand bien même les deux parties réclameraient le jugement de la justice chrétienne.*

Le contrevenant à cette décision sera considéré comme un criminel, car une pareille action serait un blasphème contre la loi de Moïse (ch. : xxvi, p. 1).

Dans ce cas, on doit lancer contre le coupable un *Indouï* (l'excommunication mineure) qui pèsera sur lui jusqu'au moment où il annulera sa plainte portée devant les tribunaux *goïm* et s'il persévère dans son crime, il devra être anathématisé par le *Hérem* (l'excommunication majeure).

La même peine sera appliquée à tout partisan du-coupable, et même à celui qui emploierait une autorité non juive pour forcer son adversaire à comparaître devant le *Bet-Dine*.

Dans les temps actuels surtout, où les juifs restent soumis aux lois de la domination étrangère et ne peuvent avoir leurs juges, le tribunal *Bet-Dine doit se mêler de toute affaire, de tout intérêt, de toute question, de toute difficulté qui s'élèvent entre juifs.* Ainsi il doit juger : *les prêts et les emprunts, les contrats de mariage, les donations, les successions, les plaintes concernant des pertes,*[71] etc. Il doit fixer les amendes pour les dommages occasionnés au bétail appartenant à un autre individu, etc.

Il poursuit la restitution des vols et des rapines, mais non la punition par les peines corporelles qui n'est pas de son ressort.

Cependant, s'il s'agit de la moralité du peuple juif en général (la moralité Talmudique s'entend), le *BetDine* a le droit de traiter les coupables par l'amende, les peines corporelles et même la mort.

Si le coupable est influent et riche, le *Bet-Dine* doit s'entendre avec le *Kahal*, pour faire surgir une occasion de le livrer aux tribunaux chrétiens.

Sa fortune est déclarée Hefker (à la disposition du premier acquéreur venu), afin d'arriver le plus promptement possible à anéantir complètement et à détruire le désobéissant aux saintes lois du *Talmud* » interprétées par « *Bet-Dine* le saint » et « *Kahal* d'infaillible ».

« S'il s'agit du procès de deux juifs que le *Bet-Dine* n'a pu mettre d'accord, il les renvoie devant les tribunaux *goïm*, non par incompétence de sa part, mais pour châtier deux récalcitrants qui ont mérité cette humiliation.

« En tout cas, l'autorisation qu'il leur donne de comparaître devant ce tribunal étranger *ne doit pas être révélée aux juges goïm*, sous peine, pour le contrevenant, *de payer à la partie adverse* (ch. xxvi, p. 4) *le surplus de l'amende qui aurait pu être prononcée* par application des lois juives, par le *Bet-Dine*. »

---

[71] Hoschen-Hamischpat, ch. i, p. 1.

« Même en ce cas, le dernier mot reste au *Bet-Dine* et au *Kahal* qui, avant de renvoyer les plaideurs devant le tribunal *goy*, leur ont *fait signer en blanc, à tous deux, des lettres de change*, par lesquelles ils modifieront à leur gré la sentence à intervenir : »

Et malheur au juif qui dénoncerait de pareils procédés !

Défense de dénoncer le tribunal juif aux autorités chrétiennes

C'est pour l'avoir oublié, en 1802, que le juif Meer s'attira la condamnation suivante :

No 146.

« Samedi, second jour du passage de Kouczhi, fête des Tabernacles, 5562 (1802).

« Puisque le Rebbe Meer, fils de Michel, a eu l'insolence de dénoncer le *saint*[72] *Bet-Dine* aux autorités chrétiennes, les représentants du *Kahal* ont décidé de le punir en lui retirant le titre de Moreïne, et dorénavant pour les temps éternels son nom devra être précédé du Havera (malné). »

Contre les récalcitrants

La sanction des jugements du *Bet-Dine* est consacrée par les règlements officiels suivants « discutés et approuvés par la *réunion générale* composée des représentants de la ville, des membres du *Kahal* au grand complet, des membres du *Bet-Dine* et publiés par Brafmann, sous le

---

[72] Dans le document officiel no 23, il s'intitule « *l'infaillible et Saint Bet-Dine* » et dans vingt endroits différents.

N° 148

En voici le résumé :

« 1° Si quelqu'un de la religion juive, cité par le *Samoche* (huissier de la synagogue) pour déposer devant le *Bet-Dine*, n'obéit pas ...

S'il ne se soumet pas au jugement rendu... il sera lancé un *Hérem* contre lui (excommunication majeure)...

Si le *Hérem* n'avait pas de résultat, le *Bet-Dine* en dresse procès-verbal et l'enregistre ...

Après quoi le *Samoche* devra consulter le *Persécuteur secret* (Feigah-Gamel) sur ce qu'il convient de faire pour amener le coupable à résipiscence et observera scrupuleusement ses indications.

2° Si les persécutions sont inutiles, au bout de trois jours, il est déclaré déchu du titre de membre de la synagogue et de la propriété de tous ses biens mobiliers et immobiliers qui seront vendus pour indemniser le *Bet-Dine*.

« Le surplus, s'il en reste, passera dans la caisse du *Kahal*.

3° Si une partie en cite une autre devant le *BetDine*, qu'il n'y ait que *trois juges* présents, ces trois juges, à moins de cas excessivement graves, qui nécessitent la présence du tribunal complet, doivent immédiatement instruire l'affaire et rendre un jugement, *sans appel*.

4° Si une des parties, mécontente du jugement, cite l'autre devant le tribunal chrétien, le *Kahal* et le *Bet-Dine* l'avertissent *qu'elle aura à payer tous les frais du nouveau procès* et encourra de plus le *Hérem* (excommunication majeure).

5° Devant le tribunal chrétien, il est défendu à tout juif de témoigner contre un coreligionnaire ; mais il est commandé à tout juif qui est dans le cas de le faire, de témoigner pour.

6° ...

7° ...

8° Les Samoches doivent une fois par mois se réunir pour élire un persécuteur secret et celui-ci doit jurer solennellement qu'il n'épargnera personne au monde, pas même ses plus proches parent..., qu'il fera tout son possible, en un mot, pour faire respecter le saint tribunal de *Bet-Dine*, institué par le *Talmud*.

LE PERSÉCUTEUR SECRET

Voici ses principaux devoirs à l'égard des récalcitrants, d'après la pièce officielle :

N° 149

1° Veiller à ce que l'excommunié par le *Hérem* n'exerce plus aucune fonction dans le *Kahal* ou dans les *Herveïs* (confréries).

2° Veiller à sa complète exclusion des confréries

3° ...

4° Veiller à ce qu'il ne soit invité à aucune réunion générale, à aucune fête particulière, sous peine de *Hérem* pour les invitants.

5° Veiller à ce que personne ne lui loue de chambre à coucher, d'habitation où il puisse exercer un commerce ..., à l'exclusion de sa femme elle-même de la cérémonie de la Purification.

Car il est bien entendu qu'à l'heure suprême et fatale tous les malheurs doivent tomber comme la foudre sur le coupable (Upchito chebeïam pokdaî infkadlolof vasteï).

6° S'il exerce un métier, veiller à ce qu'aucun juif ne lui donne du travail.

7° Au père qui lui aurait promis sa fille en mariage, permettre de ne point tenir sa promesse.

8° Permettre, à la synagogue, à tout le monde, de l'accuser, *même faussement*, d'avoir mangé du *tref* (viande non cachère), violé les jeûnes prescrits, afin d'exciter le fanatisme du peuple juif et mettre le coupable en butte à toutes les persécutions.

« Tout ce qui précède (nos 148 et 149) a été décidé *à l'unanimité* par la réunion générale composée des membres du *Kahal* et du *Bet-Dine* et approuvé par le Grand-Rabbin Garof-Gagadol.

« Et tous ont signé sous prestation du serment exigé, afin que tout cela soit suivi ponctuellement. »

On voit que le *Kahal* et le *Bet-Dine* ne sont pas tendres pour leurs subordonnés, que leur manière de gouverner n'est pas sans analogie avec celle de la Terreur (du reste inspirée par les juifs Cerfberr et Berr-Isaac-Berr).

Mais on frémira à la pensée de voir aux mains d'un tel gouvernement une police comme la suivante :

La police secrète du Kahal

Dans les villes habitées par les juifs, comme Paris, Lyon, etc., vous trouvez à chaque pas, au coin des rues, devant les magasins, les hôtels, les bureaux de police, d'administration, etc., des individus de mine suspecte qui s'empressent de vous offrir leurs services.

Ce sont les policiers du *Kahal*, de leur vrai nom, ses *facteurs*.

Ils sont une fourmilière, lâchée par lui journellement, comme une meute, sur la piste de toutes les affaires.

Ils s'occupent surtout de rechercher les solliciteurs de places, d'emplois, de postes, etc., les lanceurs d'affaires, pour entrer en pourparlers avec eux, sonder le bénéfice qu'ils pourront retirer de leur médiation.

Ce bénéfice est celui de la communauté juive ou le leur et souvent les deux à la fois.

Dans le premier cas, ils sont rétribués par le *Kahal* ; dans le second cas, ils payent au *Kahal* leur droit de médiation ; dans le troisième cas, tout est bénéfice pour eux ; ils n'ont rien à payer au *Kahal* qui les paie au contraire lui-même et leur laisse, en sus, leur part éventuelle de bénéfice dans l'affaire.

Cette médiation s'exerce dans quatre cas principaux :

1° Entre deux *goïm* ;

2° Entre deux juifs ;

3° Entre un juif et un *goy* ;

4° Entre le *Kahal* et les *goïm*.

Et voici les solutions pour chacun d'eux :

1° Entre deux *goïm*, on les roule tous les deux ;

2° Entre deux juifs, c'est plus délicat, obtenir la solution la plus avantageuse pour le *Kahal* ou pour-soi, suivant qu'on est payé par lui ou qu'on l'a payé ;[73]

3° Entre un juif et un *goy* ; c'est le *goy* qui doit être roulé ;

4° Enfin, entre le *Kahal* et les *goïm*, pas d'hésitation possible, le *Kahal* est infaillible, il doit donc avoir raison.

L'affaire Dreyfus nous offre un frappant exemple du dernier cas.

D'un côté, le *Kahal* représenté par Rothschild, président du Consistoire central et le grand rabbin Zadoc-Kahn !

De l'autre, *l'État, major* (de l'armée des *goïm*).

Le *facteur* Reinach n'hésite pas, c'est le *Kahal* qui doit avoir raison !... ou gare « le chambardement ! »

Nous venons de nommer Reinach, car il y a des *facteurs à* tous les degrés de l'échelle sociale, depuis les coureurs de champs de foire jusqu'aux distributeurs de chèques dans les couloirs du Palais-Bourbon ! Reinach l'oncle, Arton, Cornélius Herz, étaient des *facteurs !*

Il y en a à tous les degrés ; il y en a pour toutes les spécialités : agriculture, commerce, industrie, entreprises de tous genres.

---

[73] Nous trouvons le cas dans l'ordonnance suivante du *Kahal* en vue de régler un différend survenu entre lui, *Kahal*, et un *juif*, sur le droit vendu d'exploitation d'un goy.

N° 177.

« En conséquence du différend qui a surgi entre le *Kahal* et les fils de feu Aria, relativement au droit d'exploitation des magasins appartenant à Arbireï (prélat orthodoxe), les représentants du *Kahal* ont décidé d'attribuer le pouvoir des sept représentants de la ville à Rebbe Moïse, fils de Jacques, pour qu'il arrange et plaide les intérêts du *Kahal*, soit devant des experts choisis à cet effet, soit devant le tribunal du saint *Bet-Dine* »

Les uns fournissent des domestiques ; les autres négocient les mariages ; ceux-ci corrompent la police des *goïm*, ceux-là les juges, d'autres les députés, etc.

L'opération du *facteur* achevée, il en *doit* faire un rapport minutieux au *Kahal*, qui le classe dans les archives et y trouve, quand il en a besoin :

1° Une leçon de choses excellente pour les apprentis « facteurs » de l'avenir ;

2° Un puissant moyen d'action contre le « goy » qui a utilisé les « bons offices » du juif.[74]

Nous signalons ce dernier point aux catholiques qui croient avoir d'excellentes raisons pour ne pas refuser l'argent des juifs, sous prétexte de « bonnes œuvres ».

Quand nous reprochons à ceux-ci leurs persécutions contre l'Église, ces pharisiens ne sont pas embarrassés pour répondre comme l'*Univers israélite* (25 octobre 1895) :

---

[74] C'est l'explication d'un passage du fameux programme juif publié par sir John Readclif, attaqué avec tant de violence par *l'Univers israélite*, octobre 95.
Nous comprenons sa fureur ! Voici ce passage :
« Tous les emplois publics doivent être accessibles aux Israélites, et, une fois devenus titulaires, nous saurons, par la *perspicacité* de nos facteurs, pénétrer jusqu'à la première source de la véritable influence et du véritable pouvoir. »
Ils y sont aujourd'hui, avec M. Loubet, à la présidence de la République et M. Dupuy à la présidence du Conseil, grâce à la « perspicacité » et aussi à la malhonnêteté du « facteur » Reinach !
C'est ce que M. Quesnay de Beaurepaire a prouvé, sans réfutation possible, dans son livre « *Le Panama et la République* » et dans sa déposition aux assises où comparaissaient MM. Déroulède et Marcel Habert, le 30 mai dernier :
« M. Loubet a été le complice de Reinach dans le procès de Panama », dit-il en substance.
Voilà comment M. Reinach, le neveu, tient M. Loubet ! comment M. Loubet préside la France, sous la coupe du « facteur » Reinach, pour le compte du *Kahal* présidé par M. de Rothschild !...

« *Notre haine contre l'Église est si avérée que dans nombre de paroisses des environs de Paris, les curés n'hésitent pas à recourir à la charité des juifs pour la restauration, l'embellissement ou l'entretien de leurs églises.* »

« Spectacle plus ironique encore ! On voit parfois *nos coreligionnaires quêter dans les églises pour les œuvres catholiques et s'adresser à nous, pour nous demander notre concours.* »

Ce concours nous coûte fort cher, qui décore des dehors de la bienfaisance la main criminelle qui plonge tous les jours le poignard dans le cœur de l'Église et de la France !

Nous excusons la bonne foi des uns ; cela ne nous dispense pas de flétrir l'hypocrisie monstrueuse des autres, de signaler l'audace avec laquelle ils ont réussi à étendre leur système de corruption jusque dans le sanctuaire !

L'or ! Mais c'est avec l'or que tous les juifs doivent tous leurs succès décisifs, en Russie, en France, en Pologne, en Algérie ; c'est avec l'or qu'ils vont peut-être avoir raison, tout à l'heure, *seuls*, contre toute la France, dans « l'affaire Dreyfus » !...

C'est que l'or, sagement canalisé de tous les points du monde juif, dans la caisse du *Kahal*, lui assure à perpétuité un budget formidable de fonds secrets, qu'avec ce budget il paye ses facteurs et leur fournit les armes irrésistibles de la corruption.

Mais où puise-t-il cet or ? Dans les impôts.

LES IMPÔTS DU KAHAL

Ils sont de deux sortes : les impôts *ordinaires* et les impôts *extraordinaires*.

Nous ne parlons nullement des droits perçus sur les cérémonies religieuses des juifs : circoncision, purification, pompes funèbres, etc., ces droits étant assimilés, à tort ou à raison, aux revenus des fabriques.

Nous ne parlons que des impôts *secrets* perçus par *le Kahal*, à l'insu du gouvernement français ou du moins sans qu'il lui en soit rendu compte et auxquels il n'a pas un instant songé à appliquer la *loi d'abonnement.*

L'IMPÔT SUR LES OPÉRATIONS COMMERCIALES, ETC.

Le *Kahal*, « souverain maître des biens et des personnes des non-juifs »,[75] s'en fait encore le dispensateur auprès des juifs. Nous expliquons plus loin l'opération.

Mais en retour du droit cédé à tel ou tel juif d'exploiter tel ou tel bien, telle ou telle personne des non-juifs, il prélève un impôt de *tant pour cent* sur chacune des opérations commerciales, industrielles, etc., etc., de l'exploiteur.

Celui-ci déclare, sous menace d'excommunication (du *hérem*), l'état exact de sa situation financière devant le *Kahal* qui taxe aussitôt ses opérations lucratives : prêts sur gage, lettres de change, billets à ordre, ventes, locations, etc.

Ci-joint une ordonnance du *Kahal* de Minsk, montrant la désinvolture avec laquelle les juifs savent établir un impôt nouveau.

Elle est classée par Brafmann sous le

No 57.

---

[75] « Sa vie (du non-juif) est entre tes mains, à plus forte raison son argent », dit le célèbre Béchai (sur le *Pentateuque*, 214, 1).

« Jeudi, cinquième jour de la semaine de Pâques, 5558 (1798). À cause des grandes dépenses que le *Kahal* a été obligé de faire dans ces derniers temps, dépenses *dont il ne peut pas rendre compte...* les membres du *Kahal* ont décidé *qu'il sera perçu un nouvel impôt sur le commerce*, calculé sur la même base que celui qui a été institué par le *Kahal* de la ville de Sklow, sans aucune variation dans le mode de perception.

On doit commencer à payer cet impôt depuis le 1er Iva prochain (juin)...

On doit, en outre, ramasser 800 roubles argent, pour combler le déficit qui se trouve dans la caisse du *Kahal*.

La somme que chaque imposé versera, pour la susdite cotisation, sera considérée comme un acompte sur l'impôt dit *impôt de la boîte*.

Si le gouverneur civil de la ville de Minsk n'approuve pas ce nouvel impôt, les membres du

« *Kahal* » chargent les répartiteurs de le percevoir malgré l'opposition du gouverneur. » Ces derniers mots ont besoin d'explication.

En Russie, les juifs ont réduit le gouvernement à choisir ses percepteurs parmi eux.

Il approuve les impôts du *Kahal*, mais à la charge pour celui-ci de percevoir les impôts du gouvernement sur les juifs, ses subordonnés.

Si le gouvernement n'approuve pas les impôts du *Kahal*, le *Kahal*, on le voit, sait se passer de son approbation.

En France, rien de pareil, le gouvernement ignore les impôts du *Kahal*, qui vote ses impôts comme il l'entend, fait sa perception tout seul et n'a besoin de l'approbation de personne.

L'impôt sur les opérations commerciales et industrielles, etc., est une première et abondante source.

Il y en a une seconde, non moins abondante, dans *l'impôt de la boîte* dont nous venons de parler, autrement dit *l'impôt sur la viande caschère*.

L'IMPÔT SUR LA VIANDE CASCHÈRE

On sait que les juifs ne peuvent manger de certains animaux qualifiés *d'impurs* (le porc, par exemple), suivant les prescriptions de la Bible *(Lévitique* et *Deutéronome)*.

Ils ne peuvent davantage manger des animaux *purs* qui ne sont pas tués *d'une certaine manière*.

À la description de cette *manière, le SchulchanAruch* (recueil général des lois Talmudiques) consacre 56 chapitres. Nous en faisons grâce à nos lecteurs.

Pour son exécution minutieuse, il faut des instruments *spéciaux*, des bouchers *spéciaux* (les *shochel*) des abattoirs *spéciaux*, lesquels sont sévèrement contrôlés par des agents *spéciaux* du *Kahal*.

À toutes ces conditions, la viande est *caschère* et peut être mangée par les juifs.

Malheur au boucher qui omettrait une seule de ces prescriptions dans la mise à mort de sa bête, malheur au juif qui en achèterait ! Les amendes, les excommunications pleuvraient sur eux ! Cela assure au *Kahal* la plénitude de son impôt qui est réparti sur ces quatre points principaux

Tant sur *chaque animal abattu* dans l'abattoir juif ;

Tant sur chaque volaille tuée ;

Tant sur chaque livre de viande vendue ;

Tant pour les *amendes* infligées aux infracteurs de la loi.

Il est difficile de se faire une idée précise de la richesse de cette source : Mais on peut en avoir une idée approximative.

Mettons qu'à Paris, il y ait *dix mille juifs* seulement (ils sont peut-être 50.000) !

Mettons que les *soixante* boucheries (environ) de viande *caschère* leur délivrent à chacun une *livre* de viande par jour en moyenne, taxée à 10 centimes seulement.

Cela ferait exactement : 0,10 x 10,000 = 1,000 fr.

Soit mille francs par jour ou 365,000 *francs par an !* Au profit de la caisse du *Kahal*.

Mais nos évaluations sont d'une *infériorité* évidente et excessive. Et il n'y aurait rien d'exagéré à ce que les revenus du *Kahal* à Paris, de ce *seul* chef, se chiffrent par millions ! ...

Nous disons « de ce *seul chef* », car il faut ajouter l'impôt sur la *bête abattue*, l'impôt sur la *volaille tuée*, l'impôt provenant des *amendes* !

Vous voyez d'ici les sommes fabuleuses fournies, chaque année, à la caisse centrale du *Kahal*, par le seul impôt de la viande *caschère*, à Paris.

Que dire si cet impôt est perçu dans toutes les synagogues de France, dans les synagogues du monde entier ?

Voilà qui explique la fureur des juifs d'Alger contre le jeune tribun Max Régis qui a eu l'audace de démolir, d'un trait de plume, comme maire d'Alger, non pas leur abattoir rituel, mais une simple baraque où les rabbins en calculaient les profits !

Pensez donc ! Oser toucher, fût-ce indirectement, à un abattoir fournissant le plus gros appoint des deux cent mille francs qui alimentent le *budget* annuel du *Consistoire* d'Alger ! Le budget *avoué*, bien entendu !

Notez que tous ces *impôts* sont rigoureusement exigibles et *exigés* en effet.

M. Marchal, député d'Alger, parlant de cet impôt à la tribune, séance du 9 mai 1899, a dit :

Je montrai (au Conseil général) la nécessité de mettre un terme à la prédication rabbinique, *à ces levées d'impôts pratiquées par les Consistoires sur les Israélites.*

Je citai des exemples de *ces juifs punis* pour ne pas manger *kascher*, d'autres inquiétés pour tenir leurs magasins ouverts le samedi.

Sous prétexte de cotisations libres, le Consistoire inscrit sur des listes des taxes dont il est seul juge et il ne ménage guère les Israélites qui prétendent s'affranchir de sa tutelle.

Sans doute, le Consistoire n'a pas *de moyens matériels de coercition* contre le coreligionnaire qui se refuse à payer la taxe, mais on attend le moment propice pour le forcer à l'acquitter.

Quand le juif vient de perdre un de ses parents, le Consistoire qui a la garde des cimetières *l'oblige à l'enterrer dans la partie réservée aux réprouvés.*

Voilà la liberté telle que l'entendent les juifs. »

Complétons ces renseignements, qui confirment, notre thèse, par l'indication d'un moyen merveilleusement employé en Russie — et en France — pour la rentrée des impôts en retard

On attend une fête de famille du retardataire, mariage, circoncision, etc.

Pendant que les invités se livrent aux épanchements de la gaîté familiale, soudain la salle du festin est envahie par deux inconnus de mine sévère !

Ce .sont deux inspecteurs du *Kahal* qui viennent se livrer à une inspection minutieuse des mets étalés sur la table, des ustensiles qui ont servi à les apprêter

Malheur au pauvre amphitryon, s'ils découvrent la moindre trace, si fugitive soit-elle, de poisson ou de viande non *cascher* !

Les amendes pleuvront sur lui en déluge ! Un déluge où il finira par être submergé, mais qui roulera l'or, à flots, dans la caisse du *Kahal* !

Parlons maintenant de deux autres mines inépuisables de richesses : les impôts sur le *droit d'exploitation de tel ou tel territoire* où s'installe le juif, *de tel ou tel chrétien* qui y réside.

Le droit de propriété universelle du Kahal

Ces impôts sont la conséquence du « droit de propriété universelle sur les hommes et les choses » que le *Talmud* attribue aux Juifs :

« Dieu donna toute puissance aux juifs sur les biens et le sang de tous les peuples » (Sepher Juchasim, c. f. 25) — (Jalk. Schim. f. 83, 3, n° 563).

Pratiquement cette loi Talmudique est appliquée par la loi dite : Hezkat-Ischub.

D'après cette loi, le *Kahal* s'attribue le haut *domaine* sur les personnes et les choses du district, de la *circonscription où il s'établit*.

Ces *personnes* pour lui ne sont que des « animaux » (Jebam. fol. 94, etc.) habitant des territoires « assimilés à un *désert* ». *(Baba Batra,* p. 59, etc.)

Ou, si l'on préfère, ces personnes sont « des poissons » dans un « immense *lac libre* »

Ces poissons, il a le droit de les pécher, par conséquent de *vendre le droit de pêche* dans telle ou telle partie du lac.

Ces « animaux », il a droit de les chasser, par conséquent de *vendre le droit de chasse* dans telle ou telle partie de la forêt ou du désert.

C'est l'impôt dit de : *Meropiié.*

Le lac et la forêt étant à lui, il peut, de plus, vendre des prises d'eau du lac, ou des lots de la forêt.

C'est l'impôt de *Hazaka.*

Voilà dans sa simplicité les idées qui président à l'établissement d'une colonie juive sur un point quelconque du monde.

Et voilà l'idée que le gouvernement secret de cette colonie s'efforce de réaliser dans la mesure de son pouvoir *absolu, discrétionnaire.*

Ceci posé, on n'aura aucune peine à comprendre ce qui suit :

Le droit de séjour

D'après le *Hezkat-Ischub* :

« Chaque juif qui voudrait quitter sa résidence actuelle en vue d'exercer le commerce dans le lieu de sa naissance ou toute autre ville, se placerait *en vain* sous la protection des lois du pays...

« *Il n'aboutirait pas, s'il n'obtenait préalablement la double permission du « Kahal » de la circonscription qu'il veut quitter, du « Kahal » de la circonscription où il veut venir.*

Le *Hoschen-Hamischpat* (code juif) en donne ainsi la raison :

« Dans les temps présents, surtout lorsque nous sommes obligés de vivre *sous la dépendance des nations chrétiennes* et dans le lieu restreint où généralement sont situées les habitations juives dans les grandes villes, il pourrait arriver que, *quelques troubles survenant dans la ville*, un juif venu d'une autre localité, *n'étant pas au courant des secrets de la communauté*, dénonçât sans le vouloir des *faits* qui devraient être tenus cachés aux chrétiens... chaque *Kahal* a le droit de fermer la porte à tout juif étranger au district, dont il est le représentant et le maître absolu.

« Pour arriver à ce résultat, le *Kahal* peut employer tous les moyens dont il dispose, recourir même à l'influence de l'administration locale des *goïm*.

« Un séjour temporaire est permis aux marchands arrivés dans la ville pour effectuer la vente momentanée de leur marchandise.

« *Mais il est défendu à tout juif de fixer sa résidence dans une ville où il n'est pas né, sans une autorisation formelle du Kahal de cette ville.*

« Une, seule exception à cette règle existe en faveur du *Talmud Hahan* (savant interprète du *Talmud*) auquel il est permis de se fixer où bon lui semble.

Quant aux autres, ils doivent payer *l'autorisation* accordée par le *Kahal*.

C'est le *droit de séjour !* Parlons du droit de « Hazaka » qui s'y rattaché.

Le droit d'exploiter la propriété d'un non juif ou de « Hazaka »

Partant de ce principe qu'» *il est plus facile de prendre un seul poisson à la fois, avec un seul hameçon, que d'en prendre plusieurs avec plusieurs hameçons à la ligne,* exposée ainsi à se rompre sous le poids », le *Kahal* ne délivre jamais au pêcheur juif qu'un *seul* hameçon et pour un *seul poisson*, à la fois.

Autrement dit, il ne vend qu'à un seul juif le droit d'exploiter une *seule* propriété appartenant à un *seul chrétien*, ou à une *seule famille* chrétienne.

Mais alors, une fois investi de ce droit, ce juif, à *l'exclusion de tout autre*, peut louer la maison, si c'en est une, y exercer un commerce, sous-louer aux autres juifs les appartements disponibles ;

Lui seul peut prêter à *usure* au propriétaire ainsi qu'à tous les locataires de la maison.

En un mot, « *lui seul a le droit d'employer tous les moyens possibles et imaginables de se rendre Maître le plus tôt qu'il pourra de la propriété dont il a acheté le droit d'exploitation.* »

Voici à ce sujet quelques ordonnances officielles fort éloquentes dans leur simplicité, publiées par Brafmann.

VENTE DU DROIT D'EXPLOITER UN HÔPITAL APPARTENANT À DES MOINES CATHOLIQUES

N° 261.

« Jeudi, veille de la nouvelle lune Acra 5562 (1802).

« Les représentants du *Kahal* et la réunion générale, composée de toutes les autorités juives de cette ville, ont décidé :

« *Le droit d'exploiter l'hôpital et la place attenante*, propriétés situées à l'une des extrémités de la rue Kaïdany et appartenant aux moines catholiques, *est vendu* au Rabbi Izaack, fils de Guerson. Il est également vendu au même Izaak ; fils de Guerson, *le droit d'exploiter la place appartenant à la municipalité de la ville* et située à .proximité des propriétés ci-dessus nommées.

« Ce droit d'exploitation des propriétés des chrétiens *est vendu audit Rabbi Izaack, à ses descendants ou fondés de pouvoirs, du centre de la terre jusqu'aux plus hauts nuages du ciel, sans que personne puisse jamais lui contester son droit pour l'acquisition duquel Izaak a payé à la caisse du Kahal le prix convenu.*

« En conséquence, ce droit est *inviolable pour l'éternité* et ledit Izaaak peut en disposer à sa volonté, c'est-à-dire le revendre, le mettre en gage, en faire don à qui il lui plaira, en un mot en disposer selon son bon plaisir. Si le Rabbi Izaak s'entend avec les membres de la municipalité de la ville pour obtenir l'autorisation d'élever quelque construction sur la place dont il a acquis du *Kahal* le droit d'exploitation, il pourra construire des maisons ou toute autre espèce de bâtisse, soit en bois, soit en pierres ou briques.

« Si le gouvernement venait à s'emparer de ces places pour y construire des casernes ou tout autre édifice public, *il est sévèrement défendu à tout autre juif de contracter un engagement quelconque avec le gouvernement et, seul, Izaak, fils de Guerson, aura le droit d'entrer en pourparlers avec le gouvernement pour obtenir l'adjudication de tous les travaux.*

« *Il est, en outre, défendu expressément à tout autre juif de prendre à sa charge toute commission et seul Izaak, fils de Guerson, pourra être le facteur soit du gouvernement, soit de la municipalité, pour tout ce qui concerne les places dont Izaak a acheté le droit d'exploitation...*

« *Il est enjoint à chaque Kahal dans le monde entier de protéger ce droit acquis par Izaak, fils de Guerson, pour lui-même, ses descendants ou ses fondés de pouvoir.*

« *Et chaque Kahal et chaque Bet-Dine devra poursuivre tout individu qui voudrait mettre quelque obstacle à l'exercice plein et entier de ce droit, le traiter en ennemi et le forcer à payer tout dommage qui pourrait résulter de son hostile immixtion.*

« Et en cas de négligence de la part du *Kahal* et du *Bet-Dine*, à poursuivre le délinquant et à le contraindre à le dédommager des pertes qu'il aura fait éprouver à Izaak, fils de Guerson, ou à ses descendants, *le Kahal sera tenu de rembourser de sa caisse, dans le plus bref délai*, tous les dommages soufferts par Izaak, fils de Guerson, ses descendants ou ses fondés de pouvoir.

« *La publication de cet acte de vente sera envoyée à toutes les synagogues.* »

Remarquons les expressions : « *l'acte de vente sera envoyé à toutes les synagogues* », « *chaque Kahal dans le monde entier devra protéger ce droit* », qui éclairent singulièrement l'étroite et universelle solidarité de toutes les synagogues, de tous les *Kahals* du monde entre eux d'abord, et avec le *Kahal* central ensuite.

Ce dernier *Kahal* réside aujourd'hui à Paris, 44, rue de la Victoire.

Rapprochons également de la méthode *ancienne* la méthode *contemporaine* pour ruiner les moines : *la loi d'abonnement* !

Voici maintenant la méthode pour ruiner un chrétien :

Vente du droit d'exploitation des magasins du chrétien Baïkoff

No 77

« Samedi, section Émor 5559 (1799).

« Conformément à la décision des représentants de la ville, il a été vendu à *Johel-Mihel, fils d'Aaron, le droit d'exploitation de deux magasins bâtis en pierre, appartenant au chrétien Baïkoff*, qui sont situés sur le haut plateau de la ville. La porte cochère y attenant, ainsi que les caves et le premier étage, c'est-à-dire tout l'espace depuis le centre de la terre jusqu'aux nuages du ciel, est aussi compris dans cet acte de vente.

« L'acte de vente régulier et selon toute forme voulue sera dressé par le *Kahal*, approuvé par le saint *Bet-Dine* et remis entre les mains du susdit Johel-Mihel, fils d'Aaron, *qui doit, pour, cela, verser à la caisse du Kahal la somme de* 200 *roubles argent*. Le tout doit être exécuté sans publication préalable. » Deux cents roubles ! Environ 1,200 francs. Et avec cela on a le droit de ruiner un chrétien !

C'est pour rien !⁷⁶

Disons cependant que le *Kahal* a le droit de supprimer ces droits d'exploitation, par mesure disciplinaire, comme il appert du document suivant :

DE LA SUPPRESSION DU DROIT D'EXPLOITATION DES BIENS D'UN CHRÉTIEN

N° 239

« Jeudi, 23 yar 5562 (mai 1802).

« Les représentants du *Kahal* ont décidé que tous ceux qui se montreront désobéissants et rebelles aux décrets rendus par le saint *Bet-Dine seraient privés du droit d'exploitation des propriétés qu'ils*

---

⁷⁶ Voilà .qui explique comment, en France, 80 milliards de la fortune mobilière et immobilière sont passés aux mains de 150,000 juifs ; comment 200,000 hectares de terrain sont devenus la propriété d'un seul juif, M. de Rothschild ; comment M. Morinaud a pu citer les exemples analogues suivants à la tribune, le 19 mai 1899 :
Je trouve dans *l'Écho d'Oran*, qui n'est pas des nôtres, l'exemple d'un indigène qui avait emprunté à un juif 1,000 fr. et lui avait vendu sa propriété à réméré.
Le Juif la lui loua pour 200 fr.
L'indigène put rembourser 500 fr. l'année suivante ; bien que ne devant plus que 500 fr., il continua à verser pendant plusieurs années 200 fr., si bien que lors du remboursement, il avait payé 2,115 fr. pour 895 fr. qu'il avait effectivement reçus, et le juif lui réclamait encore un solde important.
Et l'on s'étonne, disait le journal, que les Arabes se révoltent !
Le prêteur dont je viens de parler a acquis ainsi plus de 2,000 hectares ; c'est aujourd'hui un riche capitaliste.
Rappellerai-je le discours prononcé en 1898 par M. Jaurès, quand il signala le rôle inique joué par les juifs dans le démembrement de la propriété, la série de spoliations judiciaires, constatées par l'enregistrement, qui faisaient passer de riches domaines à des porteurs de misérables créances.
C'est, disait-il, ce qui justifie en partie les accusations portées contre les juifs. (Très bien ! très bien ! sur divers bancs.)
La famille Zermati, à Sétif, a fait plus de 128 acquisitions et possède aujourd'hui plus de 10,000 hectares ; il est vrai que son Chef est décoré du Mérite agricole !... »
Ce Zermati et tous ces pareils ont dû payer bien cher au *Kahal* d'Algérie, le droit de déposséder les chrétiens ou les arabes, de ces milliers d'hectares !

avaient acquises du Kahal depuis le commencement de cette année et les actes de vente constatant ce droit qui leur avaient été remis seraient considérés comme non avenus et ressembleraient aux tessons d'un pot brisé. »

Cela gêne bien un peu les juifs ainsi dépossédés. Mais cela fait toujours les affaires du *Kahal* qui a perçu une première fois les droits de vente et peut les percevoir ainsi une seconde.

Toujours exactement comme dans la méthode contemporaine de dépossession des moines.

Il y a, de plus, cette analogie frappante qu'en France comme en Russie, c'est le gouvernement officiel que *le Kahal a réduit à faire exécuter ses propres ordonnances.*

C'est *au nom de la loi française* que le *Kahal* fait exproprier les moines et les chrétiens, *au nom de la loi française* que les juifs s'en partagent les dépouilles, au nom de la loi *du Kahal, cette fois,* que les juifs en réservent la meilleure part à l'Ogre Talmudique, le *Kahal* central, ou celui *de leur circonscription.*[77]

---

[77] Nous devons toucher ici un mot des circonscriptions israélites de France.
L'organisation du Grand Sanhédrin, élaborée par l'assemblée des notables en 1806, reconnue par les deux décrets impériaux des 17 mars et 11 décembre 1808, n'eut pendant longtemps, jusque vers la fin du deuxième Empire, que *sept* circonscriptions consistoriales.
Il en a actuellement *douze*, ayant chacune à leur tête leur *Kahal* et leur *grand rabbin*, sous la domination souveraine du Consistoire central, autrement dit, du *Grand Kahal* et du Grand Rabbin de France, 44, rue de la Victoire, et 17, rue Saint-Georges, Paris.
Les voici :
1° Circonscription de *Paris*, grand rabbin : Dreyfuss Jacques, 12, rue de la Victoire. 2° — *Lyon*, grand rabbin : Lévy Alfred, 13, quai Tilsitt.
3° — *Marseille*, grand rabbin : Weyl Jonas, 5, boulevard Notre-Dame. 4° — *Bordeaux*, grand rabbin : Lévy Isaac, 213, rue Sainte-Catherine. 5° — *Lille*, grand rabbin : Cahen Émile, 20, boulevard Victor-Hugo. 6° — *Nancy*, grand rabbin : Bloch Isaac, 18, rue de l'Équitation.
7° — *Vesoul*, grand rabbin : Schul Moïse, à *Épina*l
8° Circonscription de *Besançon*, grand rabbin : Auscher, 6, rue Nodier. 9° — *Bayonne*, grand rabbin : Lévy place Saint-Esprit.

En voilà des sources de richesses !...

À quoi peut-il bien employer ces monceaux d'or ?

À achever la ruine des chrétiens demeurés debout, à compléter sa domination sur les ruines du monde entier.

Qu'on en juge :

Pour soutenir des cabaretiers juifs contre des fournisseurs chrétiens

N° 260

« Mercredi, section Matat-u-Mese, 28 Tamouz 5552 juillet 1792).

« Les représentants du *Kahal* ont décidé de venir en aide aux débitants d'eau-de-vie dans le cours de leur procès avec les entrepreneurs de spiritueux, *en leur fournissant l'argent nécessaire pour la défense de leurs intérêts.*

« Par conséquent, l'argent nécessaire pour compléter la somme de 100 ducats (400 francs environ) que devait fournir la boite de l'impôt pour les illuminations d'après la loi de Behaltaart, *sera recueilli et remis aux débitants pour leur besoin présent.* »

10° — *Alger*, grand rabbin : Honel (vénérable de la Loge). 11° — *Oran*. 12° — *Constantine*.
Le Grand *Kahal* de France est en instance auprès du gouvernement pour la création d'une circonscription
à Tunis.
Qu'attend-on pour nous donner, sinon une organisation analogue à celle des communautés de France ou d'Algérie, au moins des institutions régulières *placées sous le contrôle des autorités françaises ?* » écrivait un juif tunisien dans *l'Univers israélite* (18 octobre 1895).
Le contrôle des autorités françaises » est, bien entendu, celui du *Kahal* central, qui est la seule autorité *effective* reconnue par les juifs de la France et du monde.

Pour ruiner les fournisseurs chrétiens

No 284

« Dans la même séance, a été agitée la question des cabarets tenus par les juifs et des fournisseurs de boissons.

« Et il a été décidé que *tout juif* qui entrerait en affaire avec ces fournisseurs *serait à la merci de sept* débitants choisis par le *Kahal* qui le poursuivront de leurs persécutions, lui susciteront malheur, amendes et avanies de tout genre.

« Le pouvoir de ces sept débitants élus aura la même valeur que celui de la réunion générale. »

Cela veut dire qu'il aura autant de pouvoir que le *Kahal* et le *Bet-Dine*, etc., réunis, sur le juif récalcitrant ![78]

Voilà comment on ruine un chrétien !

Mais il s'agit de faire l'opération *à coup sûr*, ce qui n'est pas toujours facile dans un pays gouverné par une administration chrétienne.

Il s'agit donc, pour le juif, d'obtenir le concours, du moins la neutralité des agents chrétiens. Voici la méthode :

Pour corrompre une municipalité chrétienne

N° 21

---

[78] Voilà l'explication péremptoire de tant de faillites contemporaines apparemment inexplicables. Les *faillis* ont été boycottés par les juifs !
Ceux-ci parlent aujourd'hui de boycotter la France dans son *Exposition*, en 1900 ! Ils l'essaieront certainement !...

« Mardi, section de 5 livres Schelah 5555 (1795).

« Les représentants du *Kahal* ayant reconnu la nécessité de *faire quelques cadeaux aux chefs de la municipalité de cette ville*, ont décidé que *les fonds* qui doivent servir à cette destination *seront fournis par les bouchers* qui sont débiteurs de la communauté juive, par la *contribution qu'ils doivent*, en suite de la *concession à eux faite du droit d'abattage du bétail*.

La somme destinée pour ces cadeaux sera versée au *Samoche* qui doit *tenir compte exact de cette dépense* ».

Pour corrompre le secrétaire chrétien d'un préfet (ou d'un gouverneur)

N° 33

« Jeudi, section de 5 livres Noach 5555 (1795).

« Les représentants du *Kahal* ont décidé de consacrer la somme de... 50 roubles argent au secrétaire du gouverneur, en récompense de ses bonnes dispositions envers les juifs. »[79]

Pour corrompre un tribunal chrétien

N° 37

« Mercredi, section de 5 livres Vaicei, 5558 (1798).

« Les représentants du *Kahal* ont autorisé la caisse du *Kahal* à fournir l'argent nécessaire pour fêter, par un splendide déjeuner et

---

[79] Voilà une ordonnance dont les préfets ou gouverneurs doivent savourer l'à-propos en période électorale !

les meilleurs vins, les juges du tribunal chrétien qui doivent rendre le verdict, dans l'affaire des ouvriers juifs. »[80]

Pour corrompre les agents chrétiens de la police

N° 4

« Samedi, section Noah, 5555 (1795).

« Les représentants du *Kahal* ont décidé qu'il sera accordé une *gratification aux trois sergents de police* pour tout le temps écoulé, à raison d'un *rouble* (4 francs) argent par jour à chacun.

« Cette somme doit être remise *secrètement*, à chacun *séparément*, par les jurés juifs et prise sur les fonds provenant de l'impôt de la boucherie ».[81]

Pour corrompre des fonctionnaires chrétiens

N° 156

« Samedi, 21 Tèbeth 5562 (décembre 1802).

« En vue des très grandes dépenses qu'exigent les *dons à offrir aux autorités chrétiennes à l'occasion de la fête de Noël*, il est ordonné au percepteur *secret* des juifs d'employer tous les moyens en son pouvoir

---

[80] Dans « l'affaire » — qui n'était pas celle des ouvriers juifs, mais d'un officier richissime — il y a eu évidemment des pots-de-vin, mais assortis à la qualité éminente des juges, naturellement !

[81] L'installation publique, 130, boulevard Richard-Lenoir, du bureau d'embauchage des anarchistes, pour la manifestation loubettiste du 11 juin, prouve que les juifs, chez nous, ne prennent même plus la peine de se cacher.

pour opérer le versement dans la caisse du *Kahal* de tous les arriérés de l'impôt appelé *impôt d'intérêt*. »

Quand on a ainsi râclé les caisses de tous les impôts *ordinaires* pour ruiner les chrétiens, corrompre les fonctionnaires chrétiens, si l'on aperçoit à l'horizon un danger extraordinaire à conjurer, alors le *Kahal* emploie les moyens extraordinaires :

Suppression des dépenses sur un point où cela se peut faire sans danger, pour renforcer le point menacé. Par exemple :

Parce que la révision du procès Dreyfus leur était favorable, les juifs l'ont voulue et obtenue.

Si elle ne l'avait pas été et que nous l'eussions voulue, voici comment ils s'y seraient pris pour l'atténuer :

Pour adoucir les effets d'une révision désavantageuse aux juifs

N° 159

« Lundi, 23 Tèbeth 5562 (décembre 1802).

« Vu le besoin qu'à la société juive d'une *forte somme pour adoucir les conséquences d'une révision* qui doit avoir lieu chez certains juifs par les autorités chrétiennes, le *Kahal* ordonne que cette somme indispensable sera prélevée sur les fonds de l'impôt de la viande *Kaschère* déjà perçu depuis longtemps et actuellement disponible dans la caisse du *Kahal*.

« Les représentants du *Kahal* et du *Bet-Dine* sont d'accord pour interdire l'emploi de cet argent à d'autre usage qu'à la cause dont il est question. »

Enfin, si la cause est grave, et l'or du *Kahal*, si abondant soit-il, insuffisant, on a recours aux *souscriptions générales*.

Un exemple :

Pour échapper à une statistique qui pourrait être défavorable

N° 17

« Par suite de la nouvelle loi qui prescrit le recensement *de la population*, ainsi que le *relevé des comptes des cabarets où se vend l'eau-de-vie*, le *Kahal* et l'assemblée générale ont décidé de choisir *onze membres de confiance qui suivront pas à pas cette opération faite par les chrétiens*, afin de *parer*, le cas échéant, aux dommages qui pourraient s'en suivre pour la cause générale des juifs.

« Il sera pourvu aux dépenses occasionnées *à l'aide d'une souscription générale*. »

Enfin si le danger grandit et devient menaçant, si la souscription générale, *facultative* dans une mesure, ne suffit plus, on déclare la *Patrie juive* en danger et on vote l'impôt *obligatoire*.

Le czar Alexandre Ier, dans l'ardeur de ses vingt-cinq ans, ayant décidé de régler la question juive dans ses États, en 1802, le *Kahal* y répondit, par des levées d'impôts en masse, dans quatre ordonnances, qui se succédèrent en dix jours, avec la rapidité de l'éclair dans une tempête !

Savourez-moi le parfum de *Terreur* qui s'en exhale ! Voici la première :

Pour corrompre un empereur et conjurer un décret impérial menaçant

Premier impôt

N° 280.

« Samedi, 1er Tèbeth (décembre). La semaine selon le chapitre Mikoë 5562 (1802).

« À la *réunion générale convoquée extraordinairement, et en présence des membres du Kahal au grand complet*, il a été décidé, — par suite d'inquiétantes nouvelles arrivées de la capitale, annonçant que le *sort des Juifs qui habitent toutes les parties du grand Empire russe a été confié à cinq grands personnages de la cour de Saint-Pétersbourg, avec plein pouvoir de décider ce qui leur semblerait bon en faveur ou en défaveur des Juifs de ce pays*, — qu'une députation composée de quelques Israélites *des plus savants* sera envoyée à Saint-Pétersbourg, avec la mission de *se jeter aux pieds de l'Empereur*, — que sa gloire soit éternelle ! — *pour le supplier de ne point permettre d'introduire aucune innovation clans la vie des Juifs*, qui sont ses plus fidèles sujets.

« Et vu que cette démarche, aussi importante qu'indispensable, occasionnera *d'immenses frais en dons, cadeaux et autres moyens de corruption*, et que, pour subvenir à tous ces frais, il faudra une *très grande somme d'argent*, les membres composant le *Kahal*, comme autorité supérieure juive, ont décidé : *qu'il sera perçu sur tout juif habitant ce pays* un impôt extraordinaire, dit impôt d'intérêt, et qu'il est réglé de la manière suivante :

« 1° Du *capital*, soit en monnaie, soit en marchandises, soit en créances assurées sur hypothèque que possède chaque juif, on doit payer ½ *pour* 100.

« 2° De la propriété *immobilière*, chaque propriétaire juif paiera ¼ *pour* 100.

« 3° Des différents *autres revenus*, tels que loyers, etc., on paiera 10 *pour* 100.

« 4° Les *jeunes ménages* qui restent auprès de leurs parents paieront 1 *pour* 100 de tous leurs biens.

« Chaque juif doit confirmer par serment l'*évaluation de sa fortune* dont il doit payer tant pour 100 selon le tarif ci-dessus indiqué.

« Si cependant quelqu'un offre 50 ducats pour cet impôt, *il sera dégrevé du serment, sans plus rechercher si l'intérêt exigé de son capital, parle tarif, doit dépasser la somme de 50 ducats qu'il verserait immédiatement*.[82]

« Parmi les assermentés chargés de percevoir tous les impôts que les juifs doivent payer à la communauté israélite, *six membres auront la surveillance de cet important impôt*, et ces six membres tiendront du *Kahal* le pouvoir d'employer, si besoin en est, tous-les serviteurs du *Kahal*, lesquels, dans ce cas, *doivent obéissance aveugle à leurs ordres*.

Ceci fut voté le 1er de Tèbeth (décembre).

Trois jours après, nouvelle réunion du *Kahal* et nouvelle ordonnance.

POUR CORROMPRE UN EMPEREUR. DEUXIÈME IMPÔT

No 281.

« Mercredi, quatrième jour du mois Tèbeth, semaine selon le chapitre Vaigah. 5562 (1802).

---

[82] Ce serment, sous menace du *hérem*, est l'épouvante des juifs. Il n'est pas d'abus de pouvoir qu'ils n'acceptent pour s'en dispenser.

« Comme les sept députés choisis parmi les plus grandes notabilités juives doivent bientôt se rendre à Saint-Pétersbourg, à l'effet d'implorer Sa Majesté l'Empereur et de la supplier que rien ne soit changé dans la position actuelle des Juifs en Russie, et comme, *pour cette importante et urgente démarche, il faut de l'argent et encore de l'argent*, la réunion au grand complet des membres du *Kahal* a arrêté ce qui suit :

« *Un nouvel impôt extraordinaire devra être versé dans le Kahal à raison d'un rouble argent par habitant juif sans distinction de sexe, ni d'âge.*

« Les petites villes, ainsi que les villes de districts, doivent verser *dans les caisses de leurs synagogues respectives* l'argent provenant de l'impôt, *dit impôt d'intérêt de tant pour* 100, qui a été ordonné dans la séance de samedi passé, première date du mois Tèbeth, de la semaine selon le chapitre Mikoè, et *les caisses de ces synagogues doivent envoyer cet argent dans la caisse générale du Kahal*[83] en faisant en sorte que la *somme de roubles argent*, envoyée par la caisse de chaque synagogue, *corresponde au total d'individus de la population juive appartenant à cette synagogue* ; c'est-à-dire que si la population juive se compose de *mille individus*, par exemple, y compris les femmes et les enfants, *la synagogue de cette ville doit envoyer à la caisse du Kahal* 1000 *roubles argent.*

« Quant aux habitants de la ville où *le Kahal* a son siège, ils doivent *scrupuleusement* et *sous la foi du serment* effectuer les versements de l'impôt, dit impôt *d'intérêt de tant, pour cent*, entre les mains du caissier choisi pour encaisser l'argent de cet impôt extraordinaire.

---

[83] La caisse générale du *Kahal* est aujourd'hui, à Paris, 44, rue de la Victoire, ou, si l'on préfère, dans l'immeuble y attenant, 17, rue Saint-Georges.
C'est là qu'aboutissent, les souscriptions *obligatoires* des juifs du monde entier pour Dreyfus ; c'est de là qu'elles rayonnent, en pluies bienfaisantes, sur tous les syndicataires.

« Lequel caissier est le richissime *rabbin Wolf, fils de Hirsche*, très connu et respecté, assisté pour l'opération de la tenue des livres, ainsi que pour la conservation de tous les actes et documents relatifs à cet impôt, par le *richissime Aïzilc, fils de Judel*.

« Les caissiers et les envoyés de toutes les synagogues des districts, à leur arrivée dans notre ville, pourront, à la réunion générale et du consentement des membres du *Kahal*, changer les sept députés qui auront été choisis pour aller à Saint-Pétersbourg et les remplacer par d'autres, comme aussi changer le caissier et le teneur de livres. »

Mais il fallait une sanction aux ordonnances précédentes. La voici :

Contre les juifs récalcitrants à ces levées d'impôts extraordinaires. Troisième ordonnance

N° 282

« Samedi, septième jour de Tèbeth (décembre), selon le chapitre de Vaïgah. 5562 (1802).

« À la séance extraordinaire de la réunion générale et des membres du *Kahal au grand complet*, a été publié l'avis suivant :

« *Tout individu de la population juive qui, jusqu'à mardi prochain, ne versera pas sa quote-part de l'impôt dit impôt d'intérêt de tant pour 100, qui a été décrété par le Kahal* pour l'envoi de 7 délégués à Saint-Pétersbourg, afin de paralyser le projet du gouvernement relatif aux juifs qui habitent la Russie, *sera considéré par la société juive comme renégat indigne de toute pitié, et sera persécuté, maltraité par tous les fidèles enfants d'Israël. Il sera passible de différentes amendes d'argent et punitions de toutes sortes.*

« Il a été aussi décidé *qu'on n'entrerait point en pourparlers avec quiconque aurait refusé de prêter le serment relatif à l'évaluation de la fortune*, cette évaluation étant la base de la part que chaque individu doit de l'impôt ordonné par les précédentes décisions, — décisions qui ne libèrent du serment que ceux qui, dès le principe, ont versé 50 ducats.

« Quant à ceux des propriétaires des maisons *qui veulent en appeler devant le Bet-Dine de la décision du Kahal, relativement à l'impôt de 10 pour 100 dont sont frappés les loyers de magasins ou d'appartements*, et qui leur paraît excessif, ils sont prévenus que *les avocats du Kahal seront le richissime Wolf, fils de Hirsche, et Aïzik, fils de Judel*,[84] *et que les plaignants doivent comparaître devant le tribunal de Bet-Dine au plus tard dans la journée de demain ; que, passé ce délai, les plaintes et poursuites seront regardées comme non avenues.* »

Un jour de délai ! À prendre ou à laisser !

Enfin, pour emporter d'assaut la victoire, à la corruption dans les grands prix, il faut joindre les grands moyens de la *pénitence* et de la *prière*, sans oublier, bien entendu, la *persécution* contre les débiteurs négligents de la caisse du *Kahal*.

De là cette dernière ordonnance :

Pour couronner le succès de la corruption de l'Empereur.
Quatrième ordonnance

No 285

« Mardi, dixième date du Tèbeth 5562 (1802).

---

[84] C'est-à-dire des espèces de *Rothschild*, enfants chéris du *Kahal*, auxquels par conséquent on ne résiste jamais impunément.

« Conformément aux ordres des sept délégués, la proclamation suivante a été publiée :

« *Un maigre absolu est ordonné à tous les juifs en général, sans en excepter les femmes et les enfants, savoir : le lundi 16, le jeudi 19, et le 23 du mois Tèbeth.*

« Ce maigre doit être *strictement* observé à l'égal du grand carême Efizy.

« Ce maigre ayant pour but, *la prière pour la réussite des démarches* qui doivent être faites par les sept délégués à Saint-Pétersbourg, *tous les juifs doivent se rendre dans la grande synagogue pour foire en commun cette prière, afin de détourner le projet du gouvernement suspendu sur les têtes des juifs en Russie.*

« Celui des juifs qui, jusqu'à ces jours de prière, *ne se sera pas acquitté de l'impôt destiné à paralyser le projet du-gouvernement* relatif aux juifs, sera *persécuté par tous les moyens* possibles et, outre les *amendes* d'argent qu'il aura à subir en toute occasion, il sera *rejeté du sein de la société juive.*

Remarquez l'aisance avec laquelle ces gens-là savent allier la *férocité* et la *prière* pour le triomphe de leurs appétits.

C'est le pharisaïsme dans sa splendeur !

Mais qu'on ne nous dise pas que c'est « *la tolérance* »

La vérité nous obligerait à répondre qu'il n'y a pas de tyrannie au monde capable de rivaliser avec cette « tolérance-là » !

Des juifs essaieront de dire — si grande est leur audace ! — que ce gouvernement secret, florissant sous l'autocratie des czars, est inconnu sous la République *juive*, dite *française* !

Inconnu ? Oui, puisqu'il est *secret*, mais *florissant* aussi, nous allons voir jusqu'à quel point !

Le Kahal en France

Nous avons parlé du partage de la France en douze circonscriptions ou *districts*, sous la dépendance du Grand Consistoire central de Paris.

Ce qui veut dire, d'après la loi *Hezkat-Ischub*, qu'en-chacune de ces circonscriptions il y a un *Kahal* qui s'adjuge le souverain domaine des personnes et des biens *non-juifs* de cette circonscription et le droit d'en disposer en tout ou en partie, en faveur de tel ou tel juif, sous l'autorité *souveraine* et *universelle* du *Grand Kahal central* qui s'adjuge, lui, le domaine de la France et du monde.[85]

Lisez maintenant ces paroles de M. Laferrière, gouverneur d'Algérie ; en séance de la Chambre du 25 mai dernier.

Répondant à M. Rouanet, avocat de la synagogue, il dit :

« Le 24 mars, j'adressai aux trois préfets d'Algérie une circulaire pour leur prescrire de me renseigner au sujet des faits de pression sur les prolétaires juifs dont il était question dans votre demande d'interpellation.

« Je les invitai à interroger au besoin sur ce point les notabilités israélites et *à me transmettre ces renseignements* après les avoir vérifiés personnellement..

« Que pouvais-je faire de plus ? (Très bien ! Très bien !)

---

[85] Ce qui explique pourquoi les juifs .ne veulent pas de Patrie *française*. Ils ont fait — ou ils veulent faire — de Paris la capitale de la Patrie *juive*, qui est « le monde entier ».

« À la suite de cette circulaire, très peu de faits nouveaux m'ont été signalés par les préfets ; aucun ne m'est parvenu d'Oran.

« Pourquoi ? L'explication en est fournie dans les *deux lettres adressées au préfet d'Oran par le président du consistoire israélite et par le grand rabbin.* Il est dit, dans ces deux lettres, que l'*administration centrale israélite a été saisie, en temps opportun, des-faits de pression ou autres relatifs aux israélites.*

M. Morinaud. — « Voilà bien l'État dans l'État, le cléricalisme.

M. Laferrière. — « Que penserait M. Rouanet de citoyens français qui, ayant à se plaindre en France de la pression exercée contre eux, au lieu de se plaindre aux autorités administratives ou judiciaires, s'adresseraient à leur curé qui, à son tour, porterait, l'affaire à la connaissance de l'évêque ? (Applaudissements.)

« Pour que nous portions notre sollicitude sur de tels actes, je voudrais tout au moins qu'on laïcisât les dénonciations. (Nouveaux applaudissements).

M. Etienne. — « Il faudrait savoir pourquoi le consistoire et le grand rabbin n'ont pas répondu aux préfets. »

M. Charles Bos, ami des juifs, a répondu :

« Parce que les préfets d'Algérie sont antijuifs. »

C'est faux ! On sait bien que des préfets comme M. Lutaud ne sont pas antijuifs La vraie raison est celle-ci :

Parce que les préfets sont des serviteurs d'un gouvernement qui ne peut rien *sans le gouvernement secret des juifs.*

« Le gouvernement ne peut rien faire sans avertir les grands banquiers juifs » (qui s'identifient ici avec ce gouvernement secret) a dit M. Hérisson, ancien • ministre du commerce, d'après

Quesnay de Beaurepaire (28 janvier 99).

Le gouvernement *officiel* ne pouvant rien, le Consistoire et le grand rabbin d'Alger se sont adressés au gouvernement *secret* qui peut tout : « *Administration centrale israélite de France.* »

C'est clair !

L'erreur de M. Larerrière est de croire que cette administration, soit purement religieuse, ecclésiastique en quelque sorte.

Elle l'est, sans doute, puisque le grand rabbin de France Zadoc-Kahn, en fait partie. Mais il n'y tient que le *second* rang *effectif*, bien qu'il soit au premier rang d'honneur. Le premier rang effectif appartient à M. Alphonse de Rothschild, Président.[86]

[Note de l'éditeur : Voir photographie sur la page suivante]

---

[86] Nous aurions donné ici son portrait avec plaisir. Malheureusement ! il nous a été impossible de nous procurer sa photographie chez aucun des dix ou douze grands photographes de Paris à qui nous l'avons demandée.
Deux d'entre eux nous ont même fait cette réponse, identique quant au sens :
« On nous l'a plusieurs fois demandée, mais il parait que M. Alphonse de Rothschild l'a fait retirer de la circulation. »

James de Rothschild, fils aîné du baron, il épouse en 1857 Leonora de Rothschild (1837-1911). Le couple aura quatre enfants : Bettina (1858-1892), René (né et mort en 1861), Béatrice (1864-1934) et Édouard (1868-1949).

Naturalisé français, il peut accéder au conseil de régence de la Banque de France (1855), dont la banque Rothschild est le premier actionnaire. Il finance, en 1855, les achats de blé que nécessitent de mauvaises récoltes et parvient, en 1871, à faire réduire l'indemnité de guerre exigée par l'Allemagne et contribue à son règlement en assurant toute l'émission d'un premier emprunt de deux milliards et en participant à l'emprunt complémentaire de trois milliards pour la libération du territoire. Il créa la société « Société commerciale et Industrielle de Naphte Caspienne et de la Mer Noire, Société Anonyme » pour exploiter le pétrole de Bakou, que sa famille dut vendre en 1911 (voir *Archives du Monde du Travail à Roubaix* et *tous les livres sur la Branche française des Rothschild.*)

Il habite d'abord un hôtel particulier construit pour lui au 47, rue de Monceau, avant d'hériter à la mort de son père de l'hôtel de Saint-Florentin où il fait réaliser d'importantes transformations en 1868-1870 par les architectes E. Petit et Léon Ohnet. Il posséda également l'immense domaine de Ferrières (Ferrières-en-Brie, Seine-et-Marne), sur lequel son père fit édifier sous le Second Empire le château le plus luxueux du XIXème siècle.

Grand collectionneur de tableaux de maîtres anciens (de Hooch, Rubens, Rembrandt, Hals), membre du comité de l'Exposition Universelle de 1867, élu à l'Académie des Beaux-Arts, Alphonse de Rothschild fut un important donateur des musées français ; il fit ainsi entre autres, de 1888 à 1904, donation d'une vingtaine de tableaux au musée de Soissons.

Au surplus, voici le personnel complet, suivant l'ordre hiérarchique :

Consistoire central des Israélites de France

1° Zadoc-Kahn, *Grand Rabbin*, rue St-Georges, 17.

2° Rothschild (baron Alphonse de), membre de l'Institut, délégué de *Bordeaux, président*, rue Saint-Florentin .

3° Bédarrides, président honoraire de la Cour de Cassation, délégué de *Marseille, vice-président*, rue de Montceau, 83.

4° Lévy (Maurice), de l'Institut, ingénieur en chef, délégué *d'Alger*, avenue du Trocadéro, 15.

5° Lévy (Théodore), ingénieur en chef, délégué de *Nancy*, rue Chauveau-Lagarde, 14.

6° Manuel (Eugène), inspecteur général de l'Instruction publique, délégué de *Lyon*, rue Raynouard, 6, à Passy.

7° Masse (David), avocat, délégué de *Lille*, rue d'Antin, 19.

8° Péreire (Eugène), délégué *d'Oran*, faubourg Saint-Honoré, 45.

9° Rodrygues (Ely), ingénieur, délégué de *Bayonne*, boulevard Henri-IV, 2.

10° Sée (Léopold), général de division, délégué de *Paris*, place des Ternes, 9.

11° Sée (Abraham), avocat, délégué de *Vesoul*, rue Villerséxel, 7.

12° Worms (le Dr), de l'Académie de Médecine, délégué de *Besançon*, rue Pierre-Charron, 12.

13° Abraham, général, délégué de *Constantine*, boulevard Saint-Germain, 112.

14° Cahen (Abraham) ; Grand Rabbin, secrétaire, 9, rue Vauquelin.

Voilà les membres officiels du Grand *Kahal* qui gouverne la France et le monde contre la France elle-même et contre l'Église.

Notre description est finie ; c'est le rayon X qui va jeter à flots la lumière dans les ténèbres où s'enveloppe la haine Talmudique qui jaillit, à jet continu, des *paroles* et des *actes* du juif contre le chrétien français. Nous l'allons voir.

I

LES PAROLES DE HAINE DES JUIFS

En tête de ces paroles qui répondent au précepte Talmudique : « il faut maudire les chrétiens trois fois par jour », on peut placer l'aveu officiel de cette haine.

C'est une lettre d'un juif converti, Alphonse de Ratisbonne, à M. Dufriche-Desgenettes, curé de Notre-Dame des Victoires, datée du collège de Juilly, 12 avril 1842 et publiée dans la *Relation authentique de sa conversion*, par M. le baron de Bussières, page 57 (Retaux-Bray, rue Bonaparte, 82) :

« Il n'y avait qu'un membre de ma famille qui m'était odieux, disait-il, c'était mon frère Théodore. (Converti au catholicisme et devenu prêtre).

« Et cependant il nous aimait aussi, mais son habit me repoussait, sa présence m'offusquait, sa parole grave et sérieuse exaltait ma colère .. .

« Il continua ses relations avec le reste de ma famille ; quant à moi, je ne voulus plus le voir ; je nourrissais une haine amère contre les prêtres, les églises, les couvents et *surtout contre les jésuites dont le nom seul provoquait ma fureur…* »[87]

---

[87] Le petit Jacob Libermann, enfant, avait une telle horreur de l'habit ecclésiastique qu'un jour à la vue d'un curé portant le saint Viatique, il grimpa sur un mur pour s'enfuir à toutes jambes à travers champs. Converti depuis, il est devenu l'un des fondateurs de la congrégation du Saint-Esprit et se nomme aujourd'hui le *Vénérable* Libermann. Qu'on juge néanmoins de l'horreur da nom chrétien, puisée dans son éducation.

Cette fureur « Talmudique », nous la retrouvons sous la plume ou sur les lèvres des juifs, sous toutes les formes : la calomnie, l'insulte, le blasphème, le sarcasme, le mensonge scientifique, etc.

Quelques échantillons seulement :

« Le crime est ordinaire chez les chrétiens, extraordinaire chez les juifs »

Nous lisons dans les *Archives israélites*, organe des juifs réformistes, année 1868, pages .199 et 200 :

« Lorsqu'un membre de l'église anglicane ou un anabaptiste, ou un méthodiste, ou un *catholique romain* ou un adhérent d'une secte quelconque, détrousse les voyageurs, ou vole un objet, ou force une serrure, ou bat fausse-monnaie, ou recèle les biens volés, *il accomplit un acte dont on peut dire que plusieurs autres gens de sa croyance sont parfaitement capables.*

« On ne voit en général rien d'extraordinaire dans l'accomplissement d'une fraude ou d'un crime par un chrétien.

« Mais, s'il arrive qu'un assassin ou un brigand professe la *religion juive*, cette circonstance *apparaît comme vraiment extraordinaire.*

« C'est comme telle qu'elle fixe l'attention de l'avocat général.

« Lorsqu'il note que l'accusé est juif, il veut dire qu'il a devant lui une *exception scandaleuse pour la généralité des israélites.* »[88]

---

[88] Avec la même modestie pharisaïque, le grand rabbin Zadoc-Kahn disait en son sermon de Kippour dans la grande synagogue métropolitaine, en 1895 :
« Les juifs... *qui sont parfois si sévères et avec raison pour ceux des leurs qui sont une cause de scandale...* de qui tiennent-ils donc cette *délicatesse de sentiments, cette haute moralité, cette répulsion pour le mal*, si ce n'est du judaïsme lui-même ? »

Nous verrons bientôt si la feuille juivement et avec quelle impudence !

En tout cas, on ne saurait mieux dire : « Le crime chez nous est une exception, chez vous il est la règle. »

Au point de vue du *Talmud*, rien n'est plus vrai, puisque les crimes les plus abominables interdits par la loi chrétienne sont permis par la loi Suive, comme indifférents, sinon préconisés comme des vertus.

De cette façon, quoi que l'on fasse, on ne peut manquer d'être vertueux, surtout *si l'on ne se laisse pas prendre*, ce qui, pour la loi juive, est l'essentiel.

Car « se laisser prendre », dit le *Talmud* — mais cela seul — « c'est profaner le nom de Dieu » !

(*Baba Kouma* f. 113 ; *Chagiga* f. 16, 1 ; *Kiddusch* f. 40, 1 etc.)

C'est dans cet esprit et d'après cette règle qu'un journal juif, dont nous avons sous les yeux le prospectus de diffusion, vante « la moralité des ouvrières juives chez qui la natalité illégitime est moindre, dit-il, que chez les ouvrières françaises. »[89]

C'est dans cet esprit et d'après cette règle qu'à l'occasion de l'assassinat, à Damas, en 1840, du P. Thomas, capucin et de son

---

Le grand rabbin oubliait Dreyfus ; il est vrai que Dreyfus « n'a pas été une cause de scandale au sens *Talmud*ique du mot ».

« Le scandale » serait, par exemple, qu'on ne parvînt pas à l'innocenter définitivement !

Ailleurs, *l'Univers israélite* (9 octobre 1895) cite avec complaisance ce juge de Melbourne, William Hartby, qui venait de juger « pour la première fois dans sa longue carrière, deux criminels juifs ».

Son code, paraît-il, c'est le *Talmud* !

[89] C'est le n° 1, deuxième année de *l'Hygiène usuelle*, répandue, en janvier 1896, un peu partout et notamment dans la Côte-d'Or, en même temps que la brochure juive : « *Anti sémitisme et histoire* ».

domestique, Ibrahim Amurah, par le marchand juif Harrari et sept de ses complices — qui avouèrent leur crime — le rabbin Fabius, de Lyon, osa imputer ce crime aux *jésuites*, en son discours du premier de l'an juif, 1842 ! Il préciserait davantage aujourd'hui et dirait : « C'est le Père du Lac ! »

C'est dans cet esprit et d'après cette règle que les juifs soutiennent actuellement l'innocence de Dreyfus. Le traître a avoué son crime ! N'importe, les juifs le proclament innocent — parce qu'il est juif — accusent les « jésuites de l'État-major » d'avoir monté le coup et dénoncent « l'alliance du sabre et du goupillon ».

On a beau leur dire : « Ce n'est pas parce qu'il est juif qu'il est innocent », ils ne comprennent pas du tout, mais pas du tout ; ce qu'ils comprennent et crient par-dessus les toits, c'est que la qualité de juif suffit à blanchir de tous les crimes, comme la qualité de chrétien à justifier la présomption des plus noirs attentats.

Le contraste ressort avec éclat dans les deux « affaires » pendantes *Dreyfus* et *Flamidien* ; Dreyfus a beau être coupable, les juifs le proclament innocent ; le frère Flamidien a beau être innocent, les juifs le proclament coupable !

Voilà le juif pris en flagrant délit d'impudence. Son orgueil va jusque-là, mais il ne s'y arrête pas ! À la calomnie, il joint l'insulte et le blasphème.

Quelques faits, insignifiants en apparence, révéleront mieux que des faits plus éclatants, mais aussi moins spontanés, cet état habituel de haine du juif contre le chrétien.

« Les petits pains qu'ils appellent leur bon Dieu »

On écrit à la *Croix*, février 1897 :

« La fille d'un négociant juif, marchand d'orfèvrerie religieuse, était dernièrement en visite chez les catholiques.

« Voici ce qu'elle disait :

« Ce qui est singulier, c'est que *des prêtres catholiques viennent se fournir chez nous.*

« Mais ce qui est plus fort, c'est *qu'ils viennent nous acheter des petits pains qu'ils appellent leur bon Dieu et qu'ils mangent ce que nous fabriquons, nous, de nos mains impures* (textuel).

« La saleté qu'ils mettent là-dedans »

Autre fait qui nous a été raconté par le témoin oculaire :

Un ecclésiastique avait commandé à un orfèvre de Paris une custode livrable le 5 novembre 1896.

Au moment de l'expédition, l'ouvrier catholique de l'orfèvre (qui nous l'a rapporté) lui fait remarquer qu'il manque au vase sacré un petit perfectionnement dont on était convenu :

« Ce n'est pas convenable, ajoute-t-il, de l'expédier ainsi.

« Oh répliqua le patron, c'est bien bon pour ces gents-là ! Pour la saleté (sic) qu'ils veulent mettre dedans ! ... »[90]

Ce patron est juif et connaît, on le voit, son *Talmud*.

« Cléricafards, pierrots d'église »

---

[90] À noter cette réflexion dans les listes de souscription de la *Libre Parole* (19 décembre) pour Mme Henry : « Une employée chez un youtre qui enrage de le voir exploiter le clergé français.

Après le blasphème, le sarcasme :

Le juif peut aller à la synagogue quand il lui plaît, mais malheur au catholique que le juif surprend à entrer à l'église !

Qu'on en juge par cet article d'Édouard Drumont du 29 juin 1893 :

Pendant quinze ans, la *Lanterne* (juive) avait traîné dans la boue nos officiers français coupables seulement d'aller à la messe.

Elle les appelait chaque matin : Cléricafards, Pierrots d'église, Polichinelles de sacristie. Esclaves de la discipline, les malheureux officiers étaient obligés de tout subir.

La *Libre Parole* publia une série d'articles : *Les juifs dans l'armée*, qui n'était guère qu'une étude de statistique dans laquelle personne n'était désigné.

« On sait le reste. Le capitaine Mayer tomba... pour la défense de sa race...

Depuis l'affaire Mayer, pas une attaque chez nous contre un officier israélite à propos de sa religion.

Le résultat, voulez-vous le connaître ?

« C'est que le juif Mayer, voyant que nous n'attaquons plus les officiers juifs, recommence à attaquer dans la *Lanterne* les officiers français catholiques.

« Le 8e de ligne, en garnison à Saint-Omer, vient de célébrer l'anniversaire de la bataille de Solférino.

« On a passé une revue sur l'Esplanade...

« Puis, à dix heures, après la revue, les officiers ont assisté à une messe, célébrée dans l'église Notre-Dame, pour le repos de l'âme de ceux qui sont morts pour la France.

« Cela se produit dans tous les pays... Les officiers allemands vont au temple ou à l'église catholique, les officiers russes à l'église orthodoxe, les musulmans à la mosquée.

« Voilà ce que le Mayer de la *Lanterne*, que cela ne regarde aucunement, puisqu'il est né à Cologne et qu'il est juif, appelle une *capucinade* aujourd'hui ; demain il dira *mascarade* et après-demain *chienlit...* »

Mais ce n'est point seulement la pratique religieuse des catholiques que le *juif* attaque, c'est l'Évangile, ce sont les sacrements, c'est Notre-Dame de Lourdes, ce sont nos institutions charitables, ce sont nos gloires catholiques et françaises.

Mais ici, où le sarcasme échouerait, le juif emploie le *mensonge scientifique*.

LE DOCTEUR JUIF LOMBROSO ET L'ÉVANGILE

La loi évangélique repose tout entière sur la liberté des actes humains et la responsabilité individuelle.

« Leurs œuvres (bonnes ou mauvaises) accompagnent les chrétiens au tribunal de Dieu », dit saint Jean.[91]

« Dieu rendra à chacun selon ses œuvres », dit saint Matthieu.[92] Il s'agit ici de toutes les œuvres, même les plus secrètes.

---

[91] Opera eorum sequuntur illos (Apoc., xiv, 13).
[92] Reddet unicuique secundum opera ejus (Matth., xvi, 27)

Oui, mais cela condamne sévèrement la doctrine Talmudique des Pharisiens juifs qui n'admettent pas qu'une œuvre *cachée* puisse être mauvaise, du moment où elle reste cachée ![93] D'où cette parole sévère de Notre-Seigneur à leur adresse : « Faites ce qu'ils vous disent, mais ne faites pas ce qu'ils font. » (Matth., XXIII, 3).

Et cela, le juif ne peut le souffrir ; voilà pourquoi il veut démolir l'Évangile.

C'est dans ce but que le docteur juif Lombroso,[94] criminaliste italien, qui fait l'admiration de Zola, a inventé sa théorie du *criminel-né*, qui biffe d'un trait, avec l'Évangile, la liberté humaine, la responsabilité des actes humains, intérieurs ou extérieurs, publics ou privés, cachés ou révélés. Cette théorie, il est vrai, n'a eu guère de succès au Congrès international d'anthropologie criminelle de Genève, en août 1896, où elle a été repoussée à la presque unanimité des membres, la plupart libres-penseurs !

Notons néanmoins l'intention Talmudique du juif cher à Zola.

Les médecins juifs et le baptême

On sait comment le vieux rabbin Nizzachon, l'insulteur, de la Très-Sainte-Vierge, appelle ce sacrement : « l'ignominieux baptême ».

Voici ce qu'en dit une revue juive, soi-disant médicale, n° 1, deuxième année, 1896, dont nous avons sous les yeux le prospectus :

« La grande mortalité des enfants catholiques a été attribuée par plusieurs médecins et statisticiens à l'usage d'exposer les nouveau-

---

[93] Prof. Rohling, p. 65. — Tr. Baba-Kouma (f. 113, 1).
[94] Condamné, en 1896, à 500 francs de dommages-intérêts pour plagiat littéraire... pour lui apprendre la responsabilité !

nés, par tous les temps, à l'air extérieur, pour aller à l'église, les faire baptiser. »

Inutile de dire que ces « médecins et statisticiens » sont *juifs*, comme était juif, sans doute, le médecin qui inspirait à un père, des environs de Paris, la remarque suivante (que nous avons entendue) à l'adresse du prêtre qui administrait le baptême à son enfant, le 21 août 1898 :

« Monsieur, ne lui mettez pas de sel dans la bouche, c'est contraire aux médicaments prescrits par le médecin !...

À quoi le prêtre a répondu fort justement :

« Monsieur, l'Église est une bonne Mère qui n'a pas l'habitude d'empoisonner les enfants !

Comment le juif Bernheim juge Bernadette et Jeanne d'Arc

Le Dr Bernheim, juif, franc-maçon (démissionnaire depuis quelque temps, parce qu'on a refusé d'admettre un juif à la loge de Nancy), prétendait, dans un numéro, des premiers jours de novembre 1894, du *Figaro*, que :

« Bernadette Soubirous et Jeanne d'Arc étaient des hallucinées, respectables à coup sûr, sublimes même, si l'on veut, mais que, d'ailleurs, leur cas pathologique ne diffère en rien de ceux qu'il a maintes fois observés dans une foule d'autres sujets. »

À quoi un ecclésiastique distingué de Paris a répondu spirituellement dans la *Croix* du 5 novembre :

« Erreur ! Cher Monsieur, erreur !...

« Il ne faut pas, pour les étudier, faire sortir Bernadette et Jeanne d'Arc de leur milieu, surtout il ne faut pas les séparer d'une série de faits qui projettent sur elles une vive lumière.

« Quand donc vos hallucinées ont-elles fait sourdre de terre une source miraculeuse, comme Bernadette

« Quand donc vos pauvres hystériques ont-elles mené, comme Jeanne d'Arc, les armées françaises à la victoire, en leur traçant un plan de campagne tellement marqué du sceau du génie militaire qu'il fait encore, à l'heure qu'il est, l'admiration de nos plus habiles stratèges ?

« Vos pauvres folles, Monsieur, n'ont jamais rien fait ou n'ont fait que des riens.

« Nos voyantes ont changé la face du monde...

« Nous savons bien qu'il y a des hallucinées à Nancy comme à la Salpêtrière, mais il ne nous vient jamais à l'idée de les prendre au sérieux, parce que nous avons assez de critique pour discerner une pauvre folle d'une âme favorisée du ciel.

« Croyez-moi, Monsieur le docteur, vous devriez faire le même discernement.

« Votre prétendue science n'est pas une raison de vous affranchir du bon sens. »

Hélas ! En bon juif qu'il est, Bernheim n'écoute pas la réponse qui le condamne, mais il poursuit l'idée Talmudique qui lui est chère.

Bernheim et les miracles de Lourdes

Selon lui, « les guérisons obtenues à Lourdes sont d'ordre naturel ».

« Nous guérissons à Nancy les mêmes manifestations morbides que Lourdes guérit. » Là encore il trouve son spirituel contradicteur :

« Il est facile d'écrire ces choses dans son cabinet, en face d'une feuille de papier devant laquelle on n'a pas à rougir...

« Il serait peut-être un peu plus brave de venir dire ces choses-là bien en face du Dr Boissarie et de quelques autres médecins chrétiens dans une conférence publique.

« Le Dr Bernheim n'a peut-être, et pour de bonnes raisons, qu'une médiocre envie de le faire.

N'y aurait-il pas moyen de l'y contraindre ?

« Il y a assez longtemps que les médecins libres-penseurs (et juifs) se moquent de Lourdes ; n'y aurait-il pas moyen de se moquer un peu des médecins (juifs) libres-penseurs ? »

Non, il n'y a pas moyen ! Ils ont plus de haine encore que de peur du miracle.

S'il éclatait à leurs yeux, ils feraient comme les pharisiens leurs ancêtres, ils l'attribueraient à Béelzébub !

Est-ce dans ces dispositions qu'un docteur juif a refusé de prendre la responsabilité du voyage de Lourdes, avec le pèlerinage national de 1898, d'une malade atteinte « d'un ulcère à l'estomac avec anémie considérable » ?[95]

---

[95] Il n'eût certes pas refusé, s'il avait su que sa cliente devait faire le pèlerinage en compagnie du célèbre magistrat défenseur de Dreyfus, M. Manau, venu à Lourdes pour en obtenir de la Sainte-Vierge la guérison de sa fille (voir *Libre Parole*).

Cette personne, Mme Schèque, 45 ans, rue d'Artois, Paris, est revenue guérie.

Qu'en pense le docteur juif ? Sans doute, ce que pense le docteur Bernheim, ce que pense tout bon juif de la religion catholique, de ses manifestations merveilleuses, de ses résultats : « idolâtrie, superstition, hallucination ! »

Peut-être que les résultats, non moins éclatants et non moins merveilleux, en un sens, de la charité catholique trouveront grâce devant la critique juive.

Nous l'allons voir !

Le docteur juif Herzl et l'hospice des incurables

Ce juif, Directeur de la *Neue freie Presse*, grand journal juif de Vienne[96] et promoteur du mouvement sioniste, apprécie de la manière suivante cette création de la charité catholique, dans la *Nouvelle revue internationale*, 15 janvier 1897, p. 27

« L'hospice des incurables est un des bienfaits les plus cruels qu'ait inventés notre sotte bonté d'âme !

« À l'hospice, le vieillard meurt de honte et de mortification.

« À vrai dire, il est déjà enterré. »

---

[96] Il n'avait que des éloges pour la France, en 1870, quand elle laissait Crémieux émanciper les juifs d'Algérie ; n'a plus assez d'insultes pour elle aujourd'hui qu'elle repousse Dreyfus. Cependant il est revenu aux éloges, pour l'élection à la Présidence de la République de M. Loubet.

Pour un peu, le juif ajouterait, ce qui est sans doute dans sa pensée : « Ces incurables, il faut les tuer, puisqu'ils n'ont pas de quoi se payer des docteurs à domicile ! »

On ne saurait mieux dire :

La pauvreté est le seul crime dont il faille rougir ; la richesse, la seule vertu dont on doive s'honorer. »[97]

Et, fidèle à ce principe, le juif honore le millionnaire, surtout s'il a volé ses raillions, tandis qu'il méprise l'indigent, même s'il est honnête.

Au pauvre que le divin Maître a béni, « heureux les pauvres ! », la charité chrétienne donne un asile.

Le juif, lui, veut qu'il meure sur la grande route comme un rebut de l'humanité.

Quoi d'étonnant que Notre-Seigneur, qui a béni le pauvre, ait maudit le riche (le mauvais).et enveloppé dans cette malédiction l'orgueilleux pharisien, père du *Talmud* ?

Le pharisien ici, c'est le Dr Herzl, ce sont les juifs, ce sont leurs complices inconscients, « les Intellectuels » de tous les pays qui, en subissant l'influence de l'orgueil juif, qu'ils admirent et imitent au besoin, justifient pleinement cette appréciation du célèbre jurisconsulte et publiciste allemand Klüber dans ses *Actes du Congrès de Vienne* ('18144815) :

---

[97] Chose curieuse ! Cet égoïsme aussi féroce que *Talmud*ique déteint sur tous les peuples où le juif vit à l'aise, en Angleterre, par exemple, où juifs et anglicans sont en excellents termes, tous deux également éloignés de la source de la charité : le catholicisme.
De là, ce mot de Nelson : « *Le manque de fortune est un crime que je ne peux pardonner.* » Et cet autre de l'Amiral Sydney : « *La pauvreté est infâme en Angleterre.* »
On pourrait ajouter : « Elle est infâme partout où l'Église de Jésus-Christ n'a point introduit l'amour des pauvres. »

« *L'esprit du Judaïsme se reconnaît, en général, à l'orgueil religieux.*[98]

« Les juifs s'imaginent qu'ils sont le peuple élu de Dieu, *au-dessus de ceux qui ne sont pas juifs*, dont ils sont physiquement et moralement différents et qui *doivent être entièrement exterminés.* » (III, 375 et suiv.)

« Exterminés » également, comme détenteurs *injustes des parcelles de richesses dont les juifs* « *sont les seuls véritables propriétaires* »

En attendant le moment propice de cette extermination des non-juifs — que nous sommes, nous catholiques français, — ils exterminent, autant qu'ils peuvent du moins, ce qui nous touche de plus près, ce que nous aimons et vénérons par-dessus tout : nos œuvres charitables, nos sanctuaires, nos pèlerinages, nos gloires catholiques, notre foi chrétienne, en un mot, uniquement parce que, tout en jugeant cette foi digne de nous qui sommes « une variété d'animaux »,[99] ils la jugent en même temps de cent coudées inférieure à la foi Talmudique, qui est celle des « hommes, c'est-à-dire des seuls juifs »[100]

Voilà la mesure exacte de « l'orgueil religieux du juif, c'est-à-dire de sa *haine religieuse* du non-juif.

C'est l'explication des jugements insensés de ce peuple, qui, ne voyant rien qu'à travers cette haine, ramène tout, absolument tout, à la question religieuse, même les questions qui lui sont le plus étrangères.

On reproche à M. Drumont de voir le juif partout.

---

[98] Le *Talmud* l'avoue *(Tr. Beza* 25, 4) quand il dit : « Trois êtres sont effrontés : Israël parmi les peuples, le chien parmi les quadrupèdes, le coq parmi les oiseaux.
[99] Akum (Animaux à visage humain, afin de point révulser d'horreur les yeux de l'élu.)
[100] *Traité Baba* m. f. 114, 2.

Hélas ! La question Dreyfus prouve surabondamment qu'il ne l'a même pas vu partout où il est, du moins autant qu'il y est.

En revanche, le juif peut se vanter, lui, de dénicher « le clérical », c'est-à-dire le chrétien, le catholique, même et surtout là où il n'est pas. Quelques exemples entre mille :

« Vous êtes un clérical »

M. Boysset, député radical de Saône-et-Loire, en un discours à Chalon (juin 1893), avait flétri.» les hautes spéculations effrontées, les grandioses manipulations financières ».

Pour toute réponse, le juif Dreyfus — encore un — l'a appelé dans le *Courrier de Saône-et-Loire* « *sectaire clérical* ».

M. Denis, député radical des Landes, s'étant avisé de trouver, en 1896, au moment de la mort du baron Hirsch que :

« Un homme qui laisse 750 millions, sans compter « les 100 millions donnés à ses coreligionnaires de « l'Argentine (fortune gagnée dans des opérations « financières que tout le monde connaît), que *cet homme, à lui seul, est plus dangereux au point de* « *vue social que toutes les congrégations et tous les congréganistes de France.* »[101]

La *Petite Gironde* juive n'a rien su répliquer à M. Denis, si ce n'est : « *Vous êtes un clérical.* » Au mois de mai 1898, M. Ferrette, antisémite, se faisait élire député à Bar-le-Duc, contre M.

---

[101] M. Drumont écrivait le 9 mars 1899 : « Une des fortes bailleuses de fonds du syndicat de trahison est, paraît-il, la baronne Hirsch.
« L'héritage de Hirsch a été évalué à 800 millions ; en réalité, il est d'un milliard. »
Nous n'avons pas encore entendu dire que les congrégations soient « bailleuses de fonds du syndicat ».
M. Denis avait raison.

Develle, opportuniste ; comment « *l'Indépendance* enjuivée de la Meuse appréciait-elle l'élection.

D'un mot « *C'est le triomphe du goupillon.* »

En juin dernier, les internes français de l'hôpital Tenon se plaignaient vivement de la conduite des internes juifs.

Que répondirent les juifs de *l'Écho de Paris ?* — « *Fanatisme, superstition, intolérance... passions religieuses bourdonnant sous la calotte de velours de l'interne.* »[102]

Et M. Drumont ? Quand il se présenta à la députation contre les hauts forbans de la juiverie d'Alger, en reçut-il une averse d'épithètes : « calotin, capucin, bondieusard, etc » !.

Notons celles à lui décernées par une feuille au service d'un comptoir de Kabylie qui prête au 15 quand ce, n'est pas au 20 % : « Réactionnaire, clérical, farceur de jésuite. »

Mais lorsque le candidat eut obtenu le succès colossal que l'on sait, la feuille juive, usant de la permission Talmudique de l'opportunisme, c'est-à-dire de l'hypocrisie, brûla un grain d'encens sous le nez de celui qu'elle appelait la veille « un vil clérical »).

C'était de l'encens de ghetto, Drumont détourna la tête comme on fait en passant près d'un châlet de nécessité.

N'empêche que le châlet juif continue à exhaler, dans la métropole comme dans la colonie, des odeurs qui ne sont pas précisément celles de l'encens armons-nous de courage et poursuivons notre exploration.

---

[102] Cette feuille, qui a soutenu l'armée avec tant d'ardeur et accueilli si bien la prose vengeresse de M. Quesnay de Beau-repaire contre les infamies de la Chambre criminelle, n'a cependant pas réussi à nous faire oublier qu'elle a pour directeur le juif Valentin Simond et pour directeurs les juifs Henri Baüer, Alfred Capus.

« Les Jésuites dans la grève »

La fameuse grève des terrassiers vient d'éclater (octobre 1898), vite une feuille du syndicat Dreyfus paraît avec ce titre en manchettes : « *Les Jésuites dans la grève* » et explique, au cours de sa petite exhalaison, que les jésuites mènent la grève comme ils ont mené l'Espagne, à la débâcle, dans la guerre hispano-américaine, etc.

Mais c'est surtout à propos de la campagne antisémitique, spécialement dans l'affaire Dreyfus, que cette rage de tout ramener à la question religieuse éclate avec plus de fureur.

Rien ne l'arrête, ni l'invraisemblance de l'accusation, ni l'abomination de la calomnie. Nous citons, comme toujours, l'opinion des chefs des conducteurs du peuple.

Voici celle du docteur juif Max Nordau, de son vrai nom Jacob Sudfeld,[103] d'après une interview publiée par M. Robert Sherard, publiciste anglais, dans la *Review of Reviews* au commencement de l'année 1898

« L'idée antisémitique vient de Rome »

« ... Il restait à l'Église catholique, à la fin du XIXe siècle, dit M. Nordau, à diriger la réaction contre nous, à exciter la populace à nettoyer la face de la terre de notre race persécutée par la violence et le fanatisme.

« Accusez-vous sérieusement l'Église catholique d'être à la tête de cette agitation antisémitique ? demande M. Sherard.

---

[103] Bras droit du docteur Herzl dans l'impulsion du mouvement sioniste.

« Très sérieusement ! Dieu me préserve, moi, dont la personne et la famille ont souffert persécution toute leur vie, de persécuter à mon tour qui que ce soit, en dirigeant contre lui de fausses accusations.

« Mais je ne puis arriver à une autre conclusion en face de ce fait évident que tout ce soulèvement a été préparé et fomenté par Rome. »

Le fait est si peu évident, que M. Nordau, étonné lui-même de son affirmation absolument authentique, lorsqu'il l'a vue publiée, s'est empressé de la rectifier ainsi :

« *Je n'ai jamais songé à accuser l'Église catholique d'un crime aussi monstrueux...*

« Ce que j'ai fait ressortir, en réalité, à M. Sherard, c'est que *les promoteurs du mouvement, antisémite actuel en France sont des catholiques fanatiques.*

« Cela, je l'ai dit, mais pas plus. »

Mais M. Sherard a maintenu, avec *serment* au besoin, l'exactitude de son interview, entendue, du reste, par un autre témoin, M. Frank White, 80, Fleet Street, devant lequel il a posé *plus de six fois* la question au docteur juif :

« *Accusez-vous réellement l'Église catholique* »

À laquelle M. Nordau a invariablement répondu par l'affirmative.

« La persécution contre Dreyfus vient de l'Église »

Au surplus, M White, du *New-York journal* a complété comme il suit les déclarations du docteur juif dans son journal (31 janvier 1898) :

« J'accuse formellement l'Église catholique du crime d'excitation à un massacre général, a dit :

M. Nordau,

« ... Je répète que la persécution contre Dreyfus est le commencement d'un effort concerté ; de la part de l'Église catholique pour amener un massacre des juifs en France... »[104]

« Tous ceux qui n'y croient pas sont des cléricaux »

Et voilà les balivernes qu'essaient d'accréditer dans le peuple, par le journal et par l'affiche, les membres du Syndicat Dreyfus.

Ne leur demandez pas la preuve ! Est-ce qu'ils ont besoin de preuve, eux ?

Allons donc ! Ils dogmatisent, ils définissent et leurs définitions sont sans appel, comme leurs jugements sont indéfectibles.

Le peuple doit s'incliner devant les oracles de la trahison !

Malheur à quiconque ne s'incline pas ! Il sera excommunié comme « clérical »

---

[104] M. Fred. C. Conybeare ayant réédité ces mensonges grossiers dans le *Times*, M. de Mun a cru bon d'y répondre par une longue et éloquente rectification dans ce journal, janvier 1899.
C'est bien de l'honneur à un personnage qui en mérite si peu !

De là les anathèmes tombés sur « le clérical » Rochefort, le « clérical » Drumont, le « clérical » Judet, sur tous ceux en un mot qui ont le malheur, si c'en est un, de ne point partager la foi dreyfusarde dans « l'honnêteté » de Picquart, le « civisme » de Reinach le patriotisme » de Dreyfus.[105]

Sur tous ces points le doute même n'est pas permis :

« Tous ceux, dit Me Labori, qui ne marchent pas avec nous, sont des imbéciles ou des coquins (octobre 1898). »

« M. Brunetière le missionnaire du Pape »

M. Brunetière, de la *Revue des Deux-Mondes*, s'étant avisé de trouver « misérables » les raisons apportées en faveur de la révision du procès Dreyfus, a été qualifié par M. Yves Guyot — du syndicat de la trahison — de « missionnaire du Pape ».

À quoi M. Brunetière a répondu fort justement, mais *avec preuves, lui*, qu'il est tout simplement le missionnaire du patriotisme, du bon sens, et des intérêts bien entendus de la France et de l'humanité.

Mais la réponse de M. Brunetière, comme toute réponse sensée du reste, ne les devait pas arrêter.

Ils n'écoutent rien et, pour être plus sûrs de ne pas entendre, ils se bouchent les oreilles, tout en continuant d'assourdir ceux qui ne prennent pas la même précaution, de leurs vociférations haineuses contre l'Église, en faveur de Dreyfus.

« Le Juif Dreyfus et le catholique Bazaine »

---

[105] M. Dareste, conseiller à la Cour de cassation, s'étant montré peu favorable à la partialité avec laquelle les magistrats Loew, Bard, Manau, Dumas ont instruit la révision du procès Dreyfus, a été récusé comme « clérical » par tous les journaux dreyfusards (30 janvier 1899).

« Même au cas, disent-ils, où Dreyfus serait coupable, ce que nous n'admettons pas, est-ce que tous les juifs devraient être rendus solidaires de son crime ?

« Est-ce que nous avons rendu les catholiques solidaires de la trahison du catholique Bazaine ? »

Cette ineptie a traîné dans toute la presse judéo-maçonnique. La réponse est facile, la voici :

Le traître Bazaine a été condamné, *quoique catholique, par des catholiques ; et pas un de ces 36 millions de catholiques français n'y a trouvé à redire.*

Le traître Dreyfus a été condamné, *quoique israélite*, et *les cent mille juifs résidant en France, de concert avec les juifs du monde entier, mettent la France à l'envers !*

Ce n'est pas nous « qui vous rendons », *c'est vous* « *qui vous rendez solidaires* » *de la trahison de votre coreligionnaire Dreyfus.*[106]

---

[106] *L'Univers israélite* l'a avoué (août 1898) :
« Nous avons beau déclarer, dit-il, que nous ne sommes pas solidaires du crime d'un juif quelconque,
nous n'en ressentons pas moins cette solidarité, quand même les non-juifs **ne nous** *l'imposeraient pas.* »
Que veut dire ce jargon *Talmud*ique ? *Si vous* « *ressentez cette solidarité* », *ce n'est donc pas nous qui vous l'imposons* ».
Une autre feuille juive, *l'Ibacfira*, de Varsovie, à qui « les non-juifs » n'ont pas « imposé cette solidarité », l'a avouée bien plus catégoriquement, en publiant la prière récitée tous les samedis dans la synagogue, *pour Dreyfus ;* la voici d'après le *Petit Journal* (17 novembre 1898) :
« Dieu, aie pitié du Seigneur connu honorablement de tous, jusqu'aux extrémités de la terre, qui présentement est accablé, persécuté, courbé comme le roseau au vent, enfermé dans un lieu fort et dont le nom pur est Alfred Dreyfus.
« Notre cœur s'enflamme pour ce cher seigneur — Alfred Dreyfus — qui, depuis longtemps, est emprisonné, écrasé sous des maux effroyables *et en lequel tout Israël est persécuté, opprimé humilié aux yeux des peuples.* »

Et cela, parce que le *Talmud* vous y oblige.

Notre loi, à nous catholiques, nous oblige à flétrir le crime partout où il se trouve, même dans un catholique.

Et nous l'avons flétri dans le mauvais catholique Bazaine, comme nous l'eussions flétri, plus récemment, dans le frère Flamidien, si son innocence n'eût éclaté à tous les yeux.

La vôtre vous oblige, lorsqu'un juif criminel est traîné devant les tribunaux, à nier le crime, « à circonvenir les juges au moyen d'intrigues » *jusqu'à ce que le gain reste au juif (Traité Baba Kouma, f. 113, 1).*

Et, en scrupuleux observateurs de la loi, vous avez nié la trahison de Dreyfus et vous avez voulu acheter, sinon ses juges qui étaient hors de vos atteintes, du moins ceux qui devaient juger ses juges, parce que vous les croyiez, bien à tort, plus accessibles à la corruption.

« *Dix mille francs furent promis à chacun des jurés qui voteraient en faveur de Zola contre l'État-major* » avoua le président du jury lui-même, M. Dutrieux.

Le jury ayant refusé vos « présents d'Artaxercès », vous avez amené l'affaire, grâce au f ∴ Brisson, devant la Chambre criminelle

---

Une simple réflexion : Est-ce que les catholiques ont fait dans les églises une prière semblable pour Bazaine ou Anastay ?
À ce propos, un journaliste, dont nous sommes loin de partager toutes les idées, écrivait avec bon sens, il faut bien le reconnaître (2 décembre 1898) :
« Si nous avions cru Dreyfus innocent, nous n'aurions cessé de le répéter ; et si nous supposions Picquart non coupable, nous le crierions sur les toits.
« Les imposteurs du dreyfusisme le savent bien et ils n'ont placé sur le terrain religieux *une question qui n'a rien à y faire*, que dans l'espoir vague de justifier les motifs inavouables auxquels ils obéissaient !
« Embrasser la cause de Dreyfus parce qu'il est israélite et celle de Picquart parce qu'il ne l'est pas, me parait le comble de l'incohérence ou de la mauvaise foi !

de la Cour de Cassation, peuplée de vos créatures Lœw, Bard, Manau et, Dumas.

Cette Chambre « dessaisie » pour *suspicion légitime* au profit de la Cour *plénière* de Cassation, d'avance, vous avez suspecté le jugement de cette dernière et affirmé que vous ne l'accepteriez que « sous bénéfice d'inventaire ».

« Si nous échouons sur l'article 443 (sur lequel la procédure est engagée), *l'article* 443, insinuait Reinach le 2 mars (*Siècle*), n'est pas *tout le code d'instruction criminelle*.

Proclamant ainsi, de toutes les manières, qu'en fait de loi, vous n'en reconnaissez qu'*une :* Le *Talmud* interprété par *Bet-Dine* « le saint » et *Kahal* « l'infaillible » !

Voilà pourquoi, vous proclamez l'innocence de Dreyfus, pourquoi ceux qui ne la proclament pas avec vous — *et comme vous, sans preuves* — ont reçu sur la tête le pot d'ordures que tout bon fils d'Israël tient toujours en main.

Il n'y a pas jusqu'au grand rabbin Zadoc-Kahn, qui ne se crut obligé d'y aller, lui aussi, de son pieux projectile.

« LES ANTISÉMITES SONT DES ESPRITS ÉGARÉS »

Dans une circulaire adressée aux juifs d'Amérique et publiée à New-York, le 1er juillet 1898, sous prétexte de recueillir des aumônes en faveur « des *pauvres* juifs d'Algérie », en réalité pour alimenter la caisse du syndicat,[107] le vieux pharisien a cette phrase d'hypocrite tendresse. :

---

[107] N'en serait-il pas lui-même le *trésorier ?*

« Ce sera faire œuvre de charité et de patriotisme,[108] car il ne faut pas qu'il soit dit « Des hommes, des femmes, des enfants sont

---

Toujours est-il qu'au domicile particulier de M. le grand rabbin, 17, rue Saint-Georges (immeuble de la Ville de Paris) se trouve, avec la *Société des Études juives*, le *Grand Consistoire israélite* (Président : baron Alphonse de Rothschild) ;
Que ce *Consistoire israélite* a pour caissier général le juif Heymann Léon, subordonné du grand rabbin ; Qu'à la caisse du *Consistoire* « divers individus mêlés à la campagne dreyfusarde touchent régulièrement leur prébende », dit *l'Antijuif* du 16 octobre 1898 ;
Qu'aux dernières élections législatives, dit le même journal, un candidat, G., du XXe arrondissement, gêné pour payer ses affiches, s'en fut, muni d'une recommandation du directeur d'un journal dreyfusard, auprès du grand rabbin Zadoc-Kahn, qui lui remit la somme nécessaire ;
Que la lettre suivante, *paraphée Z. K.* et envoyée *à l'Agence nationale*, est parvenue *à l'Éclair*, qui l'a publiée le 11 mars :

L'UNIVERS ISRAÉLITE
Paris, le 8 Mars 1899.
JOURNAL HEBDOMADAIRE
Fondé en 1844
Paraissant tous les vendredis
RÉDACTION :
13, *Rue Montyon* PARIS

« Une somme de deux mille cinq cents francs (2,500) sera remise demain à M. Montagne.
« Même somme lui sera envoyée dans le courant de la seconde quinzaine de mars... » (Les points de suspension indiquent un alinéa cabalistique.)

[108] Nouvelle preuve que les juifs d'Amérique, comme ceux de France, ont une *commune patrie, qui n'est ni la France, ni l'Amérique*.
Cela est si vrai qu'à l'occasion de la fête patriotique *juive* par excellence, *Hanouça* (fête des Macchabées, qui combattirent pour l'indépendance du peuple juif), le grand rabbin de France, Zadoc-Kahn, invitait, le 11 décembre 1898, ses ouailles « à venir, en grand nombre, fêter un des anniversaires religieux les plus riches *en leçons de fidélité patriotique*... »
Pour bien préciser la patrie dont il s'agissait, aux « leçons de fidélité patriotique » le grand rabbin ajoutait, faisant allusion à « l'affaire », celles de la « *foi persévérante dans la victoire finale du droit, de la justice et de la vérité.* »
Nous ajoutons ce commentaire, assurément dans sa pensée :
« Du droit » *Talmud*ique qui nous a *réservé* la France ;
« De la justice » *Talmud*ique qui nous l'a fait *conquérir*» De la vérité » Talmudique qui nous donne le droit de la *gouverner*.
Ce qui explique ces autres paroles — en apparence contradictoires — du même grand rabbin, deux ans plus tôt, à l'occasion de la même fête, à l'issue d'un bal *dans les salons du Grand-Orient* :
« Ne laissons jamais passer un jour, dit-il, *sans revendiquer le titre de Français* et ne laissons jamais échapper l'occasion de protester et de combattre avec énergie la secte antisémite. » (*Archives israélites*, décembre 1896).
Comme pour dire : « La France n'étant plus aux .Français, mais aux *juifs*, les juifs *seuls* sont Français !

condamnés à mourir de faim, parce que des *esprits égarés* leur contestent le droit d'existence *en raison de leur origine et de leurs croyances religieuses !* »

Le mot y est, cette fois, sous la plume du chef du judaïsme en France : les antisémites font la guerre aux « croyances religieuses des juifs ».

Nous reprochons à Dreyfus d'avoir vendu la France : « guerre à la croyance religieuse de Dreyfus ».

Nous reprochons aux juifs d'Algérie d'accaparer la colonie qu'ils mettent au pillage : « guerre à la croyance religieuse des juifs d'Algérie. »

Tout le système de combat du juif est là.

Voilà pourquoi son unique riposte à tous les arguments est toujours : « Vous êtes un clérical. »[109]

« En conséquence, ceux qui nous combattent (les antisémites) ne sont pas des français, mais de *vils cléricaux !* »
Et voilà !
[109] Le sénateur dreyfusiste, Joseph Fabre, ennemi de l'armée française, des *ligues* françaises qui la soutiennent, invoquait l'argument des juifs à la tribune, le 21 mars 1899, contre la souscription populaire pour le colonel Henry :
« Cette souscription, disait-il, nous faisait descendre jusqu'à l'anarchie qui fut la caractéristique des *guerres de religion du XVIe siècle.* »
Il est vrai que M. Papillaud, de la *Libre Parole*, s'est demandé si l'honorable sénateur n'avait pas bu ce jour-là. Ç'eût été une excuse !
Malheureusement, la question, venue aux assises, n'a pu être tranchée ! M. Papillaud a été acquitté... Tant pis pour M. Fabre !
Au surplus, ces écarts de raison lui sont communs avec les juifs du monde entier.
Les juifs de Budapest, par exemple, venaient d'imposer le *mariage civil* aux catholiques de Hongrie, en octobre 1895. Les catholiques se récriaient, comme de juste.
Le 25 octobre, *l'Univers israélite* leur décochait l'épithète obligatoire : « Vous avez connaissance des luttes acharnées que les *cléricaux*, etc. »
Quinze jours avant, le 9 octobre, le même journal venait d'apprendre le triomphe des antisémites à Vienne, par l'élection de Lueger au Conseil municipal, et l'avait salué de la même manière : « Coalition de socialistes et de *cléricaux.* »

Mais :

L'ARME JUIVE EST USÉE

C'est ce que prouve spirituellement le distingué et savant directeur de la *Revue des Deux-Mondes*, M. Brunetière, dans sa réponse au dreyfusard Yves Guyot, sur la question de la révision :

« Il ne s'agit, en tout cela, Monsieur, ni d'antisémitisme, ni de *cléricalisme*, ni de contre-révolution...» Vous ne pouvez-vous en prendre qu'à vous, si, d'une question purement judiciaire, il vous a plu de faire une question politique et sociale.

Vous y revenez encore, quand vous dites, ce matin :

Et pourquoi trouvons-nous de ce côté la *Croix*, *l'Univers*, la *Vérité*, les *Nouvellistes* de Lyon, Bordeaux, Rouen, Nantes ? »

« — Pourquoi ? Mais, Monsieur, parce que tous ces journaux ne croient pas qu'il y ait lieu de réviser le procès de 1894.

Et vous, si vous voyez autre chose dans ce qu'ils disent à ce sujet, si vous voulez qu'ils fassent « œuvre politique », si vous *solidarisez l'affaire Dreyfus avec l'anticléricalisme*, ne voyez-vous pas enfin que c'est vous qui nous empêchez d'en sortir ? »

Mais cela n'arrête pas un instant Yves Guyot ni les juifs de continuer à « solidariser à outrance l'affaire Dreyfus avec l'anticléricalisme », tout en insinuant que c'est le cléricalisme qui se solidarise.

« JÉSUITES ET ANTISÉMITES »

Les juifs allemands, eux-mêmes, viennent à la rescousse, comme le prouve l'affiche adressée d'Allemagne au général Lambert, vers le 12 octobre 1898, où on lit :

« *Vient de paraître nouvelle brochure illustrée.... Le capitaine Dreyfus sauvé... La victoire de Zola...* Le grand krach des jésuites et des antisémites à paris... Le gredin du Paty de Clam a fui à Rome », etc.

Inutile de dire que cette ineptie a été accueillie, en France, par un formidable éclat de rire !

Elle ne clôt pas la série des expressions de la haine, aussi aveugle que Talmudique, des juifs contre les chrétiens !

Il nous reste à voir comment cette haine a su passer des paroles aux actes, du précepte de la *malédiction* à celui de la *persécution*.

II

LES ACTES DE HAINE DES JUIFS

Les juifs savent que, pour attaquer utilement un adversaire, il faut avoir la force à sa disposition : celle du nombre ou celle de l'or.

Le nombre, ils ne l'ont pas, du moins en France, puisque, sur 38 millions d'habitants, ils sont à peine 140.000,[110] contre 37 millions de catholiques.[111] Mais ils ont *l'or* : 80 milliards de fortune mobilière et immobilière, rien qu'en France.

Ajoutez les milliards possédés par les juifs du monde entier et qui sont, dans la mesure de la solidarité Talmudique, à l'entière disposition des coreligionnaires, par l'intermédiaire du tout puissant *Kahal*.

Et vous me direz si avec cela il est difficile « d'acheter des concours », pour peu qu'il s'en trouve à vendre ! (Voir plus haut la manière de corrompre un chrétien, un fonctionnaire, un empereur, etc.).

---

[110] La statistique publiée par le *Matin* donne 71.000 juifs ; mais ce journal subit trop évidemment l'influence juive pour être pris au sérieux. Nous gardons le chiffre plus impartial de M. Thiébaud, 140.000.

[111] Sous le nom de *catholiques*, répétons-le, nous comprenons même ceux dont la conduite ne répond pas à la foi, mais qui, s'ils n'affirment pas souvent cette foi, ne l'ont jamais reniée, pas plus que le baptême qui la leur a infusée ; c'est-à-dire, ceux qui gardent au moins les principaux signes extérieurs du catholique : la fidélité au baptême et la pratique religieuse dans les grandes circonstances de la vie, la première communion, le mariage et l'heure de la mort.

C'est ce qui est arrivé.[112]

LA TRIPLICE JUDÉO-MAÇONNICO-PROTESTANTE

Il y a en France, en dehors des catholiques et des juifs, 650.000 protestants, luthériens, ou calvinistes, ou huguenots de différentes sectes, et 25.000 catholiques renégats enrôlés dans la franc-maçonnerie ou la libre-pensée.

Le Juif les déteste tous également, les uns comme chrétiens, les autres comme non-juifs, tous comme Français. C'est le *Talmud* qui le veut. C'est le *Kahal* qui l'impose.

Cependant ces Français ont avec le juif un point de commun qui fait qu'il les tolère et même qu'il s'en sert.

Ils veulent tous l'anéantissement du catholicisme en France, même au prix de l'anéantissement de la France.[113]

Mais pour cette guerre de destruction, il faut le nerf de la guerre.

---

[112] On sait que M. Henri de Rothschild (époux de Mlle Wesweiller, juive allemande) a versé 250.000 francs au syndicat Dreyfus, de l'aveu même de son grand-oncle, Edmond de Rothschild.

[113] Nous en avons le clair aveu dans ce tableau comparatif des deux programmes officiels de la franc-maçonnerie et de la juiverie :

PROGRAMME MAÇONNIQUE

« Il y a trois assassins infâmes qui sont : la loi, la propriété, la religion. De ces trois ennemis infâmes, c'est la religion (en France *le catholicisme*) qui doit être le souci constant de nos attaques meurtrières, *parce qu'un peuple n'a jamais survécu à sa religion.* »
(Président du 33e degré (1860), par son fon dateur le rite écossais, fondé par les juifs Morin et Franken, d'après Mgr Meurin : *La Franc-Maçonnerie*, p. 333.)

PROGRAMME JUIF

« Une Jérusalem de nouvel ordre, saintement assise entre l'Orient et l'Occident, *doit se substituer* à la double cité des Césars (des *patries*) et des Papes (du *catholicisme*). »
Ce programme était formulé en 1861, à l'usage de l'*Alliance israélite universelle* qui venait de naître, fondée par le juif Crémieux, Grand Maître du rite écossais.

Les protestants et les francs-maçons ne l'ont pas. On ne remarque pas les fortunes protestantes.

Quant aux francs-maçons, leur sollicitude à promener « le tronc de la veuve » dans les rangs des FF∴ à chaque tenue de loge, démontre suffisamment leur indigence.

Comment faire ?

C'est là qu'intervien victorieusement le juif.

— « Vous n'avez pas d'or, dit-il, qu'à cela ne tienne ! En voilà !

« Et l'alliance a été scellée ! »

C'est la triplice judéo-maçonnico-protestante d'un million environ d'étrangers et de mauvais citoyens[114] contre trente-sept millions de catholiques français !

À ceux qui désirent les preuves de l'alliance, les voici dans les *aveux officiels* et dans les *faits* :[115]

LES AVEUX DU GRAND RABBIN ASTRUC

À l'occasion de la mort du juif Bérend, à Bruxelles, en 1866, le grand rabbin Astruc, qui présidait les funérailles, dit sur sa tombe :

« Bérend *a pu devenir libre-penseur en restant israélite…*

---

[114] Nous qualifions ainsi surtout les chefs, principaux responsables, et nullement ceux qui les suivent de bonne foi et font avec eux, sans le savoir, œuvre de *mauvais citoyens*.
[115] Cette thèse et la suivante de « *la prépondérance de l'élément juif sur les éléments protestant et maçonnique.* » sont pleinement confirmées par celle de M. Ernest Renault dans le *Péril protestant*, où l'auteur dévoile le plan suivant des ennemis de la France :
1° Le démembrement des États trop livrés à l'influence catholique ;
2° La domination des États protestants sur les États catholiques ;
3° La domination suprême des juifs sur les États protestants.

Voilà pourquoi la *franc-maçonnerie et aussi la libre-pensée ont pu intervenir sans aucun obstacle à côté du judaïsme*, sur le tombeau d'un frère, d'un ami, d'un coreligionnaire que *tous, israélites, francs-maçons et libres-penseurs, regrettent également.* »

Ils le regrettent tous également, parce qu'il servait également des haines et des intérêts qui sont, en effet, communs à tous.

Et quand il y a communauté de haine et d'intérêts, il y a toujours communauté d'efforts pour les faire prévaloir, c'est-à-dire : *alliance*.

Et voilà pourquoi « la franc-maçonnerie et aussi la libre-pensée ont pu intervenir, *sans aucun obstacle*, à côté du judaïsme sur le tombeau » du juif Bérend.

Mais nous avons des aveux plus contemporains.

Les aveux du grand rabbin Isidor

Le. Comité de l'École professionnelle israélite[116] donnait, 27 décembre 1879, sa distribution de prix dans la salle des fêtes du Grand-Orient, 16, rue Cadet.

---

[116] Directeur : Reblaud, 4 *bis*, rue des Rosiers.
Membres honoraires : Les grands rabbins de France et de Paris, MM. Alphonse et Gustave de Rothschild, Cohn Léon, trésorier payeur général à Mézières ; Hendlé, préfet de la Seine-Inférieure ; Javal, ancien député ; Manuel, inspecteur général de l'Instruction publique.
Ce Manuel est le même qui envoyait, en mars dernier, à tous les instituteurs de France et de Navarre une circulaire où on lisait :
« *Je descends de ces malheureux que l'on dépouillait, que l'on pourchassait, que l'on brûlait vifs au moyen âge !* » allez la musique !...
Il signalait ensuite, dans les antisémites, « les ennemis de la liberté de conscience » et dans l'antisémitisme, « le réveil des passions religieuses ».
Sa conclusion sous-entendue était celle-ci :
« Faites bon accueil au manuel du conférencier intitulé : « L'affaire Dreyfus », qui vient de vous être envoyé par la *Ligue des droits de l'homme et du citoyen*, sous le patronage de la *Ligue de l'Enseignement* et de *la Société pour l'Instruction élémentaire*, toutes deux protégées par le gouvernement franc-maçon. »

Or, le grand rabbin Isidor, prédécesseur de M. Zadoc-Kahn, y prononça l'allocution suivante, reproduite dans le *Bulletin du Grand-Orient* (janvier 1880), sur le rapport du F∴ Dalsace et le vote du Conseil du Gr∴ O∴

Le voici sans commentaires, d'après un correspondant du *Moniteur universel*, 22 mars 1899 :

« Écoutez, mes amis, il y a dans cette .réunion une coïncidence qui me frappe et que je tiens à vous communiquer :

« Savez-vous où vous êtes, où nous sommes ?

« Nous sommes dans les salons des francs-maçons. *Ils ont bien voulu les mettre à notre disposition.* Je leur envoie l'expression de ma gratitude.

« Les francs-maçons ! que n'a-t-on pas dit contre eux ? On les a appelés les perturbateurs du repos public, des impies, des athées ! Je ne sais quoi encore !

« On les a abreuvés de misère ! On les a calomniés, persécutés !

« On a essayé de les chasser, de les exterminer *comme nous !*

« Mais ils sont là debout, *comme nous !*

« Ce ne sont, vous le savez, ni des rebelles, ni des athées. J'en connais beaucoup ; il y en a même parmi nous dans cette réunion et je vous affirme que ce sont *des gens de cœur et d'honneur.*

« Ils prêchent, comme nous, *la tolérance et la charité ;* ils prêchent, *comme nous, la fraternité, le travail, la solidarité humaine*, et voilà

Drumont a flétri comme il convenait (1er avril 1899) cet « *Embauchage officiel des Instituteurs* ».

pourquoi nous vivons *les uns et les autres* et voilà pourquoi nous vivons envers et contre tout. »

Ainsi parla le grand rabbin Isidor.[117]

Il est vrai qu'au discours de clôture du Convent de 1881, le F∴ Bénat sembla démentir le grand rabbin :

Les temples catholiques ou *protestants*, ou *israélites* des religions, dit-il, mais c'est contre eux précisément, *c'est contre l'œuvre sacerdotale de tous les temps et de tous les pays que la franc-maçonnerie s'est fondée. (Compte rendu officiel.)*

Mais on verra bientôt que ce démenti était pour la frime.

Notons pour l'instant l'erreur grossière du F∴ Bénat qui appelle « *œuvres sacerdotales* », deux religions qui *n'ont pas de sacerdoce*.

LES AVEUX DU F∴ YVES GUYOT

Ce membre influent du syndicat dreyfusard écrivait dans le *Siècle* du 29 mai 1897 :

---

[117] Le grand rabbin Zadoc-Kahn professe exactement les idées du grand rabbin Isidor, sur la tombe duquel il s'écriait, le 27 septembre 1895 :
« Le lendemain du jour (16 septembre 1888) où nous avons eu la douleur de recueillir son dernier soupir, nous avons essayé de payer un légitime tribut d'hommage à la belle existence qui venait de se clore.
« *Nous avons pris alors l'engagement solennel de suivre son exemple, de nous inspirer de son esprit*. Aujourd'hui (dimanche 27 septembre 1895), grâce à Dieu, après les sept années qui ont passé sur sa dépouille mortelle, *nous croyons avoir le droit de nous rendre le témoignage que nous avons tenu parole*.
« *Les doctrines qu'il a prêchées, nous les prêchons ; les idées qui lui étaient chères, elles nous sont chères*. » Voilà toute l'explication des sympathies actuelles du Grande Orient pour le grand rabbin, nous voulons dire : de leur alliance.

« *Les francs-maçons ayant les mêmes ennemis que les israélites, on ne comprend guère une tactique* qui les met à la merci de leurs adversaires, *au lieu de les unir contre ceux-ci.* »

Et le f∴ Yves Guyot comprenant, lui, que la véritable tactique est celle de l'union avec les juifs, s'est empressé d'entrer dans le syndicat de trahison comme on entre dans sa famille. Accueilli à bras ouverts !

Après les aveux maçonniques, voici ceux d'une feuille juive :

Les aveux de l'« Univers israélite »

Nous les trouvons dans les appels enthousiastes adressés à diverses reprises, par ce journal, au nom des juifs *Talmud*istes dont il est l'organe, à la coalition tout entière.

« *À nous les juifs, les protestants, les francs-maçons, de nous serrer les coudes* », s'écriait-il en janvier 1898.

Puis, apprenant qu'en juin de la même année, on avait poussé, en pleine Chambre, le cri de :

« À bas les juifs ! » après avoir donné libre cours à sa « *légitime* » indignation, il renouvelait son appel « à la solidarité des juifs, à l'esprit de justice et de liberté *des Français, que n'a pas contaminés le souffle empoisonné des haines sauvages, pour s'opposer à la réouverture des guerres de religion* » ...

Ceux « que n'a pas contaminés le souffle empoisonné des haines sauvages » sont naturellement le petit million de juifs, de protestants, de francs-maçons du syndicat anticatholique.

Quant aux autres — les 37 millions de catholiques — ils sont tous contaminés ! ... naturellement !

Les aveux de la « Lanterne » juive

Ce journal, où règne le juif Péreire, dirigé autrefois par le juif Mayer (parti avec la caisse), aujourd'hui par le fils de juive Millerand, publiait, en son éditorial du 17 septembre 1897, les lignes significatives suivantes :

« *Le terrain anticlérical* (lisez : anticatholique) *est peut-être le seul sur lequel puissent aujourd'hui se trouver d'accord tous les républicains*, depuis le parti progressiste jusqu'aux groupes socialistes (lisez : tous les républicains de la république judéo-maçonnico-protestante).

« Mais ce terrain, heureusement, est moins mouvant et plus solide encore que ne se l'imaginent nos adversaires.

« À la première occasion, *ils en pourront faire l'expérience.* »

L'expérience est faite depuis longtemps ; nous savons à quoi nous en tenir sur la parfaite entente des membres de la triplice anticatholique.

Et nous n'avions nul besoin d'une « première occasion » — qui est l'affaire Dreyfus — pour la constater une fois de plus.

Ne pas oublier que la *Lanterne* est le journal officiel populaire de la franc-maçonnerie en France et se rédige, à cette fin, 18, rue Richer, à deux pas du Gr∴, O∴ 16, rue Cadet.[118]

Mais voici des aveux plus officiels encore, ceux du Grand-Orient lui-même.

---

[118] Le caractère nettement dreyfusard des deux principaux organes du protestantisme en France, le *Temps* et le *Signal*, démontrerait suffisamment l'alliance de cette secte avec les deux autres, quand même « le juif Salomon Reinach n'aurait pas payé 1,000 francs le privilège d'être *membre fondateur et abonné perpétuel* de l'organe protestant le *Signal*, du pasteur Chastang. » *(Croix, 25 mars.)*

Les aveux du Grand-Orient

Le Grand-Orient, que rien n'obligeait .à intervenir dans l'affaire Dreyfus, puisque c'est uniquement une affaire patriotique et que le patriotisme ne regarde nullement une société cosmopolite, a tenu à prendre position — nous l'en remercions — par les déclarations suivantes au grand Convent de septembre 1898 :

« Les francs-maçons du Grand-Orient de France représentés par les membres de l'Assemblée générale de 1898...

« Fidèles aux principes de la Révolution qui a proclamé l'égalité des hommes devant la loi, *quelle que soit leur race, quelle que soit leur croyance philosophique ou religieuse*, et promis à tous les garanties d'une égale justice...

« Signalent le complot qui s'est noué *contre la légalité* et qui fait ouvertement appel à la force[119] contre les défenseurs du droit, dénoncent comme artisans du complot les cléricaux et les césariens... »

Relevons le pharisaïsme avec lequel la franc-maçonnerie confond le « droit » avec « la légalité » et reproche aux *Français* « les cléricaux et les césariens » de faire à Dreyfus une guerre « de race » et de « religion », lorsqu'ils lui font la guerre uniquement *parce qu'il est traître.*

C'est l'éternel argument d'Israël qui revient à tout instant comme un refrain d'orgue de barbarie : « Vous êtes un clérical ».

Mais ce retour du refrain de leur commune chanson qui « berce » cette fois, non pas « la misère », mais la bêtise « humaine », est, lui

---

[119] Les membres du congrès des loges parisiennes, tenu en 1894, émirent le vœu que « toutes les loges... s'organisent afin *d'opposer la force aux manifestations des cléricaux).*
En 1898, ils reprochent aux cléricaux de faire « appel à la force ! » Farceurs !...

aussi, une preuve de la communauté de leurs idées et des armes déloyales qu'ils emploient pour les faire prévaloir, c'est-à-dire de leur étroite alliance.

Cependant il y a une preuve encore plus éclatante et plus récente que tout cela dans

Les aveux du F∴ Brisson, président du conseil

On connaît les arguments par lesquels M. Brisson a emporté de vive force, au conseil des ministres, le vote qui devait amener devant la Cour de cassation la révision du procès Dreyfus.

Les voici, sans les larmes authentiques, bien entendu, qui les ont copieusement arrosés ! Nous ajoutons les sous-titres :

« Juifs, protestants et francs-maçons forment l'ossature du parti républicain »

« Le pays est, dans son immense majorité, républicain.

« Mais, si je puis m'exprimer ainsi : l'ossature du parti républicain, depuis 1870, a été constituée par les israélites, les protestants et les francs-maçons.

« C'est *avec eux* que les républicains ont combattu sous l'Empire, *avec eux* que nous avons vaincu au 16 mai et au 24 mai, *avec eux* que nous avons accompli les réformes républicaines (lois intangibles contre les *cléricaux*, c'est-à-dire, au sens maçonnique du mot : *les Français*).

« Ils constituent les membres les plus autorisés et les plus influents du parti républicain. »

« ILS VEULENT TOUS LA RÉVISION »

Or, je suis frappé de voir qu'*Israélites, protestants et francs-maçons ont toujours été acquis à la révision du procès Dreyfus et je sais que, pour y arriver, ils sont décidés à se porter aux pires extrémités.* »

« IL FAUT LA LEUR ACCORDER »

« *Est-il possible d'agir contre eux, de leur intenter des poursuites ?*

« *Ce serait le parti républicain se suicidant lui-même.*

« À mes yeux, une transaction est nécessaire et, cette *transaction ne peut être obtenue qu'en transmettant le dossier à la Cour de cassation.* »[120]

Et voilà comment le franc-maçon protestant Brisson, pour complaire à la minorité factieuse d'un petit million d'étrangers et de mauvais Français, leur a sacrifié les droits de trente-sept millions de bons Français, c'est-à-dire de la France elle-même.

Qu'on nie maintenant l'alliance étroite des juifs, des protestants et des francs-maçons ! Qu'on nie surtout leur influence prépondérante sur les destinées de la France, au moins depuis 1870, suivant les aveux du f∴ Brisson !

On n'osera pas ! Surtout si nous ajoutons que les *alliés* ont un état-major qui les couronne et les relie, que cet état-major a un quartier général, au cœur même de Paris, dans *le IXe arrondissement* !

---

[120] Il a eu le cynisme de l'avouer à la tribune, en séance du 19 décembre 1898 :
« M. Cavaignac, dit-il, vint annoncer à ses collègues le faux Henry ; *et dès ce moment, j'ai pris vis-à-vis de moi-même l'engagement de faire la révision.* »
Cavaignac a riposté : « Oui, mais *après avoir refusé de prendre connaissance des pièces à conviction du dossier secret.* »
Et M. Brisson n'a pas répliqué !...

Le IXe arrondissement quartier général de la Triplice

Passons-y la revue.

Au *premier* corps (israélite), nous trouvons :

L'Alliance israélite universelle, siège central, 35, rue de Trévise, quartier faubourg Montmartre, IXe *arrondissement* ;

2. Le *Consistoire central du culte israélite en France* (Grand rabbin, Zadoc-Kahn ; président, Alphonse de Rothschild), siégeant au domicile particulier de M. le Grand rabbin, immeuble de la ville de Paris, 17, rue Saint-Georges, quartier Saint-Georges, IXe *arrondissement* ;

C'est à ces deux adresses qu'affluent, du monde entier, les millions pour le syndicat, exigés par le *Kahal*.

Au *deuxième* corps (maçonnique), nous trouvons :

Le *Grand-Orient de France*, 16, rue Cadet, quartier faubourg Montmartre, IXe *arrondissement*.

Le journal officiel du Grand-Orient (propriété des juifs Péreire), *La Lanterne*, 18, rue Richer, quartier faubourg Montmartre, IXe *arrondissement*.

Au *troisième* corps (protestant), nous trouvons :

Une Œuvre de jeunesse protestante, rue de Trévise, près de *l'Alliance israélite universelle*, quartier faubourg Montmartre, IXe *arrondissement*.

Le *Journal des missions évangéliques* et le *Petit Messager des missions évangéliques*, dirigés et rédigés par le pasteur Bœgner, 9, rue Laffitte, près de la banque Rothschild, quartier Chaussée-d'Antin, IXe *arrondissement*.

Notez que quatre phalanges de cette armée logent dans la même caserne, nous voulons dire le même quartier : *Faubourg Montmartre*.

Ce sont : 1° l'*Alliance israélite*, 2° le *Grand-Orient*, 3° La *Lanterne*, 4° l'*Œuvre de jeunesse protestante*. Se peut-il alliance plus intime ?

Le *juif* Strauss, député de l'arrondissement, couronne le tout, comme de juste, puisqu'il symbolise l'unité *juive* de commandement.

Lequel, en effet, des trois partis domine les ·•deux autres, lequel dirige les opérations de guerre contre l'ennemi commun, le catholique français ?

C'est le juif !

Le juif généralissime de la Triplice

C'est lui qui a scellé l'alliance et tracé le plan de bataille. C'est donc lui qui doit être généralissime.

Il y a d'autres raisons :

La haine du juif est plus intense que celle du protestant ou du franc-maçon.

Dans le catholique français, le protestant et le franc-maçon détestent le *catholique*, mais on ne peut dire qu'ils détestent positivement *le Français* comme tel.

Le juif, au contraire, déteste également le *catholique* et le *Français*, le catholique maudit par son *Talmud*, le Français qui détient la parcelle de terre que, dans son rêve religieux de domination universelle, il croit lui appartenir.

Sa haine est donc plus intense que celle du protestant ou du franc-maçon.

Sa puissance est également plus grande, car il a la puissance aujourd'hui prépondérante de l'or, que ne possèdent au même degré ni l'un, ni l'autre de ses alliés.[121]

Haine plus intense, puissance plus grande, voilà des titres qui le désignent suffisamment aux fonctions de généralissime.

Il l'est, en effet.[122] En voici les preuves matérielles :

---

[121] Il faut qu'elle soit bien prépondérante cette puissance, pour avoir permis au syndicat Dreyfus de consacrer 37 *millions*, a dit M. Judet le 25 octobre, à la réhabilitation du traître ! D'où vient l'argent ?
Des juifs du monde entier qui font, sur tous les points du globe, des collectes comme celle de la juiverie allemande à Strasbourg dont un témoin écrivait (février 1898) à la *Franche-Comté* :
« Depuis quelque temps, les quêtes sont faites chez tous les israélites, en faveur de Dreyfus... *tous donnent suivant leurs moyens :* ils *redonnent* même à de nouvelles sollicitations, pourvu qu'elles soient justifiées par des raisons comme la suivante, dont je certifie l'authenticité : *« Cette affaire engloutit des sommes énormes. On a dépensé jusqu'à présent au moins dix millions. »*
Le correspondant parisien du *Magyar Ussag*, journal officieux du ministère hongrois, rédigé par *des juifs*, disait presque identiquement (septembre 1898) :
« *Les juifs ont dépensé pour la propagande révisionniste et pour Dreyfus des sommes fabuleuses* (Unsummen). » C'était, en février, « *dix millions* ».
En octobre, c'était 37 millions !... soit 27 millions en 9 mois, soit trois millions par mois ! Combien de millions depuis ? Le calcul est facile !...
Nous avons appris, depuis, par un agent de change que : « Les offrandes de la juiverie du monde entier, centralisées chez M. Z. qui en fait la distribution au nom de M. R. dont il est trésorier (pour ses œuvres de bienfaisance), équivalent à *trois millions par mois* environ. »
« Soit, en février 1899 : *à cinquante-quatre millions !* »
Pour savoir comment ces millions s'obtiennent, voir page 119 et suivantes, les Ordonnances du *Kahal*, concernant les impôts nouveaux.

LE JUIF CRÉMIEUX GÉNÉRALISSIME

On dit et on répète un peu partout que c'est la franc-maçonnerie qui a fait la Révolution de 1848.

Ce qu'on oublie d'ajouter, c'est qu'à ce moment-là *le juif Crémieux était Président du Grand Orient de France* et donnait à ce titre l'impulsion effective au mouvement révolutionnaire, que *le milliardaire James Rothschild figurait comme 33e dans l'annuaire maçonnique de Pinon*[123] et donnait, lui, l'impulsion pécuniaire.

C'était le ministre des finances du généralissime ![124] Crémieux était généralissime en 1848.

Il l'était également, au moment de nos désastres en 1870, bien qu'il se dissimulât au second plan.

C'est comme tel qu'il s'installait, sans mandat aucun, au, Gouvernement provisoire et s'abritait derrière le f∴ Gambetta, pour publier, presque à son insu, ce néfaste décret de naturalisation des juifs, dont l'Algérie se meurt.[125]

Décret nul de plein droit, puisqu'*il ne porte que 4 signatures sur 8 exigées pour constituer la majorité d'un gouvernement de 14 membres ;*

---

[122] « C'est lui (le juif) qui inspire la secte, *lui qui la dirige* et qui, par elle, révolutionne le monde depuis un. siècle. » (Claudio Jannet, *Les précurseurs de la franc-maçonnerie.*)

[123] Cité par M. Rouyer, *Question judéo-maçonnique*, p. 85.

[124] Cette fonction, sans doute, est héréditaire dans la famille, puisque M. Henri de Rothschild (époux d'une juive allemande) a versé 250,000 francs au syndicat de trahison, d'après son grand-oncle, M. Edmond de Rothschild, lui-même.

[125] Aux délégués algériens protestataires contre le décret Crémieux, présentés par M. Glais-Bizoin à Gambetta, au palais archiépiscopal de Tours, le 23 octobre 1870, celui-ci répondit :
« Que voulez-vous ? J'ai d'autres préoccupations que l'Algérie, en ce moment, *arrangez-vous avec Crémieux.* » (Henri Pujade dans une lettre à un ami, datée d'Alger, le 14 février 1898.)
Que penser de cet homme, ami *du juif Crémieux*, si l'on songe, en outre, qu'il a *fait la fortune politique du juif Beinach ?*

que sur ces 4 signatures, 2 *sont niées*, avec preuves à l'appui ; qu'enfin, *il est impossible même d'en retrouver le texte.*

Mais un généralissime n'y regarde pas de si près... Parlons maintenant de :

L'Alliance israélite universelle

C'est l'œuvre par excellence, où son fondateur (en 1860) Crémieux se survit comme généralissime.

Son but est « d'édifier Jérusalem sur les trônes des Papes et des Empereurs », affirme le juif Disraëli. (*Coningsby*, p. 183).

Plus simplement, il consiste, en ces deux points : 1° Établir la république universelle ; 2° Placer cette république sous la domination des juifs.

C'est dans ce but que *l'Alliance* a fondé chez nous la république en 1870 et projette en ce moment la fondation de la république italienne et de la république espagnole.

Mais tout cela s'exécute, bien entendu, sous la haute et infaillible direction du *Kahal* central, 17, rue Saint-Georges (ou 44, rue de la Victoire).

Pour la rapidité de transmission de ses ordres souverains et de leur exécution, dans le monde entier, par *l'Alliance*, celle-ci a établi son siège central, 35, rue de Trévise, deuxième étage, à deux pas du *Kahal* et de son estafette pour la France, la *Lanterne*, et de son fidèle allié, le *Grand-Orient*. Réunion des chefs de *l'Alliance* : 3 fois par mois, sous la présidence de M. Goldschmidt (6, Rond-point des Champs-Élysées.)

C'est au *Kahal* que s'inspirent et c'est de *l'Alliance* que partent des mots d'ordre comme le suivant, où les juifs démasqueraient complètement leurs batteries, si ce n'était déjà fait.

C'est un appel aux juifs polonais, novembre 1898, ainsi conçu :

« Frères et coreligionnaires !

« Il faut que ce pays (la Galicie) *devienne notre royaume.*

« *Faites en sorte de chasser peu à peu les chrétiens de toutes leurs positions et de concentrer en vos mains tous les facteurs de la puissance sociale* (die gemmasat macht).

« Tout ce qui est aux chrétiens *doit devenir votre propriété.*

« *L'Alliance israélite universelle* vous fournira les ressources nécessaires. On a déjà mis en train de grands appels de fonds qui réussissent au-delà de toute espérance.

« Pour *réaliser le plan d'arracher définitivement la Galicie aux chrétiens, tous nos grands et nos riches* ont déjà souscrit des sommes considérables.

« Le baron, Hirsch donnera (hélas ! Le baron et la baronne sont morts, quelle perte !) Et les *Rothschild*, les *Bleichroeder*, les *Mendelssohn* et les autres. « Frères et coreligionnaires, *faites tous vos efforts* « *pour arriver au but que nous vous proposons.* » C'est le même but qu'ils poursuivent dans « l'affaire ».

La trahison de Dreyfus ayant réveillé le patriotisme et le patriotisme déconcertant tous ses projets de domination universelle, *l'Alliance israélite* s'efforce de l'étouffer sous les millions, du moins de l'intimider par les menaces de « chambardement ».

Rien de curieux comme la méthode employée par elle pour percevoir de l'argent dans le monde entier.

Écoutez ce dialogue authentique entre le comte polonais de x. et son fermier juif ; il sent son *Kahal* d'une lieue !

« Le rabbin, dit-il, m'a frappé d'un impôt de 25 roubles (100 francs) !

« Pourquoi, demandai-je ?

« C'est un impôt extraordinaire levé sur les juifs du monde entier pour subvenir aux frais de la campagne en faveur de Dreyfus.

« *Moi je suis taxé de 25 roubles, mais chaque juif est frappé d'une contribution proportionnelle à ses ressources.*

Beaucoup de juifs auraient voulu se soustraire à cette *taille* onéreuse.

Malheureusement c'était impossible : Celui qui aurait refusé de payer aurait encouru les dernières rigueurs du *Kahal*. » (*L'Excommunication*, voir p. 31).

Le comte X. a ajouté qu'à Vilna, capitale de la Lithuanie, il y a 140.000 juifs sur 160.000 habitants Qu'on juge si l'impôt extraordinaire a dû être fructueux ! (Interview de M. de Boisandré, voir *Préface*).

Il y a d'autres méthodes que l'impôt direct : la *loterie Picquart*, par exemple, dont « chaque buraliste d'Amsterdam offre un billet à ses clients, pour 25 centimes » ; la quête, chaque samedi, dans tous les *ghettos* de l'Europe en faveur du frère *proscrit ;* les contributions *volontaires* des riches, etc.

Voilà quelques-uns des trucs de l'*Alliance israélite universelle*.

But avoué : « *Prêter un secours efficace à ceux qui souffrent pour leur qualité d'israélite.* »

Adhérents : 28.000, parmi lesquels MM. Zadoc-Kahn et Reinach.

Cotisations : 6 francs par an (minimum).

Budget : 1 million (c'est le budget *officiel* ; le budget réel est illimité, à cause des impôts extraordinaires votés arbitrairement par le *Kahal*).

Président : S. H. Goldschmidt, 6, Rond-point des Champs-Élysées ; Paris.

Trésorier général : P. M. Oppenheim, 11, rue Taitbout ; Paris.

Dans le feu de « l'affaire », *l'Alliance* a constaté avec stupeur les vides faits dans les rangs du Comité central.

Les onze membres suivants manquaient à l'appel :

Joseph DEREMBURG (*Paris*), mort.

Édouard KAHN (*Paris*), mort.

Baron de HIRSCH (*Paris*), mort.

G. WOLF (*Paris*), démissionnaire.

Israël COSTA (*Livourne*), mort.

BAMBURGER (*Kœnigsberg*), mort.

A. DANIELS (*Amsterdam*), démissionnaire.

Sir Julien GOLDSMID (*Londres*), mort.

Deutsch de Varan (*Budapest*), mort.

Benjamin Luria (*Hambourg*), mort.

Joseph Pelles (*Munich*), mort.

Nous avons souligné les membres étrangers.

Mais il fallait, aller vite sur le champ de bataille. A la guerre comme à la guerre ! Le *Kahal* n'a pas hésité.

C'est le comité qui a fait l'élection, en mars dernier, et, au lieu de onze membres, il en a nommé *quatorze* que voici :

Nous soulignons les étrangers comme ci-dessus :

Alfred Bechmann, banquier, à *Paris*.

Dreyfus-Brisac, à *Paris*.

Xavier Léon, directeur de la *Revue de Métaphysique*, à *Paris*.

Sylvain Lévi, professeur au Collège de France, à *Paris*.

Camille Lyon, conseiller municipal, à *Paris*.

Joseph Deutsch de Hatvan, président du *Comité de l'Alliance*, à *Budapest*.

Isaac Fernandez, président du *Comité de l'Alliance*, à *Constantinople*.

M.-H. Goldschmidt, banquier à *Stuttgart*.

M.TY. Hinrichsen, président du *Comité de l'Alliance*, à *Hambourg*.

Claude MONTEFIORE, président de l' « *Anglo-Jewish Association* », à *Londres*.

Vittorio de ROSSI, avocat, à *Livourne*.

SAMUEL, président de la Communauté juive de *Kœnigsberg*.

Alexandre SIMON, banquier, à *Hanovre*.

WERNER, rabbin, à *Munich*.

Avec une pareille organisation et de pareils moyens, il n'est pas difficile de comprendre ce qu'écrivait la *Libre Parole* (22 mars 1899) : « L'or afflue de Galicie, de Hongrie, d'Allemagne, de Cracovie et spécialement de Mayence, d'Amsterdam, de Londres, d'Odessa et de Genève ».

Parbleu Tous ces cosmopolites de *l'Alliance* sont les percepteurs attitrés des impôts votés par le *Kahal* central !

Voilà l'œuvre de Crémieux, l'œuvre qu'il a qualifiée d' « institution la plus belle et la plus féconde des temps modernes » et où il se survit à juste titre comme généralissime, depuis le 10 février 1880, jour de sa mort.

Néanmoins il a eu un successeur effectif. C'est le juif Adriano Lemmi (pour la galerie).

LE JUIF ADRIANO LEMMI GÉNÉRALISSIME

Cet escroc, successeur improvisé de Mazzini, le 11 mars 1872, au Pontificat suprême de la maçonnerie universelle, ne pouvait décemment soumettre à un pouvoir de fondation récente.[126]

---

[126] Il datait de 1870.

Crémieux qui l'avait exercé en fait, et avec éclat, depuis près de cinquante ans, après en avoir gravi tous les échelons comme :

— Avocat, député, sénateur, ministre de la justice ;

— Membre du gouvernement provisoire de 1848 ;

— Fondateur de l'*Alliance israélite universelle* en 1860 ;

— Membre du gouvernement de la *Défense nationale* en 1870 ;

— Vice-président du *Consistoire central des Israélites de France* (Alphonse de Rothschild, 2, rue Saint-Florentin, est président) ;

— Grand Maître de la Franc-Maçonnerie du rite écossais.

Devant de pareils titres Lemmi comprit qu'il devait s'effacer, laisser la scène à Crémieux, se tenir lui-même dans la coulisse.

Mais Crémieux disparu, Lemmi devait apparaître ! C'est ce qui est arrivé !

Voilà comment ce juif pervers est, depuis le 18 février 1880, le généralissime *officiel* de la triplice judéo-maçonnico-protestante.

Nous disons *officiel*, car il y a un autre généralissime qui, pour n'être pas officiel, n'en est pas moins effectif.

Mazzini écrivait de Londres le 22 janvier, à Albert Pike, Président au suprême Conseil de Charleston :
« *Créons un rite suprême* qui restera inconnu et dans lequel nous appellerons les hauts maçons de notre choix en leur imposant le plus rigoureux secret vis-à-vis de leurs autres frères des rites ordinaires.
« *Par ce rite suprême, nous gouvernerons toute la franc-maçonnerie* ; en lui sera le centre unique, universel, d'autant plus puissant pour la direction qu'il sera plus ignoré. »
Le rite suprême fut créé le 20 septembre 1870, jour de l'entrée de Cadorna à Rome. Pike eut l'autorité suprême *dogmatique*, Mazzini l'autorité suprême *exécutive*.
Mazzini mourut le 11 mars 1872, en désignant Lemmi pour lui succéder. Mais Crémieux vivait encore !

Ce qui nous oblige ici à bien définir le rôle de Lemmi.

Crémieux, juif de race, était un véritable généralissime, agissant par lui-même, quoique sous la haute direction du président du *Kahal*, M. de Rothschild.

Lemmi au contraire, juif de contrebande — il est né catholique italien — n'est qu'un généralissime de parade, destiné surtout à servir de trait d'union entre le juif et le maçon, étant lui-même l'un et l'autre.

Tandis que M. de Rothschild demeure le généralissime effectif qui commande à l'un et à l'autre !

Lemmi envoie le mot d'ordre aux loges du monde entier, mais c'est Rothschild, Président du

Consistoire central des Israélites de France (du *Kahal*), qui a tracé le plan et qui l'exécute !

Lemmi enjoint au Grand-Orient de soutenir l'innocence de Dreyfus ! (Voir « Les aveux du Grand-Orient. »)

Mais Rothschild, *membre influent de l'Alliance israélite universelle* (Régent de la Banque de France, Roi de toutes les Bourses des valeurs ou des voleurs), recueille les millions destinés à faire prévaloir cette « innocence » ; Rothschild, président du *Consistoire central*, charge, au moins *officieusement*, Zadoc-Kahn son subordonné de faire la distribution des fonds. (Voir la note «— N'en serait-il pas lui-même le trésorier ?»)

À Lemmi l'influence fugitive du panache ; à Rothschild « cette force mystérieuse de la finance à laquelle on ne résiste pas, même quand on est Napoléon Ier», dit un jour M. Léon Say, à la tribune.

Mais le panache ne peut rien sans l'or, l'or peut tout sans le panache ; de même Lemmi ne peut rien sans Rothschild, Rothschild peut tout sans Lemmi, même et surtout le culbuter de son trône éphémère quand il lui plaira !

Un coup de téléphone à Londres, à Vienne, à Berlin et Lemmi s'effondre avec sa rente et sa monarchie italiennes !

Mais il ne plaît pas, pour l'instant, à Rothschild de renverser Lemmi, parce que Lemmi fait trop bien les affaires de Rothschild.

Rothschild rêve d'une *République universelle* dont, il sera Roi, comme il est Roi, déjà, de la République juive, dite française, fondée avec le concours tout-puissant du juif Crémieux, du petit-fils de juif, Gambetta, dont le grand-père était le juif wurtembergeois Gamberlé.

Or, il se trouve que ce rêve est précisément celui de Lemmi ; c'est même à cette intention qu'il s'est fait juif, pour n'avoir pas à changer, quand le rêve de Rothschild et le sien seront réalisés.

Nous devions ces éclaircissements sur deux rôles en apparence contradictoires, en réalité se complétant l'un l'autre comme le rôle décoratif complète le rôle effectif.

On voit qu'entre ces deux généralissimes, il n'y a d'autre différence que celle qui distingue le maître du valet.[127]

À l'abri de ces explications, parlons du généralissime Lemmi.

C'est comme généralissime qu'il a envoyé, le 21 novembre 1894, aux loges de France une circulaire où nous lisons :

---

[127] On verra dans le plan ci-dessous (pages 186-87), de la résidence du Maître ou généralissime effectif, dans le 8e arrondissement, que sa dynastie rayonne autour du Palais de l'Élysée comme le Pouvoir *exécutif* autour du Pouvoir *représentatif* (section française).

« Les éternels adversaires de la raison et du progrès... veulent glorifier une fille *hystérique*[128] dont l'existence fut une fourberie bigote et vicieuse et l'imposer à l'admiration universelle...

« Depuis quelque temps, des Français chauvins se servaient du nom de cette fille comme d'une bannière...

« Nous invitons les parfaits initiés de France... à réagir contre l'agitation des prêtres sous le nom de cette Jeanne d'Arc.

« *Il faut paralyser ce mouvement par tous les moyens...*

« *Donnez le mot d'ordre partout* et montrez que s'associer à l'exaltation de cette Jeanne d'Arc, sous-prétexte de patriotisme, ce serait tomber dans le *piège clérical (la vieille chanson qui revient)...* Nous datons cette voûte encyclique du jour anniversaire de l'initiation de l'immortel Voltaire... « Opposons Voltaire à Jeanne d'Arc....

« Écrit et donné en solennelle voûte et signé avec le calame... le 1er jour de la lune de Nisan,[129] 17e jour du 2e mois de l'an *000.894* de la Vraie lumière. »

« Donnez le mot d'ordre partout », a dit le généralissime juif *italien* en 1894. Nous allons voir si le mot d'ordre a été donné et suivi.[130]

---

[128] Le juif Bernheim dit « hallucinée ». (Voir «Comment le juif Bernheim juge Bernadette et Jeanne d'Arc», page 88).
[129] Suivant le calendrier juif, adopté par la franc-maçonnerie, preuve de l'ancienneté de l'alliance.
[130] La même année 1894, les loges parisiennes avaient émis le vœu, en congrès, que :
« *Il ne soit institué aucune fête nationale autre que celle du 14 juillet.* »
Afin de ponctuer leur obéissance aux ordres du généralissime, elles le reprirent au congrès de 1896 et « *le soumirent à toutes les LL∴ SS∴ pour que semblable résolution soit votée chez elles.* »

Résidence des Rothschild

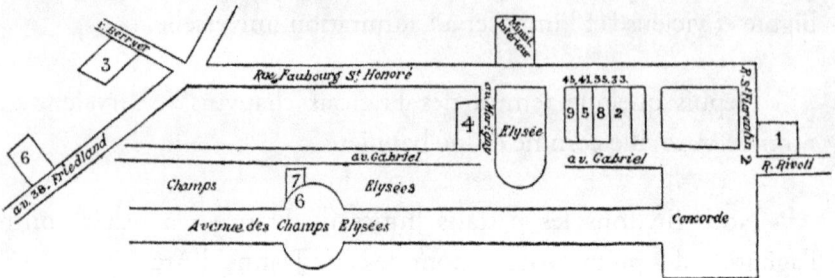

Voici la légende :

1. *Alphonse* de Rothschild, chef de la maison, habite, 2, rue Saint-Florentin, l'ancien palais de Talleyrand-Périgord.
2. *Nathaniel* (mort), sa veuve, mère d'Edouard (mort), grand'mère d'Henri, habite le magnifique hôtel du 33, rue du faubourg Saint-Honoré, avec bois d'agrément sur l'Avenue Gabriel.
3. *Salomon* (mort), sa veuve habite 11, rue Berryer, hôtel avec jardin pour l'agrandissement duquel elle a fait raser la maison de Balzac.

Elles ajoutèrent : « Mais cela ne saurait suffire. Devant la mobilisation des forces cléricales, il faut mobiliser les nôtres et empêcher à tout prix les manifestations de la rue...
Il semble donc aux loges parisiennes que *toutes les loges, que tous les francs-maçons doivent s'aboucher immédiatement avec toutes les sociétés républicaines pour leur demander non seulement de se livrer à une propagande énergique pour combattre par la parole et par la plume le mouvement clérical et la fête de Jeanne d'Arc*, mais encore pour *s'organiser* afin *d'opposer la force* aux manifestations des *cléricaux*.
« Nous sommes le nombre (1er mensonge), nous avons le peuple avec nous (2e mensonge)...
« Finissons-en avec la Jeanne d'Arc des cléricaux.
« Pas de fête de Jeanne d'Arc.
« Vive le 14 juillet, seule fête nationale ! »
Voilà le *factum* que les loges parisiennes adressèrent à toutes les loges de France, au nom du généralissime Lemmi, en 1896, pour empêcher la fête de Jeanne d'Arc.,
Elles se sont réunies le 13 mars 1899, mais cette fois sans doute pour faire « éclater l'innocence du traître Dreyfus », toujours *par ordre* de Lemmi, agissant lui-même par ordre du *Kahal* !

4. *Gustave* habite l'hôtel princier du 23, avenue Marigny, vrai pendant de l'Élysée, avec lequel il communique par deux portes correspondantes à travers l'avenue, voisin du *ministère de l'intérieur*, chargé de la police *juive* en France.
5. *Edmond* habite, 41, rue du faubourg Saint-Honoré, l'ancien hôtel Pontalba, avec bois d'agrément, comme l'hôtel voisin de la baronne Nathaniel.

Ce sont, par ordre de naissance, les cinq fils de James, chef de la dynastie (branche française), mort en 1868.

6. Au 38 de l'avenue Friedland, habite *la veuve d'Édouard* qui s'est suicidé, en 1881, à 37 ans, pour avoir perdu dix millions en jouant contre *l'Union générale :* la vengeance éclatante, que l'on sait, arrivait 6 mois après ! Mme veuve Édouard de Rothschild est la mère d'Henri qui a donné 250.000 fr. au syndicat de trahison.

Est-ce une suite de la vengeance ?

7. Enfin, au 6 de l'avenue royale des Champs-Élysées, *Salomon Goldschmidt* ferme le cercle de la dynastie rothschildienne autour de l'Elysée et la rattache du même coup à la race juive dans le monde entier par son titre de : *Président de l'Alliance israélite universelle !*

Voilà, dans sa simplicité, la situation de la famille qui gouverne la France et le monde !...

Dans la part, qu'elle s'est adjugée, des plus beaux hôtels dans le plus beau quartier de Paris, elle a taillé une petite part fort aimablement à ses coreligionnaires richissimes les Péreire, qui résident :

8. *Gustave* Péreire, administrateur des chemins de fer Autrichiens et Espagnols (Compagnie du Nord) et du « *Phénix espagnol* », 35, faubourg Saint-Honoré.
9. *Eugène* Péreire, président des « *Compagnies de navigation à vapeur, canaux, ports et docks* », administrateur de la « *Compagnie parisienne d'éclairage et chauffage par le gaz* », président de la « *Compagnie des Transatlantiques* », de plusieurs Sociétés de salines et d'assurances, 45, faubourg Saint-honoré.

Tous les hôtels des Rothschild et des Péreire, du même faubourg, ont des bois d'agrément donnant sur l'avenue Gabriel, au milieu de Paris, s'il vous plaît !

Le Grand-Orient de France obéit au juif généralissime Lemmi

La veille du jour où devait être discuté à la Chambre le rapport de M. l'abbé Lemire sur les pétitions des femmes de France en faveur de la fête nationale de Jeanne d'Arc, le f∴ Edgard Monteil, vénérable de la loge *la Clémente Amitié* (une sorte d'annexe du Gr∴ Or∴), envoya « à *tous les* ff∴ *et en particulier aux* ff∴ *de la Chambre des députés* » une circulaire datée de « Or∴ de Paris, *2 février, an* cvi » (1898).

« Nous y remarquons les passages suivants :

« Nous n'avons pas à discuter l'histoire ni *la légende* de cette héroïne ; nous trouvons simplement qu'il est difficile de lui faire incarner l'idée de patrie, puisqu'elle *a vécu à une époque où la patrie n'existait pas*....

« C'est que l'idée de patrie, c'est que la patrie, *dans son unité et dans son indivisibilité, date de la Révolution française.*[131]

« Que la Chambre des députés, si elle est républicaine et patriote, institue la fête commémorative des volontaires de 92, mais *qu'elle ne tombe pas dans le piège grossier*, ouvert sous ses sièges par les jésuites (encore le .refrain), d'instituer la fête de la monarchie *avec Jeanne d'Arc bientôt canonisée par l'Église.*

« *Ouvrez les yeux, Tt∴ Cc∴ Ff∴, à ceux qui ne veulent pas voir.*

« *La Chambre est aujourd'hui saisie d'un rapport sentimental, appuyé sur des pétitions de femmes*, colportées par les curés dans les alcôves.

« Le projet de loi pour une fête de Jeanne d'Arc porte de nombreuses signatures de membres des parlements, aveugles ou complices de la *réaction cléricale* (le refrain).

« Les aveugles, adressez-vous à eux et relevez leurs paupières.

« *Les complices... du Pape et des Jésuites*, c'est notre affaire...

« Mais *nous vous supplions, Tt∴ Cc∴ Ff∴ républicains, sans compromissions sordides, d'empêcher l'Institution d'une fête nationale de Jeanne d'Arc.*

« Déjà à plusieurs reprises, la *Clémente Amitié* s'est élevée énergiquement contre cette fête.

« Elle a crié et elle crie : « *C'est la réaction cléricale.* « *C'est une fête de guerre civile.* »

---

[131] On le voit, pour eux la Patrie n'a existé que du jour où les Juifs l'ont envahie !

« Déclarez que la République, a assez d'une fête nationale et que le 14 juillet fête la patrie en même temps que la liberté.

« *Nous comptons sur vous.*

« Salut et Fraternité.

« Par mandat de la L∴ *Edgard Monteil, vén.* »[132]

LE F∴ BRISSON, PRÉSIDENT DE LA CHAMBRE, OBÉIT AU GR∴ OR∴

Le Gr∴ Or∴ avait dit : « Nous comptons sur vous ! » Le f∴ protestant Brisson a été fidèle à la consigne.[133]

Personne n'a oublié comment le Président de la Chambre, dans une des dernières séances, avant les élections de mai 1898, au moment où il remarquait la majorité acquise à la discussion immédiate du rapport Lemire sur la pétition des femmes françaises, *fit, à point, le signe de détresse aux* ff∴ *députés et obtint le renvoi de la discussion.*[134]

---

[132] Aujourd'hui préfet de la Creuse, nommé par le f∴ Brisson.
[133] Le juif Naquet, du Panama (50,000 francs), n'avait pas attendu le mot d'ordre pour l'exécuter.
Un franc-maçon obscur du nom de Louis Martin, ayant publié une brochure contre Jeanne d'Arc, Naquet s'empressa de lui écrire :
8 octobre 1896.
« ... J'ai lu *Jeanne d'Arc*. C'est parfait ! Vos idées sont conformes aux miennes !
« Quel grand peuple nous ferions, l'Angleterre et nous, si Jeanne d'Arc n'avait pas existé. »
Voilà le patriotisme de Naquet, reflet exact du patriotisme juif.
[134] Il a renouvelé le procédé avec le même succès, à la séance du lundi 27 juin.
Il s'agissait d'obtenir la majorité au cabinet Waldeck-Rousseau-Galliffet, qui se présentait devant la Chambre.
M. Mirman venait de le foudroyer d'un réquisitoire, resté-sans réponse. Sa situation était plus que compromise.

C'était le *triomphe définitif du juif Lemmi*. Remarquons la simplicité avec laquelle il l'avait obtenu.

Il avait lancé le mot d'ordre au Gr∴ Or∴ en 1894, qui l'avait passé au f∴ Brisson en 1898, qui l'avait passé la même année à la majorité maçonnique de la Chambre, qui l'avait exécuté, la veille de sa dissolution !

Pas plus difficile que cela.

Ce qui s'est fait dans la question *Jeanne d'Arc* se fait également dans toutes les questions, d'après le mot d'ordre juif.

A la veille des élections de 1889, par exemple, le même juif Lemmi envoyait sa circulaire aux loges de France, les invitant à une propagande « qui ne manquerait pas, selon lui, d'envoyer à la Chambre 400 francs-maçons ».

Et il les a eus !...

Voilà comment les juifs dominent la maçonnerie. Un mot de leur domination sur le protestantisme.

La suprématie de l'influence juive sur les éléments maçonnique et protestant n'est-elle pas prouvée, archiprouvée ?[135]

Le f∴ Brisson monte à la tribune et au cours de ses plus pressantes adjurations aux ff∴ et amis, on l'a vu *cinq fois* (on les a comptées) *faire le signe de détresse*, permis seulement aux grands chefs et dans les grandes circonstances !...
Les socialistes, qui voulaient voter contre le cabinet, se sont abstenus !... Il a obtenu 23 voix de majorité !...
[135] Nous n'aurions rien à dire des deux fractions de l'avant-garde de la Triplice, Jaurès-Millerand-Viviani du parti socialiste, Sébastien Faure du parti anarchiste, se recrutant toutes cieux parmi les juifs, les protestants et les francs-maçons, si l'*Univers israélite* n'avait tenu à leur faire une place à part clans les flatteuses appréciations par lui décernées aux amis d'Israël.

Cependant, il nous manque encore des aveux aussi catégoriques qu'officiels. Les voici :

Lors de l'interpellation d'Hugues-Denis, sur la prépondérance juive en septembre 1895, M. Rouanet avait nettement pris position *pour les juifs* contre la *seule prépondérance capitaliste* et M. Jaurès avait applaudi. L'*Univers israélite* ne se tint pas de joie.

« Au début de la législature actuelle, dit-il (2 octobre), le groupe socialiste semblait en contradiction flagrante *avec ses origines, ses principes et ses visées.*

« L'idée socialiste, du moins dans ce siècle, émane pour une grande part de penseurs juifs.

« Ce sont des juifs, Karl Marx, de Lasalle, qui ont fondé la doctrine, posé les règles et tracé la voie.

« C'est Bœrne, Meissner, etc., qui, en Allemagne, de 1830 à 1850, ont dirigé le mouvement républicain, groupé et organisé les forces du parti.

« Aussi le socialisme allemand s'est-il bien gardé de fraterniser avec l'antisémitisme.

« En continuant à marcher avec les meneurs de l'antijudaïsme français, nos socialistes auraient au *moins failli au devoir de gratitude.*

« Ils *auraient singulièrement manqué de logique.* »

C'est pour n'avoir manqué ni de « logique ni de gratitude » que Jaurès et Rouanet se sont attiré ce formidable coup d'encensoir qui, du même coup qu'il leur a cassé le nez, a éparpillé de lumineuses étincelles sur « les origines, les principes, les visées » *sémitiques* du socialisme, prudemment laissées dans l'ombre par ces soi-disant amis de la lumière.

La satisfaction de l'organe juif est mal dissimulée dans sa conclusion :

« Ceux des Français, dit-il, qui sont *juifs* ne se voient imposer, en cette dernière qualité, *aucune altitude particulière à l'égard du socialisme.*

« Réciproquement, le parti socialiste se déclare indifférent en ce qui concerne leur confession religieuse. » Nous ajoutons simplement que ce vernis d'» indifférence » pharisaïque entre le socialisme *issu du juif* et le juif *père du socialisme*, dissimule mal l'ardeur de l'affection qui les unit tous deux, à juste titre, comme le père et l'enfant, contre l'objet de leur commune haine, qu'ils appellent « le cléricalisme » et qui n'est autre que le « catholicisme », ou la religion de la France depuis 1.400 ans, la religion aujourd'hui de trente-huit millions de Français !

On voit que les socialistes ont autant de raisons, sinon plus, d'obéir aux ordres du généralissime, que les protestants et les francs-maçons.

Qu'on ne nous oppose pas ici les dissidents clairsemés et souvent obscurs du judaïsme, du protestantisme et de la franc-maçonnerie ! ils ne prouvent qu'une chose, c'est que l'exception confirme la règle.

La règle, c'est que les membres influents du protestantisme ou de la franc-maçonnerie obéissent aux membres influents de la juiverie.

Pour prouver dans le sens de ceux qui les invoquent, il faudrait que ces dissidents fussent des chefs de secte, de parti ou de religion ! Ce qui n'est pas.

Voilà qui répond au *Gaulois* du juif Meyer, se plaignant, en décembre 98, de la tendance des antisémites à englober tous les juifs dans la même réprobation ; les protestants et les francs-maçons de bonne foi peuvent utiliser la réponse, en ce qui concerne leurs coreligionnaires.

Puisque la franc-maçonnerie est une *religion* !

La franc-maçonnerie universelle aux ordres du juif généralissime

Nous trouvons dans *l'histoire politique* Blaetter, 1862 (*ouvrage très sérieux*), les aveux officiels suivants d'un franc-maçon, désabusé par la brochure d'Alban Stoz sur la franc-maçonnerie.

Nous ajoutons les sous-titres :

« La puissance que Juda s'est acquise au moyen de la franc-maçonnerie est maintenant à son apogée.

« Elle est présentement tout aussi redoutable pour le trône que pour l'autel.

« Quoique exclus de certaines loges, *les juifs siègent dans toutes les loges du monde*.

Les deux loges juives de Londres

« Il y a, à Londres, deux loges juives qui *réunissent dans leurs mains les fils de tous les éléments révolutionnaires* existant dans les loges chrétiennes.

« C'est *Juda qui constitue la tête de toutes les loges* et les loges chrétiennes ne sont que des *marionnettes aveugles qui sont mises en mouvement par Juda* et qui la plupart du temps n'en ont pas le moindre soupçon. »

Une simple réflexion : *Qu'on s'étonne maintenant de la part considérable prise par l'Angleterre dans l'affaire du traître Dreyfus.*

Reprenons notre citation. La loge juive de Rome

« Une loge *dirigeante* entièrement composée de juifs existe aussi à Rome.

« Elle est également *un des tribunaux suprêmes de la révolution et gouverne les autres loges, au moyen de têtes inconnues.*

LES LOGES JUIVES D'ALLEMAGNE

« À Leipzig, la loge juive secrète fonctionne en permanence au temps de la foire.[136]

« *Pas un chrétien n'en a l'accès.*

« À Hambourg et à *Francfort, les émissaires secrets seuls sont admis.*[137]

« Puissent les grands comprendre enfin que les loges ne travaillent à semer la révolution que dans l'intérêt du judaïsme. »[138]

Ce qui confirme ce que nous disons plus haut que : Toutes les révolutions sont juives dans leurs résultats, mais aussi ce que nous disons maintenant, qu'elles sont juives dans leur impulsion.

---

[136] Nous trouvons aux *Archives nationales, police générale* (F. 7, 6575) les curieuses observations suivantes d'un policier de Napoléon Ier sur une lettre datée de Francfort du 1er novembre 1811, signée O :: H :: et interceptée à Hambourg :
« On dit que la maison Rothschild a accaparé *pendant la dernière foire de Leipzig*, en septembre 1811, beaucoup de ducats et de frédérics d'or et qu'elle a fait à la même époque différentes opérations par lesquelles elle a tiré pour des sommes considérables sur Paris, au point d'influer sur le change. », (Édouard Demachy, les *Rothschild*, 48, rue Pergolèse, Paris)
[137] *Rothschild*, qui est de Francfort, *devait être émissaire secret, à* en juger par le rapport du même policier que ci-dessus.
Il écrivait, à propos du procès-verbal qu'il demandait d'une visite domiciliaire, faite chez le banquier Rothschild, en avril et en mai 1809 :
Surtout ne rien demander à la police générale de la ville de Francfort avec laquelle *elle* (*la maison Rothschild*) *est affiliée par sa relation aux loges allemandes et françaises.* »
[138] C'est exactement le sens du mot de la *Revue des questions historiques* (1er avril 1882) :
Le judaïsme gouverne le monde et il faut nécessairement conclure ou que la maçonnerie s'est faite juive ou que le judaïsme s'est fait franc-maçon. »

Nous avons l'aveu officiel d'un franc-maçon. Il ne nous manque plus que l'aveu officiel d'un juif.

Le voici :

« LES JUIFS GOUVERNENT LE MONDE »

Les juifs ! Les juifs ! Est-ce que vous voyez se prononcer en Europe un mouvement *intellectuel*[139] de quelque importance sans que les juifs y figurent pour une large part ? (Cela nous rappelle « la première aristocratie du monde » du juif Isaïe-Levaillant.)

« Lors de mon arrivée à Saint-Pétersbourg, j'eus une entrevue avec le ministre des finances de Russie, le *comte Camcrim : c'était le fils d'un juif de Lithuanie.*

« En Espagne, j'avais obtenu une audience du ministre Mendizabal ; ce *Mendizabal, il est ce que je suis moi-même, le fils d'un juif* converti de la province d'Aragon.

« À Paris, je voulus prendre avis du président du conseil ; je me trouvai en présence d'un maréchal de l'Empire qui faillit s'asseoir un jour sur le trône de Portugal, *Soult, le fils d'un juif fixé en France.*[140]

« — *Eh* quoi ! Me direz-vous : Soult un juif ?

« — Oui, assurément, comme plusieurs autres maréchaux de l'Empire, en tête desquels *Masséna qui, chez nous, se nomme Manasseh.*

---

[139] L'auteur ne dit pas : « mouvement *révolutionnaire* », mais l'idée est sous-entendue, si l'on songe que les révolutions pour les juifs sont toujours des mouvements *intellectuels.*
Par exemple, les révolutionnaires meneurs de l'affaire Dreyfus qui ne rêvent que « chambardement » sont classés parmi « les intellectuels »
[140] C'est à ce titre que, le 6 janvier 1842, le baron James de Rothschild « se présenta resplendissant dans son auréole d'or, au milieu des salons du maréchal Soult, en portant sur sa poitrine le crachat de Grand officier de la Légion d'honneur » (*Édouard Demachy.*)

« Je quittai Paris pour Berlin et le ministre que j'eus à visiter, le comte *Arnim, n'était autre qu'un juif prussien.*

« En vérité, *le monde est gouverné par de tout autres personnages que ne l'imaginent ceux qui ne voient pas ce qui se passe derrière les coulisses.* »

Qui a dit cela ?

Le juif Disraëli, autrement dit lord Beaconsfield, premier ministre de Sa Majesté britannique, en son roman *Coningsby*, publié en 1844.

Il venait de décrire le *Kahal*, mais assez confusément pour ne pas le révéler aux yeux des simples... que nous avons été jusque-là, hélas !

Aujourd'hui les temps sont-ils changés ?

Le juif gouverne-t-il moins le monde ? Gouverne-t-il moins la France ?

Demandez-le à l'« affaire Dreyfus » dont les juifs occupent la France et le monde, malgré la France.

Demandez-le à la façon dont ils ont su tourner contre la France l'opinion de l'Europe, spécialement de l'Allemagne, de l'Autriche, de la Russie.

M. Chéradame, lauréat de l'École des Sciences politiques, qui a parcouru ces pays comme chargé de missions en 1897 par le ministère du commerce, en 1898 par le ministère des colonies, fait, dans sa remarquable brochure : *L'affaire Dreyfus à l'étranger*, les douloureuses constatations suivantes :

« *Une puissance mystérieuse a travaillé l'Europe.*

« Il n'est pas possible que, dans des pays si divers, ayant des intérêts si différents, où nous comptons des amis si nombreux, *l'unité d'opinion constatée* soit un résultat naturel.

« Il me paraît certain que les *Agences* de renseignements qui donnent aux journaux leurs nouvelles ont été entre les mains de cette puissance occulte.

« Partout les dépêches ont été triées. *Seules celles dans un sens dreyfusiste ont passé ;*[141] les commentaires dont elles sont la base ont

---

[141] Le 28 octobre 1898, un groupe de Français de Buenos-Aires écrivaient à M. Drumont :
Monsieur,
« Comme vous le savez, à l'étranger on juge très mal l'affaire Dreyfus-Zola ; les journaux argentins mal éclairés nous insultent...
« Nous sommes ici beaucoup de Français, d'anciens soldats...
« En une réunion tenue hier soir, nous avons résolu de vous écrire, vous ferez savoir à Paris de quelle façon une agence française publie les nouvelles qu'elle reçoit de France...
« Le Directeur de *l'Agence Havas* de l'Amérique du Sud est un *juif suisse*, M. Henri Gasser, qui se dit protestant.
« Le Directeur de la succursale de *l'Agence Havas* à Buenos-Aires est un *juif italien*, M. Daniel Baccani, le même qui donne des banquets au consul d'Allemagne...
« Quand Zola fut condamné, *l'Agence Havas* publia la nouvelle en termes tellement écœurants que l'indignation fut générale...
« Ce matin, 28 octobre, je vous envoie les télégrammes que publie *l'Havas*. C'est une honte !...
« Il y a mieux : Les journaux *français* qui reçoivent les télégrammes *Havas* payent 600 piastres par mois !
« Le journal *allemand* « Deutsche La Plata Zeitung » paye-seulement 300 ! » Et voilà une agence qui s'intitule *française !*
Remarquons la date de cette lettre, 28 *octobre*.
Deux jours après (le 30 octobre), le juif italien Baccani, susnommé, publiait cette dépêche à Buenos-Aires :
Paris, 30 octobre.
« La presse antisémite s'efforce inutilement d'attaquer et d'accuser les juges de la Cour de cassation...
« *Le peuple est bien plutôt disposé à admettre la culpabilité ou l'imbécillité des chefs de l'état-major.* » Le peuple a manifesté ses dispositions dans la souscription Henry.
Quant à « la culpabilité ou l'imbécillité des chefs de l'état-major », nous savons ce qu'il en faut penser par la déposition du général Roget !
Voilà, sur le vif, la façon criminelle dont les juifs ont ameuté l'Europe et le monde contre la France. Ils nous menacent aujourd'hui d'ameuter la moitié des Français contre l'autre, par

été nécessairement dreyfusistes et il en est résulté l'unité d'opinion dreyfusiste.

« Je crois donc fermement qu'on a perverti l'opinion étrangère... »

Le *Rovssky Twoud*, de Saint-Pétersbourg, disait dans le même sens, 25 mars 1899, de la presse dreyfusarde :

Grâce aux millions intarissables du Syndicat, le dreyfusisme a trouvé des partisans en Russie comme ailleurs.

Ils insèrent des correspondances... sciemment mensongères de leurs correspondants parisiens.

Ils traduisent des *fragments choisis* des journaux dreyfusards français. »

Voilà comment le juif gouverne le monde et la France ! Gouverne-t-il moins le protestantisme ?

Demandez-le aux feuilles huguenotes le *Temps* et le *Signal*, demandez-le aux protestants de Pressensé, Monod, Scheurer-Kestner, Trarieux, etc., tous défenseurs acharnés d'un traître, parce qu'il est juif !

---

la constitution (22 juin), aux applaudissements de la presse dreyfusarde, du cabinet Waldeck-Galliffet-Millerand, en remplacement du cabinet Dupuy, démissionnaire.
On le voit, le juif seul a raison contre tout le monde !
Pourquoi ? À cause de l'un des deux défauts qui nous était signalé il y a cinq ans par le juif Saulus dans le *Wücherpille* de Mayence et que voici :
« C'est de vivre au jour le jour, *sans vues élevées sur les causes et sur les effets, sur le passé ou sur l'avenir*.
« Comment sans cela, disait-il, *nous auraient-ils permis* (à nous juifs) *avec tant d'indifférence, de nous emparer de la presse, ce moyen si important de domination ?*
« Car, c'est du haut de cet *observatoire* que nous pouvons *signaler le moindre phénomène hostile et l'étouffer dans son germe.* » (janvier 1895).
Aujourd'hui « le phénomène hostile » c'est la croyance à la culpabilité de Dreyfus ;
« *l'observatoire* » c'est *l'Agence Havas !*

Gouverne-t-il moins la franc-maçonnerie ?

Demandez-le au franc-maçon Pasquier, capitaine d'habillement au 58e de ligne, vénérable de la loge d'Avignon et membre du conseil de l'ordre du Gr∴-Or∴, qui en un banquet maçonnique, à ceux qui le félicitaient d'avoir voté l'ordre du jour en faveur de Dreyfus au convent de 1898, a répondu :

« La réussite de la révision est une question de vie ou de mort pour la maçonnerie. » *(Courrier du Midi*, nov. 1898.)

Pourquoi une question de vie ou de mort ?

Parce que Dreyfus, c'est-à-dire, dans la circonstance, le judaïsme tout entier, est véritablement *la tête* et *le cœur* de la maçonnerie et que toucher à l'un seulement de ces deux organes essentiels, à bien plus forte raison à tous les deux à la fois, est en effet pour elle *une question de vie ou de mort*. Donc, ce n'est pas « le maçon qui mène le branle » ‹comme l'affirmait, le 23 décembre 1898, le juif Meyer du *Gaulois*, dans l'intérêt de sa race ; *c'est bien le juif et le juif seul !*

Lui seul est effectivement le généralissime de l'armée judéo-maçonnico-protestante.

Nous allons voir comment il sait la conduire à l'assaut des libertés catholiques suivant les inspirations de sa haine dix-huit fois séculaire du « Nazaréen » et sous l'impulsion du *Kahal !*

Le Juif à l'assaut des libertés catholiques

Il y a deux manières d'effectuer un assaut : l'une, ouvertement, crânement, à la française ; l'autre, en rampant dans les sinuosités du sentier qui mène à la citadelle.

Le juif, n'étant pas Français, n'emploie que la seconde manière.[142]

Au lieu de marcher le front haut, dans la voie droite et large, il préfère ramper dans le sentier des embuscades.

C'est sa manière à lui et il n'éprouve nul besoin d'en changer.[143]

Voilà comment sous des apparences perfides de modération, si justement appelées par M. Brunetière « l'hypocrisie de la paix », il fait aux catholiques français, depuis 20 ans, une des persécutions les plus meurtrières dont ils aient gardé le souvenir depuis Julien l'Apostat ![144]

---

[142] Cela ne l'empêche pas de sonner la charge, mais il a une manière à lui, talmudiquement discrète, assez bien rendue par l'écho suivant d'un appel du Grand Rabbin, claironné dans ses 150 synagogues ou communautés de France.
C'est une lettre de Bayonne en date du 6 et publiée le 9 octobre 95 par *l'Univers israélite*.
Nous y lisons :
« Le premier jour de *Souccot*, notre grand rabbin est monté en chaire et a lu la lettre du grand rabbin Zadoc-Kahn.
« Cette circulaire... recommande *d'armer pour la lutte contre l'ignorance et la calomnie* ceux de nos coreligionnaires, etc.
« Notre pasteur a ensuite déclaré qu'*il est prêt à réunir les membres de la Communauté dans des conférences qui permettront de donner à nos coreligionnaires cette instruction complémentaire.*
« Il a ajouté que, sur sa demande, MM. le rabbin Bloch, de Pau ; le docteur Delvaille, vice-président du Consistoire ; Jacob Lambert et Jules Delvaille, professeurs, le premier au lycée de Bayonne, le second au lycée de Mautauban, lui prêteront leur concours pour ces conférences qui se feront mensuellement, cette année...
« De plus, *pourquoi M. le grand rabbin Zadoc-Kahn n'organiserait-il pas un comité central auquel seraient envoyées les conférences faites sur tous les points du territoire ? Ce comité en choisirait vingt ou trente qu'il publierait, à la fin de l'année, en un recueil d'un prix accessible à toutes les bourses...* »
[143] Cette manière, le juif Reinach nous l'a servie à la perfection, en janvier 1899, dans le procès à lui intenté par Mme Henry.
Sachant la veuve du colonel sans défense, Reinach avait insulté la mémoire de son mari et l'avait mise elle-même en demeure de la traduire devant les assises.
Il y fut traduit, en effet, contre son attente ; mais alors le calomniateur ne songea plus qu'à échapper au tribunal qu'il avait sollicité, et à se sauver à toutes jambes dans le « maquis de la procédure » !
[144] Cet empereur (360-363), à qui les juifs ont emprunté leur méthode actuelle de persécution (l'étranglement des catholiques avec des cordons de velours), les combla de

Mais cette hypocrisie est tout ce qu'il y a de plus Talmudique. Les iniquités qu'elle abrite ne le sont pas moins.

Qu'on en juge :

LA THÉORIE JUIVE « DU PRÊTRE À LA SACRISTIE »

Le prêtre catholique a pour devoir d'état d'annoncer *partout* la parole de Dieu, de « la prêcher par-dessus les toits ». (Matth. X, 27.)

C'est l'ordre du divin Maître, il ne peut s'y soustraire.

Oui, mais cela ne fait point les affaires de la triplice anticatholique qui le lui interdit à coups de dénonciations et de suppressions de traitements, au nom de la théorie admise aujourd'hui, *même en certains milieux catholiques*, du « Prêtre à la sacristie ».

Disons à ces catholiques que cette théorie ne l'est nullement, catholique, puisqu'elle est juive.

Voici en effet la manière dont le docteur juif Herzl, chef du sionisme, entend le rôle social du clergé, à quelque religion qu'il appartienne :

« Nous ne laisserons point prendre racine aux velléités théocratiques de nos ecclésiastiques.

---

faveurs, on le sait : il essaya de reconstruire leur temple détruit pendant le siège de Jérusalem par Titus (70) ; il les déchargea des impôts que leur avaient imposés Constantin et Marc-Aurèle, leur permit de puiser à pleines mains dans le trésor de l'État ! etc.
C'est en souvenir de tant de bontés que les juifs du syndicat de trahison ont songé à lui élever une statue devant le palais des Thermes ! C'est logique ! (février 1899).

« *Nous saurons les maintenir dans leurs temples, de même que nous maintiendrons dans leurs casernes nos soldats professionnels*[145]...

« L'armée et le clergé, dans l'état qui les distingue, n'ont rien à dire, car ils provoqueraient des difficultés extérieures et intérieures. » *(Nouvelle Revue internationale, 15 janvier 1897).*

Ce qui revient à dire : « Pour ne pas troubler la digestion des bourgeois repus de la triplice intérieure, l'armée et le clergé devront subir en paix les avanies dont il plaira à ces messieurs de les abreuver. »

Ou encore : « L'épée ne doit sortir du fourreau que pour la défense du juif et la parole de Dieu, des lèvres du prêtre, que pour protéger les rapines d'Israël. »

C'est bien ainsi que l'entendent aujourd'hui les dreyfusards dans leur campagne contre « le sabre et le goupillon ».

Et, à cette étrange conception juive, M. Drumont a donné la formule populaire quand il écrivait, le 22 février, de M. Loubet obligé d'abriter, derrière l'armée son élection à la Présidence, contestée par le peuple, les lignes suivantes :

« L'idéal de dévouement des hommes de devoir sert à préserver la peau des hommes de convoitise et de lucre.

---

[145] Voilà qui explique cette récente et douloureuse constatation de Léon xiii :
« En ces derniers temps surtout on a pris à cœur de dresser comme un mur entre l'Église et la société civile.
« Dans la Constitution et l'administration des États, on ne compte pour rien l'autorité du droit sacré et divin ; *on a pour but d'enlever à la religion toute influence sur le cours de la vie civile.*
« Comme résultat de cette façon d'agir, on a la *disparition presque complète de la loi du Christ dans la société.*
« Si c'était possible, on chasserait Dieu lui-même de sur la terre. » (Encyclique sur la *Consécration du genre humain au Très-Sacré-Cœur de Jésus*).

« Ce sont des pensées qui viennent en route, aux parvenus de l'intrigue et aux triomphants du Dreyfusisme, surtout lorsque la route est orageuse, difficile et accidentée. »

Mais quand la route « n'est ni orageuse, ni difficile, ni accidentée », qu'il ne s'agit que d'une campagne banale contre « les cléricaux », les juifs retrouvent tout leur courage, négligent l'appel au sabre dont ils subissaient la veille « la protection humiliante » et mettent leur point d'honneur à n'employer que leurs armes habituelles : le mensonge et la boue.

En voici un spécimen :

Le juif et le clergé catholique

Un factum haineux contre la religion et le clergé, mais favorable à Dreyfus, a été distribué, en février. 1897, dans les régions de Lyon et de Lille, et notamment à Roubaix, où il a été glissé sous les portes et collé sur les murs, dans la nuit du samedi 6 au dimanche 7 février.

Sur le placard en papier rouge, on lisait :

« À l'agitation fomentée par les porte-soutane et leurs acolytes opposons l'énergique propagande que nous inspirera la force de nos convictions antireligieuses.

« Que les conférences se multiplient ; que les réunions se succèdent ; que nos manifestes soient sur tous les murs et dans toutes les mains...

« Ce manifeste est le premier de ceux que le journal le *Libertaire* se propose de publier.

« Le *Libertaire* a ouvert une souscription dont le montant sera entièrement consacré à la campagne anticléricale dont il a pris l'initiative... »

Ce *factum* était signé le *Libertaire* et sortait des presses du *Stéphanois*, à Saint-Étienne.

Or, on sait que le *Libertaire* était alors le journal de Sébastien Faure, défenseur officiel du traître Dreyfus et des milliardaires juifs.

Ce qu'on sait moins, c'est que le *Stéphanois* a pour gérant le *juif L. Dreyfus* (encore un !) qui est, par surcroît, un des chefs influents de la loge de Saint-Étienne !

Un autre *factum* contre le clergé et les congréganistes, intitulé « Les écoles du Christ » et surmonté du crucifix de la *Croix*, est sorti à la même époque (février 1897) de l'imprimerie du *Réveil du Nord*.

Au dos du papier on lisait, en lettres rouges :

« N'oubliez pas que l'Église enseigne pour dominer.

« La loge *La Fidélité* a fait distribuer, à Lille, 25,000 exemplaires de la présente circulaire.

Pour donner à cette propagande anticléricale toute l'ampleur désirable, *une souscription est ouverte et un appel est fait à toutes les Sociétés de libre pensée et à toutes les Sociétés de libre-pensée et à toutes les loges maçonniques.*

« Toute Société, toute personne qui enverra un mandat de cinq francs, recevra *franco* un millier de .ces imprimés (10 francs, 2,000 : 15 francs, 3,000).

« Adresser mandat postal à M. *Télidéfi* (Éidélité), 24, rue de Lens, à Lille. »

Cette adresse, biffée dans quelques exemplaires, était remplacée par la suivante écrite au crayon : « Daillet. 28 (rue de) Fives. »

Cette feuille, répandue dans toute la France, à un million d'exemplaires, par l'intermédiaire des ff∴ les plus ardents, a rapporté au *Réveil du Nord* les condamnations suivantes, devant le tribunal correctionnel de Lille (janvier 1897) :

1° 25 francs de dommages-intérêts, 25 francs d'amende et une insertion dans le *Réveil* pour avoir calomnié les Frères de la rue de Fives ;

2° 50 francs de dommages-intérêts, 50 francs d'amende et une insertion, pour avoir calomnié M. Morel, sacristain à Ronchin ;

3° 25 francs de dommages-intérêts, 25 francs d'amende et une insertion dans *l'Égalité* (édition du *Réveil* pour Roubaix-Tourcoing), pour avoir calomnié M. Joly, directeur du tissage de M. Motte, à Roubaix ;

4° 100 francs de dommages-intérêts, 100 francs d'amende et insertion dans cinq journaux au choix du plaignant, pour avoir calomnié M. l'abbé Barjaud, vicaire de Thiviers (actuellement à Aurillac).

Cette dernière condamnation atteignait *indirectement le Réveil* et *directement* son imprimeur Lagrange.

Le *Réveil du Nord*, ainsi amendé, à réédité à 100,000 exemplaires son *factum*, amendé également, à l'occasion de l'affaire Flamidien (février 1899).

Mais son amendement est superficiel, à en juger par les condamnations qu'il invoque, dont quelques-unes vieilles de 25 ans ne verront pas les intéressés, probablement morts, réclamer des dommages-intérêts, dont un bon nombre d'autres sont fausses et s'appliquent à des congréganistes chassés depuis 20 ans de la Congrégation.

À ce compte-là, il pourrait tout aussi bien ajouter à sa liste le nom de l'ancien « porte-soutane » Sébastien-Faure[146] dont le casier judiciaire n'est certainement pas aussi vierge que celui du frère Flamidien.[147]

Ce qu'il faut remarquer dans ce *factum*, amendé ou non, c'est qu'il est l'œuvre du *Réveil du Nord* et de la loge la *Fidélité* de Lille.

Or, un homme sert de trait d'union à ce journal dont il est l'inspirateur et à cette loge dont il est le pontife.

C'est le *juif Welhof*, ancien gérant du *Réveil*, orateur de la *Fidélité*, actuellement chef de comptabilité à la Mairie de Lille.

Et maintenant, le résultat de tant de propagande anticléricale, de tant de souscriptions, de tant d'appels aux loges et à la libre-pensée, voulez-vous le connaître ?

Ç'a été de mettre en lumière la statistique officielle de la criminalité en France qui fait resplendir précisément cette moralité du clergé que le juif voulait ternir.

---

[146] On sait que Sébastien Faure a été novice dans une congrégation religieuse.
[147] L'innocence de l'accusé éclate aujourd'hui à tous les yeux.
L'assassin lui-même a consigné, sous l'anonyme, les détails inédits — et reconnus exacts par l'instruction de l'exécution de son crime, dans trois lettres aux frères de Lille des 18 et 23 mai, du 2 juin 1899. Nous en parlons plus loin.
L'affaire Flamidien s'effondrant, il a fallu chercher autre chose. Ce fut l'affaire de Trouville ! L'abbé Lacroix, vicaire à Notre-Dame des Victoires de Trouville, était arrêté pour des faits honteux. La prévention ne tenait pas debout : la victime des loges et de la synagogue fut rendue à la liberté.
Mais leurs journaux, la *Trouville-Gazette* et le *Radical*, avaient pu étaler aux yeux de leurs naïfs lecteurs (3 et 4 avril) des titres comme les suivants :
« *Le scandale de Trouville... Un émule de Flamidien.... L'abbé Lacroix*, etc. Voilà leur manière !...

Cette statistique, de M. Tarde, chef du bureau de statistique au ministère de la Justice, a été produite au Congrès international d'anthropologie criminelle à Genève, le même Congrès qui a condamné, en 1896, bien que composé en partie de libres-penseurs, la théorie du *criminel-né*, chère à Lombroso et à son ami Zola.

Voici cette statistique :[148]

CRIMINELS PAR CENT MILLE ÂMES ET PAR PROFESSIONS :

Professions libérales :

Clergé	7,1
Professeurs, instituteurs	15,8
Médecins	18,6
Pharmaciens	37,9
Artistes	40,2
Hommes de lettres, savants.	44,9
Sages-femmes.	86
Officiers ministériels (Avoués, Notaires, Huissiers)	281,33

Mais elle est un peu savante et compliquée pour les masses populaires que la statistique plus simple de M. Tarde frappera

---

[148] M. l'abbé Bertrain, professeur à l'Institut catholique de Paris, a publié dans *l'Enseignement chrétien* (octobre 1898) une statistique criminelle comparée entre le *clergé et les congrégations en général* et les *principales professions libérales*, d'après les statistiques officielles.

davantage, outre qu'elle paraîtra plus désintéressée. M. Tarde étant libre-penseur.

Autres professions

Groupe agricole.   8,4

Groupe industriel   13,2

Groupe commercial   10

Retenons les chiffres extrêmes : 281,33 d'un côté 7,1 de l'autre, Qu'est-ce que cela veut dire ?

Que le clergé tient le bon bout ;

Qu'il est donc injustement attaqué par des juifs qui ne pourraient certainement pas figurer au même rang ;

Qu'il ne mérite donc pas le reproche d'enseigner la vertu et de pratiquer le vice ;

Que ce reproche regarde uniquement les Pharisiens pères du *Talmud* dont le divin Maître disait :

« Faites ce qu'ils vous disent, ne faites pas ce qu'ils font » ;

Que les juifs feront donc bien, à l'avenir, de scruter, si cela leur plaît, la conduite de leurs rabbins, mais de laisser le clergé français tranquille, ainsi que les congrégations religieuses.

Hélas ! Ils le laissent si peu tranquille qu'ils le poursuivent, au contraire, de toutes les manières, le traquent comme un gibier de potence, de concert avec leurs valets de pied, les protestants et les francs-maçons.

La manière *illégale*, c'est la calomnie, nous venons d'en parler ; parlons un peu maintenant de la manière *légale* :

LE JUIF REINACH ET « LES LOIS EXISTANTES »

Ces fameuses lois ont marqué, sous le ministère Ferry, en 1880, la première étape de la persécution religieuse.

En vertu de ces « lois existantes », près de 50,000 religieux français furent chassés de chez eux, le même jour, le 29 mars ; à la même heure, cinq heures du matin, dans des circonstances de brutalité encore présentes à toutes les mémoires.

Qui avait signalé « l'existence » de ces lois tombées depuis longtemps en désuétude, au ministre crocheteur, valet de la triplice, au franc-maçon Jules Ferry ?

Un juif de Francfort, naturalisé depuis la guerre (26 juin 1871), devenu député par la sottise de quelques électeurs ;

En un mot : Joseph Reinach, neveu[149] du célèbre escroc panamiste du même nom, le protecteur de Dreyfus, le prophète et l'initiateur du « chambardement »

Chose curieuse ! Ce Français de fraîche date, qui a commencé la guerre contre « le goupillon », est le même qui la mène aujourd'hui contre « le sabre »

C'est dans l'ordre !

Le même juif, animé de la même haine, devait être au commencement et à la fin de la même œuvre de destruction

---

[149] À la mode de Bretagne, en réalité cousin germain.

Talmudique, au premier coup contre la religion, au dernier contre la Patrie.[150]

Mais il y a eu des coups intermédiaires qui n'ont pas échappé non plus, croyez-le bien, à l'œil du maître, nous voulons dire à la direction du généralissime.

Passons-les en revue.

LES JUIFS CONTRE LE REPOS DU DIMANCHE

Une loi a été votée en juillet 1880 « abolissant le repos du dimanche pour les travaux publics ».

C'était, chantaient sur tous les tons les feuilles à la solde d'Israël, « la conquête de la liberté du travail » !

En réalité, c'était « l'escamotage de la liberté du repos, » le seul jour où le travailleur en pût jouir.

Et cela *au profit du capitaliste juif qui réalisait un jour de gain de plus par semaine, tout en continuant à jouir, lui, de son repos du jour du sabbat.*

C'était l'application du texte Talmudique qui interdit aux juifs le commerce avec les chrétiens, *sauf le dimanche* « *où il est permis de les empêcher d'observer leur jour de fête* ». (Tr. Aboda s. f. 2, 1.) Chose curieuse ! Les travailleurs eux-mêmes se sont empressés de gober cette farce grossière !

Il faut bien, disent-ils, manger le dimanche comme les autres jours !...

---

[150] Le ministère destiné à sauver Dreyfus du Conseil de guerre de Rennes est l'œuvre personnelle de Reinach. Si bien que des journaux patriotes n'ont pas hésité à l'appeler « *Triumgueusat Waldeck-Galliffet Reinach !* »

Hé ! Sans doute, mais c'est au juif, pour lequel vous travaillez, à vous nourrir ce jour-là sans travail et non à vous à suer un jour de plus dans son escarcelle !

Le moyen ?

Il est très simple : l'engagement *à la semaine*, au lieu de *l'engagement à la journée* !...

Mais le patron juif n'en veut pas, d'engagement à la semaine !...

C'est précisément en quoi le juif vous a roulés : il vous a imposé l'engagement *à la journée*, au double profit de sa haine et de sa cupidité : de sa haine qui vous ôte le jour de repos, qu'il ne refuse pas aux bêtes de somme de son écurie, de sa cupidité qui s'engraisse de vos sueurs, ce jour-là !...

C'est l'explication des difficultés sans nombre suscitées, dans les Compagnies de chemin de fer, à la suppression, même partielle, du service de petite vitesse dans les gares.

Les membres influents des conseils d'administration sont juifs.[151]

C'est l'explication du plaisir qu'éprouvait le juif Maurice Lévy, membre du Consistoire israélite de France (Rothschild président) et professeur universitaire, à faire passer à ses élèves des examens le jour de l'Ascension 1897, contrairement à l'usage immémorial *(Libre Parole*, 31 mai 1897).

Ce jour est « un jour de fête des chrétiens »

---

[151] Or, le décret de suppression du service de petite vitesse, le dimanche, obtenu avec tant de difficulté, a failli être rapporté par M. le ministre des travaux publics, sur la demande, le 21 octobre 1898, de M. Viger, ministre de l'agriculture, dans le Cabinet Brisson-Dreyfus, qui désirait plaire aux juifs des Compagnies.

C'est l'explication de la réponse faite, en 1893, par M. Lambert de Rothschild[152] tout-puissant actionnaire de l'*Indépendance belge*, à l'ouvrier typographe Magdelyns, venu lui demander, au nom de ses camarades, le repos du dimanche.

En voici des extraits d'après le *Patriote de Bruxelles* (décembre 1893) :

« *J'ai toujours combattu le repos du dimanche et je le combattrai toujours*, parce que (ici des explications qui déguisent mal la vraie).

« » M. Lambert a déclaré ensuite que *le repos dominical, comme en Angleterre, est odieux* ; il a blâmé *l'Agence Havas* de chômer partiellement le dimanche.

M. Lambert a ajouté :

« » J'ai ici un employé qui est attaché à ma maison depuis quarante-cinq ans.

« Il est entré à notre service quand notre pauvre père vivait encore.

« J'ai quarante-trois ans : je dois donc le considérer comme mon frère aîné.

« Eh bien ! Si cet employé me disait : « Mon maître, je suis vieux, usé, je ne puis plus fournir comme par le passé la même somme de travail ; laissez-moi, je vous en prie, commencer le matin plus tard et finir plus tôt le soir », je lui accorderais cette faveur sur l'heure.

---

[152] Gendre de M. Gustave de Rothschild, 23, avenue Marigny, dont il a épousé la fille Lucie. (Voir le tableau des Rothschild,) « résidence des Rothschild ».

« Mais, *qu'il vienne me demander le repos du dimanche, je le lui refuserais absolument !* »

Pourquoi ? Monsieur de Rothschild !

Pourquoi ? Demandez-le au *Talmud* (Traité Megilla 7, 2, édition de Venise). Un fait récent est venu mettre en lumière cette odieuse application du *Talmud*.

Mardi, 28 mars 1899, le Conseil municipal de Paris discutait l'article 7 du règlement sur les étalages, ainsi conçu :

« Les autorisations d'étaler des marchandises contre les devantures des magasins, accordées aux marchands de nouveautés, de confections, de chaussures, lingerie, mercerie, modes, articles de voyage, articles de bazar etc., devront porter que les étalages « *seront seulement tolérés, le dimanche, jusqu'à midi*, et les jours ouvriers, de huit heures du matin à huit heures du soir).

Il s'agissait, au fond, du repos dominical des employés.

M. Veber, socialiste, nous lui devons cette justice, l'a courageusement réclamé pour les excellentes raisons suivantes, qu'il a su faire valoir :

« Nous voulons *le repos dominical pour les employés et non le repos hebdomadaire, laissé au choix des patrons.*

« En outre que les promesses des patrons d'accorder deux jours de repos par mois ne méritent qu'une confiance limitée, ce repos à jour variable ne satisferait pas les employés.

« *Comme vous, ces hommes ont une famille ; comme vous, ils veulent pouvoir se retremper un jour par semaine dans la vie familiale.*

« Le pourront-ils si le jour de repos accordé à la mère arrive un jour différent de celui accordé au père, un jour autre que celui où se reposera le fils ?

« *Sans repos dominical point de vie de famille.*

« Seul à la maison le jour de son repos, *le chef de famille s'ennuie et va chercher des distractions au cabaret.*

« Il dépense ce qui aurait pu servir à récréer utilement toute sa famille.

« Le repos dominical est *appliqué en Angleterre et en Suisse.*

« La religion le prescrit et en fait une loi divine.

« Les *congrès catholiques de Reims, d'Avignon ont été d'accord avec les Congrès ouvriers pour réclamer le repos dominical...* »

Ici une petite remarque :

Ce sont plutôt les congrès ouvriers *qui ont été d'accord* avec les congrès catholiques, pour revendiquer un droit, *si conforme aux intérêts ouvriers — à* tous — que l'Église n'a jamais cessé de le revendiquer pour eux et d'en imposer le respect, voilà dix-neuf siècles, dans la mesure de son pouvoir, aux puissants que leur cupidité poussait à le violer, dans les faibles.

Quoi qu'il en soit, la majorité municipale n'a été de l'avis ni de l'Église, ni des socialistes, ni des congrès ouvriers !

Elle a pensé, avec M. de Rothschild qui l'inspire et le *Talmud* qui inspire M. de Rothschild, que « le repos du dimanche n'est pas pour les chiens, » et l'a refusé aux employés du commerce parisien.[153]

LES JUIFS ET LA LOI SCOLAIRE

Cette loi dite de « neutralité scolaire », votée le 28 mars 1882, appliquée immédiatement par la suppression du catéchisme et l'enlèvement des emblèmes religieux des écoles officielles d'abord, l'élimination graduelle du personnel religieux ensuite, enfin son exclusion définitive de l'enseignement, le 30 octobre 1886, cette loi, on en connaît aujourd'hui les résultats.

Les voici :

1886

Les enfants criminels (16 ans et au-dessus) :

Pour les garçons : 4.937 criminels. Pour les fillettes : 659 criminelles.[154]

« Chez les majeurs, la foi religieuse est également mise à une dure épreuve. *Pendant les jours de samedi et de dimanche, les domestiques*

---

[153] Même intransigeance, en janvier 1899, au Conseil municipal de Francfort.
Sous l'inspiration des gros juifs de la ville, la majorité a repoussé une limitation partielle du travail du dimanche, proposée par le comité exécutif.
En Russie, où les juifs ne dominent pas cependant, même esprit sectaire, comme on en jugera par cet extrait du rapport officiel du président du saint Synode (russe) M. Pobedonotsef à l'Empereur, sur l'année 1894 :
« L'influence des juifs en matière religieuse se fait vivement sentir, surtout chez les chrétiens de l'Église russe qui sont employés chez eux en qualité de domestiques.
« *Les mineurs, lorsqu'ils sont restés pendant quelques années en service chez les juifs, ont complètement oublié les croyances chrétiennes.*
[154] « En la seule année 1887, nous avons eu 375 *suicides* de jeunes gens (de 16 à 21 ans) et 87 *d'enfants au-dessous de 16 ans.* » (Alfred Fouillée, *Revue des Deux-Mondes*, 15 janvier, p. 426.)

chrétiens sont mis dans l'impossibilité de fréquenter l'église : le samedi, parce qu'ils sont obligés de travailler, de faire la vente, attendu que les juifs observent très rigoureusement le repos du sabbat ; *le dimanche et les jours fériés, parce que les juifs ont besoin d'eux et les congédieraient, s'ils s'abstenaient pour les offices ;* de telle sorte que les *chrétiens tombés au milieu des juifs ne fréquentent plus les églises*, se déshabituent de voir les saintes images et d'observer les fêtes chrétiennes et les prescriptions de l'Église.

« *Les prêtres entendent avec effroi à confesse les déclarations de ces domestiques, les blasphèmes que les juifs professent contre le christianisme, le Sauveur et la Vierge.*

« Ces blasphèmes passent dans le peuple et détruisent la foi... »

1889

Les enfants criminels (*trois ans après*) :

Pour les garçons : 6.743 (près de 2.000 en plus). Pour les fillettes : 1.097 (près du double).

(*Journal officiel.*)

1893

Les enfants criminels (*quatre ans après*) :

« De 1883 à 1893, le nombre des enfants criminels *s'est accru d'un quart, le chiffre de la population restant stationnaire.* »

(Alfred Fouillée, de l'Académie des sciences morales, dans la Revue des Deux-Mondes (libre-penseuse) (15 janvier 1897, p.126).

1897

Les enfants criminels (*quatre ans après*) :

« *Sept millions* d'enfants de 7 à 16 ans *commettent presque deux fois plus* de crimes (constatés) que *vingt millions* d'adultes au-dessus de 16 ans. »

(Id. que ci-dessus.)

De quelle école sortent les enfants criminels ? Le voici pour Paris :

« Sur 100 enfants *poursuivis*, 2 à peine sortent d'une école religieuse, 98 sortent des écoles neutres. »

(A. Fouillée, id. que ci-dessus.)

Le voici pour la Seine :

« Sur 100 enfants *détenus à* la Petite-Roquette, 89 sortent des écoles neutres ; 11 seulement des écoles catholiques. »

(*Statistique du ministère public du tribunal de la Seine.*)

Ces chiffres, ne l'oublions pas, émanent de statisticiens, la plupart libres-penseurs comme M. Fouillée.

Ce qui est vrai de Paris et de la Seine l'est également de toute la France.

D'où nous concluons que *l'École neutre* doit être appelée *l'École du crime*, sinon parce qu'elle l'enseigne, du moins parce qu'elle ne sait pas ou *ne peut pas* le prévenir !

Cela est évident !

Une seule chose retient l'enfant sur la pente du mal qui le sollicite, *comme tout le monde* : La *croyance* en Dieu « *qui voit tout, qui entend tout, qui punit ou récompense tout* »

Mais cette croyance, l'école neutre interdit de la lui enseigner !

C'est la seule barrière efficace ôtée à ses mauvais instincts et l'on s'étonne qu'il glisse du côté où ils l'entraînent ? Il faudrait s'étonner du contraire !

Mais que d'enfants, direz-vous, succombent malgré cette foi !

Eh oui ! « *Malgré* cette foi », ce qui prouve non l'inefficacité de cette foi en elle-même, mais son insuffisance dans le cœur où elle ne réside qu'à dose légère.

Le torrent emporte un *fétu*, qui n'aurait pas emporté une *digue* !

C'est précisément le devoir et la sollicitude du maître congréganiste de construire cette digue de la foi au cœur de ses élèves.

Parfois il ne réussit qu'à y placer le fétu, mais le plus souvent c'est la digue solide ! Et alors l'enfant résiste !

L'école laïque, elle, ne veut même pas de fétu ! Et l'on s'étonne que le crime s'y promène, comme en pays conquis ?...

C'est toute l'explication des statistiques criminelles enfantines, si désastreuses pour elle !

Mais il y a d'autres statistiques criminelles, direz-vous, celles du personnel enseignant et celles-là ne sont-elles pas désastreuses pour l'école religieuse ?

Elles le sont si peu que nous ne résistons pas au plaisir d'en placer une ici, fournie par les rapports du ministère de l'Instruction publique, qui a eu les honneurs de la tribune du *Journal officiel*, à l'occasion de la retentissante affaire de Citeaux.

La voici :

	Laïques criminels	Congréganistes criminels
1867	23	2
1868	21	4
1869	19	6
1872	16	4
1873	19	6
1874	18	5
1875	18	7
1876	25	5
1877	23	3
1878	26	11
1879	22	5
1880	21	8
1881	16	6

En d'autres termes :

73.906 laïques ont encouru, en treize ans, 268 condamnations, soit environ 3 *par an*, sur 10.000 *instituteurs*.

49.745 congréganistes ont encouru, en treize ans, 72 condamnations, soit environ 1 *par an*, sur 10.000 *instituteurs*.

Ce qui veut dire : pour un crime que commettent les congréganistes, les laïques en commettent *trois*.

Chose curieuse ! Au moment même où l'on faisait tant de bruit autour de l'affaire Flamidien (février 1899) cette proportion était gardée.

Pour *une* inculpation *non justifiée* chez les congréganistes, nous en avons eu *trois justifiées* chez les laïques ! Toutes trois du même mois de février.

Ce sont : 1° Attentat sur sa fillette, par l'instituteur laïque de Châtelus (Loire), Henry Albert, 33 ans[155] ; 2° Outrages publics à la pudeur, par Surin, instituteur laïque de Beslé, en GuémenéPenfao (Loire-Inférieure) ; 3° Enlèvement, le 13 février, de son élève Pierre Papin, 12 ans, par Moriceau, instituteur laïque de Pin-en-Mauges.

Il y a eu de nouveaux crimes depuis, une tentative d'assassinat, par exemple, à l'école normale de Clermont.

On le voit, de quelque côté qu'on l'envisage, côté des maîtres ou côté des élèves, l'école laïque demeure toujours *l'École du crime :*

Du crime qu'elle ne réprime pas ou du crime qu'elle enseigne par la leçon de choses de ses maîtres indignes.[156]

A qui devons-nous cette école du crime ?

Au franc-maçon *Jules Ferry* qui l'a inspirée ? Au ministre protestant *Steeg* qui l'a soutenue à la Chambre comme rapporteur ?[157]

---

[155] A été condamné, le 14 juin, à six ans de réclusion, aux assises de la Loire.
[156] Cela ne suffit pas à la vassale des juifs, la franc-maçonnerie, qui réclame l'enseignement *direct* du crime, que le *Talmud*, il est vrai, appelle une *vertu !*
Lisez plutôt :
« Dans nos écoles, on enseigne encore l'*existence de Dieu*, de l'*âme*, de la *morale. C'est du cléricalisme, il faut que cela finisse !*
« Il faut qu'on enseigne qu'il n'y a pas de Dieu, pas d'âme, pas d'éternité.
« L'école laïque ne peut être neutre, elle *doit être athée !*
« Il faut que nos instituteurs se déclarent tels qu'ils doivent être.

Sans doute ! Mais ne pas oublier que tous deux appartenaient, *l'un à l'aile droite, l'autre à l'aile gauche de la grande armée dont le juif est généralissime ;*

Que le rapporteur de la loi a été *soutenu de tous les juifs de la Chambre, du juif Lisbonne en particulier ;*

Que le père de la loi, Jules Ferry, était lui-même *l'élu perpétuel des juifs de Saint-Dié*, marchant pour lui au scrutin, à chaque élection, comme un seul homme, « en troupeau » comme en Algérie, sous l'œil et le bâton... pastoral, des quatre rabbins des quatre synagogues de son fief électoral : *Saint-Dié, Gérardmer, Sénones, Raon-l'Etape.*[158]

Ah ! Il aurait bien fallu voir un seul juif se soustraire aux injonctions rabbiniques, je ne dis pas *voter contre* Jules Ferry, mais simplement s'abstenir !

Toutes les *excommunications* du grand et du petit *Kahal* se fussent abattues sur lui en un clin d'œil !

---

[157] C'est Jules Steeg qui a fait voter l'article permettant au clergé protestant et aux *rabbins* ce qu'il interdit aux membres du clergé et des congrégations. catholiques : *le droit d'enseigner dans les écoles officielles.* L'histoire nous apprend que *Julien l'Apostat « enlevait aux chrétiens le droit d'enseigner dans les écoles. » Mais* il maintenait ce droit aux rabbins, qu'il comblait de faveurs. Rien de nouveau sous le soleil !
Soulignons ici l'admiration des juifs pour Julien l'Apostat à qui ils veulent élever une statue aux Thermes ! (février 1899).
Comme l'admiration ne va pas sans l'imitation, les juifs ont voulu imiter « le grand homme » qu'ils honorent !
C'est *toute* l'explication de la loi scolaire !
[158] Dans la Seine il y a *sept* synagogues, dont *quatre* à Paris.
Dans le département de Jules Ferry, il y en a *douze* que voici : *Épinal, Saint-Dié, Gérardmer, Sénones, Raon l'Étape, Remiremont* (arrondissement de M. Méline, ami des juifs), *le Thillot, Rambervillers, Bruyères, Charmes, La-marche, Neuf-Château.*
Voilà donc un département entièrement sous la dépendance du *Grand-Kahal*, 44, rue de la Victoire, Paris. Étonnons-nous des désastres opérés en France par les élus de ce département !

« Citoyennes ! À l'enfant au berceau dites toujours qu'il n'y a pas d'âme, pas de Dieu, que ce sont des *mensonges que veut leur apprendre le prêtre, cette néfaste bête noire* dont la haine est éternelle.

« Et puis, quand ces enfants reviennent de l'école, demandez-leur ce qu'on leur a enseigné ; s'il s'y mêle quelque erreur, *faites bien voir qu'on ment* et dénoncez les traîtres qui, à l'école laïque, osent enseigner ces vérités d'un autre âge.

« Ne laissez pas baptiser vos enfants ! etc. »

Qui a pu parler ainsi ? Un anthropophage de l'Afrique équatoriale ?

Non. Le citoyen Colly, de Paris, devant un auditoire composé d'instituteurs, d'institutrices laïques, de conseillers municipaux de Paris, présidé par le f ∴ Bauson, ayant à ses côtés un inspecteur primaire, une rédactrice de *La Fronde*, la directrice des patronages laïques du XIVe arrondissement. (Séance publique organisée par la loge de Plaisance, janvier 1899.)

Il faut croire que cet enseignement est pratiqué, même dans les écoles maternelles, à en juger par le fait suivant que nous avons vu, de nos propres yeux vu, trois fois en quelques semaines, dont une le 25 février 1899, passage du Saumon.

Un petit enfant de 3 ans au plus, suspendu au bras de sa nourrice, rencontre un prêtre.

Il s'arrête, malgré le bras qui l'entraîne et bien en face de l'ecclésiastique lui crie, à pleins poumons, de sa voix enfantine : « Couac ! couac ! couac ! »

Pauvre petit ! Le prêtre est déjà pour lui « la bête noire » !...

Ce qui explique avantageusement les paroles de M. Marchai à la tribune, le 9 mai 1899 :

Beaucoup d'hommes politiques, venus en Algérie, *n'ont pas vu*, je le constate avec peine, *cet aspect de la question juive ; ils se sont refusés à croire à l'influence politique exercée par les consistoires.*

« *Jules Ferry lui-même a fermé les yeux sur ce point.* »

Je crois bien ! Jules Ferry était leur élu, pour faire prévaloir ces deux points spéciaux de leur programme : *la loi scolaire et la destruction des communautés religieuses.*

Et l'on aurait voulu qu'il combattît en Algérie les juifs dont il exécutait le mandat en France ? Jules Ferry était plus que leur *élu*, c'était leur *élève*.

C'est à leur école qu'il a appris le mot prononcé à l'Hôtel de Ville de Senones qui a fait sa fortune et la leur :

« *Il y a trois chancres qui rongent la France : l'armée, la magistrature et le clergé !* »[159]

La magistrature ayant été épurée des catholiques et peuplée de juifs, a cessé d'être « un chancre ».[160]

---

[159] Le frère Bourceret, 33e et rédacteur de la *Lanterne*, a répété le mot au Grand Convent de septembre 1898 :
« Ces hommes-là (les cléricaux) sont pour nous, francs-maçons, d'irréconciliables ennemis, quelle que soit d'ailleurs la forme de leur costume, *qu'ils portent une toge, qu'ils portent une soutane, qu'ils portent même une épée.* » (Tonnerre d'applaudissements.)
(*Discours de clôture. Compte-rendu*, p. 14.)
[160] La loi d'épuration fut enlevée au Sénat le 31 Juillet 1883, savez-vous comment ?
1° Par l'escamotage *constaté* des voix de MM. Martel et Dieudé-Deffly qu'on fit voter *pour* quand ils voulaient voter *contre* ;
2° Par le vote *illégal* du juif Naquet qui n'avait pas le droit de voter au Sénat, comme député non encore démissionnaire et dont le bulletin fut déposé néanmoins par le juif Millaud.

Grâce à Jules Ferry, le « chancre du clergé » a cessé d'être contagieux pour l'école, victime il est vrai en ce moment d'un autre « chancre » nullement clérical, que nous venons de décrire.

Quant au « chancre de l'armée », les juifs sont en train d'y remédier, Zadoc-Kahn en tête, par l'affaire Dreyfus.

Israël peut être content de lui et de son fidèle valet Jules Ferry ![161]

Le juif Camille Sée et les lycées de filles

Nous empruntons au juif — conseiller d'État — promoteur de la loi qui a créé les lycées de filles, les chiffres suivants, pour l'année 1898 :

1. Lycées et collèges de jeunes filles : 63 ;
2. Professeurs : 809 ;
3. Élèves : 10.413, dont 1.692 pensionnaires et 410 demi-pensionnaires ;

Cela n'empêcha pas le président Humbert, de la *Chaîne d'Union*, de déclarer le vote acquis, le plus simplement du monde

Voilà la loi qui chassa de leurs sièges les magistrats catholiques et y fit monter à leur place la séquelle juive des Beer, des Alphanderry, des Eliacin Naquet, des Léon, des Bloch, des Katz, des Rosenfeld, des Anspach, etc.

Voilà la loi qui a peuplé de juifs la Cour d'Appel de Paris et le Conseil d'État, qui a fait monter le juif Durand à la présidence de la dixième Chambre du tribunal de première instance, et le juif Lœw à la présidence de la Cour criminelle de la Cour de cassation !

En province, c'est à l'avenant.

[161] Un mot du projet de loi Levraud, présenté à la Chambre, le 22 novembre 1898, ainsi conçu :

art. i. — Les membres des congrégations religieuses et du clergé régulier ne pourront en aucun cas s'occuper d'enseignement et notamment d'enseignement secondaire moderne.

art. ii. — Ils ne pourront avoir aucun établissement où seraient réunis, en dehors des heures de classe, des élèves de collèges et de lycées.

Mm. de Mun et de Cassagnac ont victorieusement combattu ce projet de loi draconien.

Mais il y a quelqu'un qui a tenu à lui manifester de la sympathie, en lui chantant à la tribune, au moment où il le croyait perdu, le vieux refrain de la « chanson qui berce la bêtise humaine » : *le péril clérical*.

Ce quelqu'un, c'est le fils de juive, Millerand.

4. Budget : *Quarante-neuf millions, quarante-quatre mille, neuf cent cinquante-sept francs, quarante-deux centimes* (49.044.957,42) ;
5. Coût d'une élève par année : quatre mille sept-cent dix francs (4.710).

Voilà ce que cela coûte et pour quel résultat ?

La statistique suivante du ministère public et de l'Académie des sciences morales « et politiques, concernant les femmes ou jeunes filles munies de brevets plus ou moins supérieurs, pourrait nous l'apprendre :

Cette statistique établit qu'en 1889 ;

Sur 30.000, demandant depuis longtemps à être institutrices officielles :

1. L'État n'en put nommer que 400 par an, soit 2.000 en cinq ans ;
2. Les administrations des postes et télégraphes, etc. en recueillirent 3.000 ;
3. L'hôpital, 1.500, qui y moururent de misère.
4. La prostitution, 3.500 ;
5. La corporation des couturières : 5.000 ;
6. Le foyer paternel : 15.000 ;

Est-ce un résultat analogue qu'avait en vue le juif, Camille Sée, en créant les lycées de filles ?... En tout cas, il a sûrement obtenu celui de préparer des impies, des déclassées, des orgueilleuses, des *femmes savantes* en un mot, dont la France n'a que faire, au lieu d'excellentes mères de famille dont elle a si grand besoin !

Mais qu'importent au juif les besoins de la France., pourvu qu'il mène à bien son œuvre Talmudique de destruction de la famille chrétienne, c'est-à-dire française ?

Au surplus, pour cette œuvre infernale, il a d'autres moyens à sa disposition ; examinons-les :

LE JUIF NAQUET, ET LA LOI DU DIVORCE

La loi Naquet a été votée le 14 août 1884.

Suivons ses résultats année par année ; voici les chiffres des divorces obtenus :

Année 1884	(fin d'année)......	1 773	(journal officiel).
— 1885	.. ..	4 227	(diverses statistiques).
— 1886	.. ..	2 950	(id.)
— 1887	.. ..	6 505	(journal officiel).
— 1888	.. ..	6 247	(id.)
— 1889	.. ..	7 075	(id.)
— 1890	.. ..	7 456	(id.)
— 1891	.. ..	5 752	(statist. du ministère de la
— 1892	.. ..	5 772	(id.)
— 1893	.. ..	6 184	(id.)
— 1894	.. ..	6 419	(statist. du ministère de
— 1895	.. ..		

— 1896 .. .. 7 051 (officiel : direct. office du travail).

— 1897 .. .. 7 460 (officiel : direct. office du travail).

Total. .. .. 74 871 divorces *obtenus !*

Car il ne s'agit pas ici des *demandes* de divorce, beaucoup plus considérables et qui se sont élevées, pour Paris seulement, du 1er janvier 1888 au 1er janvier 1892 au chiffre de 21.000 ! ! !

Ajoutons que dans la seule année 1896, on y a prononcé (à Paris) 1.998 divorces, en chiffre rond 2.000 !

Pour l'année 1895, dont le chiffre officiel nous manque dans la statistique générale, mettons 7.000 divorces.

Cela fait donc, pour une période d'environ treize ans, un total d'environ : 82.000 divorces ! Et il y manque l'année 1898.

Au total nous ne devons pas être loin de 100.000 ! Et ceci, pour quels résultats obtenus ?

Hélas ! résultats absolument *négatifs*, s'il s'agit des bons, douloureusement *affirmatifs*, s'il s'agit des mauvais.

Lisez cette navrante constatation :

On avait cru que la permission de séparer et de contracter une union nouvelle mettrait fin aux violences conjugales, aux drames de jalousie.

« *Il n'en est rien !*

« La statistique criminelle, les faits divers prouvent que *le divorce a été sans influence sur les adultères, sur les suicides, sur la criminalité passionnelle.*

« On ne saurait, non plus, lui attribuer une action sur la population (je crois bien) !

« *Dans la plupart des cas, l'action de la loi Naquet a été plutôt destructive de la famille ;*

« Elle a poussé à l'aventure combien de femmes qui s'en repentent amèrement aujourd'hui !

« Le grand défaut de cette révolution matrimoniale gisait surtout dans ce qu'elle offrait une facilité grande à la dislocation des ménages, une prime légale à la frivolité et à l'inconstance. »

Qui parle ainsi

Un libre-penseur, ancien partisan de la loi, M: Edmond Lepelletier, de *l'Écho de Paris*, dans le journal maçonnique *Lyon Républicain* (février 1898).

« *Dans la plupart des cas*, dit-il, *l'action de la loi Naquet a été plutôt destructive de la famille.* » Retenons ce mot qui nous amène à la constatation d'un nouveau fléau juif : la *dépopulation*.

LES JUIFS ET LA DÉPOPULATION

Nous disons : fléau *juif*, car ce fléau était inconnu en France avant l'invasion du juif, par la porte juive de la Révolution.

Avant 1789, nos pères disaient avec l'Église : « Le devoir *avant* le plaisir, le plaisir *pour* le devoir, jamais le plaisir *contre* le devoir. »

Et ils élevaient de nombreuses familles qui plaçaient la France au *premier rang de la population*, en Europe.

Depuis 1789, nous disons avec le juif *qui nous l'a appris :* « Le plaisir *avant* le devoir, le plaisir *pour* le plaisir, le plaisir *même contre* le devoir. »

Et toutes les statistiques des derniers recensements s'accordent à placer la France au *premier rang de la dépopulation*, en Europe.

Le mariage aujourd'hui n'est plus que la « course à la dot », qui n'est plus elle-même qu'une forme de l'appétit, la dot n'ayant plus d'autre destination que d'alimenter « la course au plaisir » *inventée par le juif.*

Oui, inventée par le juif, c'est-à-dire élevée par lui à la hauteur d'une doctrine.

De tout temps, il y a eu des hommes de plaisir, mais jamais « ces hommes de plaisir n'ont eu le front de se donner pour modèles aux générations de l'avenir et de leur dire : « *Le bien*, c'est de nous imiter ; *le mal*, c'est de ne point le faire. » Ils se contentaient de jouir, en cachant leur ignominie.

Il était-réservé au juif de faire chez nous, avec sa conscience Talmudique, ce que les Français n'avaient osé faire chez eux avec leur conscience catholique :

Réhabiliter le plaisir.

Il s'est avancé et leur a dit avec son habituelle impudence :

Mais à quoi bon vous cacher ? C'est nous, les effrontés du vice, qui avons raison c'est vous, les honteux de la jouissance, qui avez tort.

« La vie n'est qu'une partie de plaisir ; heureux ceux qui savent mettre le plus d'atouts dans leur jeu ! »

Voilà comment le juif a parlé, fidèle en cela aux leçons des Grand Maîtres du *Talmud* qui disent :

Le *Talmud* permet *avec raison* à l'homme (au juif) tourmenté par la tentation de s'abandonner au plaisir et *cela sans péché.* » (*Rabbi Kroner*).

Il suffit de se cacher « *pour que le nom de Dieu ne soit pas discrédité* », sous-entendu « chez les faibles d'esprit. » (Tr. Berach., f. 17,1. — Tr. Baba b., f. 10,2)

« *On a le droit d'abuser d'une femme dans l'état d'incroyance* », c'est-à-dire, *non juive* (*Maïmonide Jaa.* ch. 2, 2, Rois, 2, 2).[162]

Par respect pour nos lecteurs nous ne pouvons reproduire les nombreux passages qui autorisent expressément les crimes de Sodome et de Gomorrhe.[163]

Voilà la doctrine qui a tué le respect du mariage !

Le mariage autrefois, c'était encore pour chacun, *dans sa sphère sociale*, la recherche d'un grand nom et le souci de le propager dans de nombreux descendants.

C'était, si l'on veut, « la course à l'honneur » qui est encore une des formes du devoir, l'honneur n'étant que l'éclat du devoir accompli.

Comment parlent maintenant les docteurs juifs ?

Voici le langage de l'ennemi des asiles de la charité, du docteur juif Herzl, directeur de la *Neue Freie Presse*, de Vienne, au peuple d'Israël dont il rêve la reconstitution par le *sionisme*.

On y reconnaîtra sans peine l'idéal vers lequel le juif précipite la France depuis cent ans. Nous ajoutons les sous-titres.

---

[162] Parmi les souscriptions pour Mme Henry, une demi-douzaine au moins, sont accompagnées de réflexions comme la suivante, qui n'est pas la plus catégorique : « Une institutrice pauvre, trompée par de riches youpins. » (27 décembre 98.)

[163] Disons seulement que les juifs ont de tout temps usé de l'autorisation, spécialement au moyen âge, ainsi qu'en témoigne le jugement historique du tribunal de Trévoux, 25 mars 1429, expulsant les juifs de cette ville (où ils s'étaient réfugiés depuis leur expulsion de Lyon, neuf ans auparavant) « pour avoir avoué, entre autres choses, dit M. Raymond Lacan (*Histoire des juifs*), que le péché de Sodome leur était permis. »

« IL FAUT SE CRÉER DES BESOINS PLUS RAFFINÉS »

Peu à peu, par l'armée des employés de la Compagnie (de transport des juifs), des *besoins plus raffinés seront importés* (dans la patrie juive reconstituée).

Les besoins raffinés des employés bien placés produiront de nouveau un marché plus riche qui ira en se développant...

Or, le *luxe est ce dont nous avons besoin sous différents rapports*, notamment en vue de l'art, de l'industrie, et, dans un temps plus éloigné, de la décadence des grandes fortunes (à prévenir, sans doute).

« IL FAUT JOUIR EN PLEINE LIBERTÉ »

Car les juifs riches qui, maintenant, sont *obligés de cacher anxieusement leurs trésors et de donner leurs tristes fêtes, les rideaux baissés, pourront « là-bas » jouir en pleine liberté.* »

« IL FAUT RÉHABILITER LE CAPITAL »

« Si cette émigration s'effectue avec leur concours, le capital sera réhabilité chez nous, dans le nouveau pays, attendu qu'il aura montré son utilité dans une œuvre sans précédent.

« IL FAUT OCCUPER DE SOMPTUEUSES DEMEURES »

« Si les juifs les plus riches commencent à construire « là-bas » leurs châteaux, que l'on regarde déjà d'un œil si jaloux en Europe, il sera bientôt de mode d'y aller occuper de somptueuses demeures. » (*Nouvelle Revue Internationale*, 31 décembre 96, p. 860.)

Inutile de dire que cet idéal de jouissance est depuis longtemps réalisé dans les pays où règne le juif.

Cette doctrine est pratiquée

Qu'on nous pardonne la description suivante, aujourd'hui nécessaire, de l'historien J. Gross Hoffinger, dans les « *Feuilles historiques et politiques de Munich*, revue très sérieuse et très bien informée ».

Il s'agit des juifs d'Autriche

« Leurs propres femmes (des banquiers, des spéculateurs, des rois de la Bourse à Vienne) leur paraissent trop bonnes pour être sacrifiées au plaisir.

« Ils les tiennent à l'abri et se gardent de les séduire et de les déshonorer ; c'est pourquoi ils cherchent, parmi les races qu'ils regardent comme destinées à leur être asservies, les jeunes filles les plus pures et les plus intactes...

« Quant aux classes inférieures du judaïsme, elles excellent dans la pratique de l'entremettage et des négoces semblables, comme on le voit à Hambourg. (Patrie de Reinach).[164]

---

[164] Ne sont-ce pas les négoces que saint Paul flétrissait déjà chez les juifs de son temps ?
« Il y en a plusieurs, parmi les juifs... qui séduisent les âmes.
« Il faut fermer la bouche à ces personnes qui pervertissent des familles entières, enseignant, par *un intérêt honteux*, ce qu'il ne faut pas enseigner. » (Tite, ch. I, 10 et 11.)
Les juifs ont progressé depuis ils pratiquent aujourd'hui ce qu'on pourrait appeler « la traite des blanches ».
Le grand procès de Wadowice (1892), où 40 juifs furent condamnés pour ces infâmes négoces, ne les a pas corrigés. On en arrête de quinze à vingt par an.
Récemment, le 24 mars 1899, on arrêtait encore le juif autrichien Banda, propriétaire à Jaroslaw (Galicie), au-delà de la frontière franco-italienne, sur la route de Gênes où il conduisait trois malheureuses victimes, dont une sa propre nièce, à destination de Buenos-Aires.

Les livres et les gravures les plus obscènes sont mis en vente par les juifs ».[165] En France, sommes-nous mieux partagés ?

Il a été écroué à Vienne, le 26 mars (correspondance particulière de la *Libre Parole*, datée de *Vienne*, 26 mars).

[165] Signalons ici le bonheur particulier que les juifs éprouvent à étaler aux yeux scandalisés des catholiques, les images qu'ils vénèrent le plus, au milieu de nudités scandaleuses !

Le chrétien pieux achète le Christ, l'image de la Sainte-Vierge ou des Saints pour la soustraire à cette honteuse promiscuité.

Et le juif se frotte les mains d'avoir su voler le goy, en insultant à sa croyance !

Nous pourrions citer tel magasin de la rue Etienne-Marcel, de la rue de Valois, ou des galeries du Palais Royal, où les choses se passent ainsi.

C'est tout à fait *Talmudique* !

Ce qui ne l'est pas moins, c'est le fait suivant qui se passait à Versailles, vers la mi-avril 1898.

Un juif, détenteur du *Livre d'heures*, absolument authentique, de Marie-Antoinette, se présente chez un libraire, la relique en main.

Pourriez-vous, lui dit-il, sans endommager la reliure, intercaler ces pages de gravures dans ce petit livre ?

Les gravures étaient tirées de la *Pucelle*, l'œuvre obscène de Voltaire.

Mais c'est très mal, ce que vous me demandez-là, répliqua le relieur.

Peu vous importe !

Pardon ! je ne veux pas être complice d'une mauvaise action. Voudriez-vous donc faire croire que Marie-Antoinette, à l'église, passait son temps à feuilleter de pareilles saletés ?

Cela ne vous regarde pas, répliqua le juif, du moment que je vous paie !

Si riche que vous soyez, riposta le Français, vous ne l'êtes pas assez pour acheter ma conscience. Sortez !

Et le juif fut prestement mis à la porte. Ce Français n'était pas à vendre... !

Cette peu édifiante histoire est venue en droite ligne de Versailles à M. Albert Monniot, à qui nous l'avons empruntée.

Voilà qui ne fait pas précisément ressortir « *cette délicatesse de sentiments, cette haute moralité, cette répulsion pour le mal* » attribuées par le grand rabbin Zadoc-Kahn à ses coreligionnaires, le jour du Yom-Kippour, 1895.

Mais elles nous font nous demander pourquoi nos députés catholiques n'imiteraient pas le député de la diète de Galicie Kramarczyk, qui ne craignait pas de déposer, en mars 1899, un projet de loi fortement motivé tendant à interdire aux juifs le commerce des objets de piété.

Il paraît que, là-bas, les juifs pratiquent couramment cette promiscuité lucrative !

Ils en sont même arrivés à vendre, comme des portraits de grands saints, les images de Crémieux, de Dreyfus et de Zola !

Ce sont là, il est vrai, les saints du diable ou, si vous préférez, de l'île du Diable ! Mais ils n'ont guère de rapports, même lointains, avec les saints du bon Dieu que vénèrent les catholiques.

C'est pourquoi il serait bon d'empêcher les juifs de bénéficier de la confusion.

On sait que les agents de corruption n'y manquent pas et que les plus actifs sont ordinairement des juifs !

Le juif Henri Meilhac, par exemple, de l'Académie française — il vient de mourir — auteur de pièces démoralisatrices, glorifiées par des critiques d'art juifs et livrées par la *censure*, peuplée de juifs, à des théâtres dirigés par des juifs !

N'est-ce pas le juif Mussay qui dirige le *Palais-Royal*, le juif Nunès qui dirige les *Folies Dramatiques*, dont le secrétaire général est le juif Mayer ?

Ne sont-ce pas des juifs, que Millerand, directeur du thé*âtre de la République* ; Marx, directeur de *Cluny* ; Franck, directeur du *Grand-Guignol* ; Abraham, secrétaire général du *Gymnase* ; Lionel Mayer, secrétaire général des *Nouveautés* ; Lévy, secrétaire général de *l'Ambigu* ?

S'il fallait tout dire, une page n'y suffirait pas ! Ce qui arrache à *l'Antijuif* cette réflexion fort juste « Et l'on s'étonne que l'art français tombe de plus en plus dans la pornographie ! »

« N'est-ce pas le genre spécial des juifs ? N'était-ce pas celui du juif Mayer, qui distribuait les ordures à pleines mains, à ses lecteurs, dans le supplément de sa *Lanterne ?* (13 novembre 1898.) Et cet organisateur de « vachalcades » scandaleuses de la mi-carême, à Paris, qui eut, il y a quelques années, un procès retentissant, pour avoir détourné les fonds de la caisse des étudiants,

n'était-il pas juif ?[166]

---

[166] Au mardi-gras de 1899, le 14 février, un cortège scandaleux s'est déroulé dans les rues de Valréas (Vaucluse), par l'initiative des juifs de cette ville.
Un autre également ignoble s'est déroulé dans les rues de Roubaix, pour la mi-carême.
Nous ne demanderons pas à la synagogue du 51 de la rue des Champs jusqu'à quel point elle y a été étrangère...

Et ces envois à domicile, par la poste, dans la France de prospectus orduriers défiant toute pudeur, qui en a eu l'initiative ? Neuf fois sur dix, des juifs.

Du moins, cette propagande a-t-elle été combattue ?

Hélas ! elle a trouvé des auxiliaires inattendus dans une certaine école d'économistes modernes qui ont prêché, eux aussi avec les juifs, la nécessité « des besoins plus raffinés (la toilette pour les dames), des somptueuses demeures etc. », du luxe en un mot, ce Serment de la luxure, c'est-à-dire du plaisir à outrance.

Certains même sont allés, dans ce but, jusqu'à préconiser contre la loi de Dieu la limitation du nombre des enfants dans la famille !

Le peuple, « qui est un terrible logicien », a tiré les conclusions.

Comme il s'agit de jouir avant tout et que pour jouir il faut des ressources, si les ressources ne peuvent suffire à alimenter le plaisir et le devoir, c'est très simple, on les retranchera au devoir pour les donner au plaisir.

C'est ce qui est arrivé ! Le résultat, le voici :

Quatre millions et demi de ménages sans enfant ou à fils unique

---

Soixante pères de famille ont invoqué, auprès du procureur général de Douai, la loi du 16 mars 1898 qui punit d'un mois à deux ans de prison et d'une amende de 100 à 5,000 francs l'outrage aux bonnes mœurs, par la vente ou la distribution d'écrits obscènes, par des chants licencieux dans la rue.
Ils ont rappelé également la loi, qui punit le port illégal d'un costume religieux et les outrages aux cultes reconnus.
Nous ne croyons pas qu'ils aient obtenu grand résultat.

Ce tableau a été publié en mars 1897 par le docteur Bertillon, directeur de la statistique municipale à Paris, d'après le recensement, en 1895, de la population française.

Sur huit millions trente mille ménages français,

il y a :

Ménages sans enfant		2.000.000
—	à 1 enfant	2.500.000
—	à 3 enfants	1.500.000
—	à 4 enfants	1.000.000
—	à 5 enfants	500.000
—	à 6 enfants	330.000
—	à 7 enfants	200.000[167]

En même temps le chiffre des enfants illégitimes a doublé depuis quinze ans. Il a été de 75.989 en 1897, presque un dixième de naissances totales, d'après le rapport *officiel* du directeur de *l'Office du travail*.

Il est vrai que ces enfants du crime coûtent moins de peine au criminel qu'à ses victimes, la mère et l'enfant.

---

[167] Les juifs, eux, ont de nombreuses familles, destinées, suivant leurs espérances Talmudiques, à submerger les non-juifs. C'est l'explication de la contradiction *apparente* entre leur propre conduite et celle qu'ils nous enseignent et que suivent, hélas ! des familles *pratiquement* païennes quoique, *officiellement* chrétiennes. Car *elles ne sont pas chrétiennes* ces épouses, par exemple, oublieuses du devoir que leur indique saint Paul : « La femme *se sauvera* en mettant au monde des enfants. » (Tim. ii, 15.)
Celles qui *refusent* d'en mettre ne se sauvent donc pas !

De tous ces attentats contre la famille, quelle est la conséquence ?

La France au dernier rang de la natalité

Voici le tableau comparatif officiel du mouvement de la population en Europe, publié en août 1898 : Sur mille mariages légitimes, il naît :

En Allemagne	270	enfants
En Écosse	269	—
En Belgique	261	—
En Angleterre	250	—
En Autriche	250	—
En Suède	240	—
En Irlande	240	—
En Suisse	236	—
En France	163	—

La France au cinquième rang de la population aujourd'hui

La France, qui tenait le *premier* rang en Europe en 1789, avec 26 millions d'habitants, ne tient plus que :

1. Le troisième rang, en 1815, avec 29 millions ;
2. Le quatrième, en 1880, avec 37 millions ;
3. Le quatrième, en 1891, avec 38 millions ;
4. Le cinquième, en 1896, avec 38 millions 200.000.

L'Italie, qui occupe le sixième rang, est elle-même en voie de nous supplanter, puisque le chiffre de ses naissances par *mille* habitants est de 36 contre 25, chiffre de la France en 1883, descendu depuis à 24, puis 23, puis 21 en 1890 (peut-être à 20 en 1898)...

(Recensement pour la période de 1865 à 1883, publié en août 1896.)

La proportion a été de 22,4 en 1897, d'après le rapport du directeur de *l'Office du travail à l'Officiel* (décembre 1898).

La statistique de M. Edmond Théry, parue depuis dans *Europe et États-Unis d'Amérique*, renforce cruellement l'éloquence des précédentes statistiques.

Il en résulte que, de 1875 à 1897 :

1. La Russie d'Europe   s'accroit de 44 pour 100 ;

2. L'Allemagne   — 27,3 — ;

3. L'Autriche-Hongrie   — 21 — ;

4. L'Italie   — 16,7 — ;

5. **La France**   — 6,7 — .

D'où : la France, qui occupait le *troisième* rang de la population en 1876, avec 36 millions 102 mille 900 habitants, n'occupe plus que le *cinquième* rang, en 1897, avec un peu plus de 38 millions d'habitants, après l'Angleterre et l'Autriche-Hongrie !...

La France au dernier rang de la population, demain

C'est avec de pareilles statistiques se déroulant d'une année à l'autre, avec une concordance, une logique impitoyables, que l'*Economista*, mai 1898, a pu établir le tableau suivant de la population approximative des divers États de l'Europe, à la fin du XXe siècle :

Russie d'Europe :   228 millions d'habitants ;

Allemagne :   105 millions et demi ;

Autriche-Hongrie :   79 millions ;

Angleterre :   65 millions ;

Italie :   44 millions, 700 mille ;

France :   41 millions, 500 mille.

LA DISPARITION PROCHAINE DE LA FRANCE

Ces chiffres arrachent, on le comprend sans peine, ce cri d'angoisse à M. Bertillon (mars 1897) :

« J'y vois, avec une profonde douleur, mais *avec évidence, la preuve de la disparition prochaine de notre pays.*

« L'Allemagne, pour ne parler que d'elle, avait, en 1841, à peu près la même population que la France (je parle du territoire actuel des deux pays).

« Aujourd'hui, l'Allemagne compte 14 *millions d'habitants de plus que la France.*

« Depuis cinq ans ; notamment, l'Allemagne *a gagné trois millions d'habitants* (deux fois l'Alsace-Lorraine) et voilà que le *Journal officiel* nous annonce que pendant ces mêmes cinq années, notre population a diminué de 175.027 habitants.

« Au lendemain de la guerre, en 1873, le nombre des jeunes gens pour le recrutement était presque le même en France et en Allemagne, et la France pouvait espérer de reprendre dans le monde son ancienne situation.

« Aujourd'hui le nombre des conscrits allemands (450.000) est d'environ un tiers plus fort que celui des Français (330.000).[168]

« LA FRANCE EST PERDUE, SI ON NE RÉVEILLE PAS PAR DES MESURES ÉNERGIQUES SON PATRIOTISME ENDORMI OU PEU ÉCLAIRÉ.

« Il faut annoncer à tous la grandeur du danger ! » Nous ajoutons : il faut signaler à tous l'ennemi qui nous y a placés, le juif, avec ses subordonnés le protestant et le franc-maçon.

Ceci, en haine du nom catholique, en conformité avec le *Talmud* qui prescrit aux juifs d'» amener les chrétiens à violer leur loi » (Aboda s. f. 2, 1.), pour les amener ainsi à consommer *eux-mêmes* leur propre ruine.

Cette haine en a-t-elle assez entassé de ruines chez nous ?[169]

Pas encore !

Mais il est impossible de les énumérer toutes ; il y faudrait des volumes ! Rappelons rapidement :

---

[168] Rien que la loi Naquet (août 1884) nous *a* enlevé plus de 100,000 conscrits dans les 100,000 divorces qu'elle a provoqués.
Nous disons 100,000 conscrits, car ce n'est pas exagéré de supposer qu'avec 100,000 mariages maintenus, nous eussions eu 200,000 enfants de plus, dont 100,000 garçons, c'est-à-dire 100,000 conscrits.
Edmond Théry établit que l'Allemagne, qui n'opposait que 41 millions 60 mille 800 habitants, aux 36 millions 102 mille 900 habitants de la France, en 1875, oppose, en 1898, ses 52 millions 279 mille 900 Allemands aux 38 millions 518 mille habitants de la France.
Si bien qu'à l'heure actuelle il y a 100 Français contre 135 Allemands, et qu'à la fin du XXe siècle il y aura 100 *Français contre* 236 *Allemands.*
[169] Pas chez les autres, qui leur ont refusé les *droits de citoyen actif*, comme l'Allemagne, où le juif devient sergent, la Russie, où il devient caporal !
Chez nous il devient général !
Ce qui justifie le mot du poète chansonnier Goudeski :
« Chassés de tous pays, c'est dans la France seule
« Qu'afin de la pourrir ils se sont installés. » Notez qu'en Allemagne le juif ne peut être fonctionnaire !

Le juif Hérold, préfet de la Seine, emportant dans des tombereaux les Christs enlevés aux hôpitaux, en 1881 ! (mort subitement 8 jours après) ;

La loi des « curés sac au dos » votée par les juifs et par eux accueillie on sait avec quels transports d'allégresse !

Les lois d'accroissement et d'abonnement contre les congrégations religieuses, votées et accueillies par eux, avec non moins de transports, souvent même par eux exécutées !

On se souvient du juif Lisbonne, par exemple, avoué, fils du député qui avait voté la loi, chargé au mois de septembre 1897 de saisir le patrimoine, à Mondragon, des religieuses du Saint-Sacrement de Bollène, de le faire vendre aux enchères devant le tribunal civil d'Orange !

Mais il faut clore ici cette série douloureuse ; si instructive soit-elle.

Que répondent les juifs ?

Et s'il vous plaît de l'étaler sous les yeux du juif, pour le confondre, vous croyez qu'il baissera la tête ?

Il la redressera, plantera son regard dans le vôtre et entonnera un hymne à la gloire du juif « serviteur, de la loi », à la honte du catholique « son contempteur » !

En octobre 1895, M. de Cassagnac s'étant permis, à l'occasion d'une discussion parlementaire sur la *loi d'accroissement*, de constater que « les mêmes athées, « francs-maçons, *juifs*, qui s'imposent comme *représentants d'un peuple catholique*, sont les mêmes « qui *fabriquent des lois contre les catholiques* et en « imposent au gouvernement l'application « M. Léon Kahn lui répondit dans *l'Univers israélite* (25 octobre) :

« La *plaisanterie* n'est pas nouvelle.

« Elle florissait plus particulièrement pendant la

Révolution, à l'époque où l'Assemblée nationale, défendant son œuvre contre les *prêtres réfractaires*, cherchait à maintenir sous ses lois et à discipliner le clergé.

« Au décret sur *la constitution civile du clergé*, les gazettes religieuses et « monarchiennes » répondirent par de virulentes *attaques contre les protestants qui venaient de rentrer dans leurs biens et leurs droits* ravis par la Révocation de l'Édit de Nantes et *contre les juifs qui avaient obtenu les droits de citoyens actifs.*

« Ce qui exaspérait surtout ces journaux, c'est que les *représentants du peuple* ne cessaient de *mettre en parallèle l'attitude des catholiques et celle des protestants et des juifs.* »

Effectivement, lorsqu'en 1791 les catholiques français se virent mis hors la loi, comme aujourd'hui, par une poignée de sectaires et d'étrangers, ils s'écrièrent comme aujourd'hui :

« *Ce sont les protestants qui chargent de fers les catholiques !* » (*Journal de Louis* XVI *et de son peuple.*)

« *C'est pour les protestants et les juifs seuls que l'Assemblée semble avoir des entrailles !* » (L'abbé Th.-Ma. Royou, dans l'*Ami du roi*, 11 janvier.)

Que répondirent les juifs ?

« *Aucun autre culte ne présente ce système de résistance à la loi ;* les protestants, les juifs, etc., ont, des maximes religieuses différentes des nôtres ; mais *ils sont soumis à la loi, mais ils respectent toutes les autorités constituées.* »

Qui parlait ainsi ?

François de Neufchâteau, l'ami de Voltaire, le Clémenceau des juifs d'alors. Rien de nouveau sous le soleil !

Et nous nous associons entièrement à la conclusion de la réponse de M. Léon Kahn à M. Paul de Cassagnac

« *Les haines sont les mêmes qu'il y a cent ans ; les attitudes sont les mêmes ; les mensonges sont les mêmes.* »

C'est parfaitement exact ! Sauf que « les haines, les attitudes et les mensonges » ne sont pas de ceux que pense M. Léon Kahn !

LE SYSTÈME JUIF

Voilà le système juif, dans sa simplicité ! Il se réduit à deux points :

Au pays *catholique* qui l'a accueilli, *imposer sa législation* Talmudique, par tous les moyens, le mensonge, la corruption, la menace et même « *le chambardement* ». (Voir plus haut, le *Kahal.*)

La législation imposée, si ce pays n'en veut pas, *le dénoncer comme* « *réfractaire* » à côté d'Israël qu'il présente comme un « parangon d'obéissance ».

Le système est connu ! Il y a 1900 ans que le pharisien l'appliquait au publicain, dans le Temple !

Chose curieuse ! Il est appliqué partout aujourd'hui avec le même succès.

En Hongrie, par exemple, où les catholiques vivaient comme nous, avant la révolution juive, sous le régime du mariage *purement religieux*, les juifs, avec leurs moyens habituels, viennent d'introduire dans la législation le *mariage civil*.

La loi était applicable à partir du 1er octobre 1895. Elle fut inaugurée, le même jour, par un mariage de juifs richissimes.[170]

En voici la description par dépêche à *l'Univers israélite* :

« Budapest, 2 octobre,

« C'est hier qu'a été célébré à Budapest le premier mariage civil.

« L'officier de l'état civil en grand costume national, culotte avec grandes bottes à glands, écharpe tricolore brodée aux armes de la Hongrie, a donné lecture des dispositions de la loi aux deux conjoints appartenant à la haute société juive de Budapest, etc. ...

« L'assistance très nombreuse a poussé plusieurs fois des *Eljen !* » Naturellement, les catholiques ont plutôt poussé des gémissements.

Une lettre à l'*Univers israélite* nous dit comment nos « bons pharisiens » leur ont renfoncé leurs sanglots intempestifs dans la gorge ; la voici :

« Budapest, 22 octobre 1895.

« Les nouvelles lois politico-religieuses et principalement l'institution du mariage civil sont entrées en vigueur depuis le 1er octobre.

---

[170] Le lendemain, 2 octobre, *La reconnaissance de la religion juive* en Hongrie, *à l'Officiel*, récompensait les juifs de leur obéissance... *à leur propre loi !*...

« Vous avez connaissance des luttes acharnées que *les cléricaux*, qui se sont octroyé le nom séduisant de *Parti du Peuple*,[171] ont soutenues contre les nouvelles lois.

« Cette lutte se poursuit et presque chaque jour les autorités se voient forcées de porter des jugements sévères contre *les prêtres récalcitrants*.

« *Les rabbins, au contraire, observateurs respectueux des lois, se sont conformés aux nouvelles institutions.* »

« Prêtres récalcitrants, rabbins obéissants »

C'est une variante du fameux argument : « Vous êtes un clérical ! »

Voilà l'unique argument, répétons-le, avec lequel les juifs ont fait les Révolutions de 1789 et de 1848, avec lequel ils font passer, depuis 20 ans, tout leur *Talmud* dans notre législation, avec leurs lois scolaire, militaire, d'accroissement, etc. !

Voilà le refrain avec lequel ils prétendent sauver leur Dreyfus !

« Tous ceux qui ne croient pas à son innocence sont des *cléricaux* », clame journellement le syndicat dans ses mille et une feuilles de l'île du Diable !

Voilà le refrain, en un mot, avec lequel ils ont démoli légalement la France, sur les ruines de laquelle ils se sont constitué, non moins

---

[171] Ce titre qu'ils refusent aux Hongrois du sol qui sont, comme chez nous, la majorité, ils ne manquent pas de se l'attribuer à eux, minuscule poignée d'étrangers.
Exactement comme en France aujourd'hui où le parti dreyfusard revendique pour lui seul le titre de *Parti du peuple*, comme en 1789, où un ami des juifs écrivait : « *Les représentants du peuple* ne cessent de mettre en parallèle, etc. » Voir p. «Que répondent les juifs ?», page 138 : *la citation* de M. Léon Kahn.

légalement, toujours avec le même refrain, la situation exceptionnelle et privilégiée dont voici un échantillon :

III

LES PRIVILÈGES DES JUIFS EN FRANCE

Le Concordat passé entre le Pape Pie VII et le premier Consul et par eux signé le 15 juillet 1801, assurait « un traitement convenable » aux *seuls* évêques et curés dépouillés de leurs biens par la Constituante.

C'était une simple restitution faite sous la forme d'un *budget annuel*, dont le total, assez variable jusque-là, n'a jamais du reste égalé les simples intérêts des biens dont le clergé avait été dépouillé.

En tout cas, la *Constituante* n'avait rien pris aux juifs et les avait laissés, comme de juste, à leurs propres ressources, en ce qui concerne leur culte.

N'était-ce pas assez déjà d'en avoir fait, contre toute justice, des citoyens français ? Non, ce n'était pas assez pour les juifs. En tout cas, ils ne s'en sont pas contentés.

En arrivant au pouvoir, avec Louis-Philippe leur homme-lige, ils obtinrent le décret royal du 8 février 1831, en vertu duquel le *culte israélite était désormais salarié par l'État*.

À ce point de vue, quelle est aujourd'hui la situation exacte des juifs en France ? La voici :

ÉPISCOPAT FRANÇAIS ET GRAND RABBINAT

Le Grand Rabbin de France, qui n'est pas prêtre — il n'y a pas de sacerdoce chez les juifs — à l'autorité souveraine en quelque sorte sur toutes les synagogues ou communautés israélites de France (cent cinquante environ) et du monde.

Les mots d'ordre qu'il leur envoie par circulaire secrète, comme le Grand-Orient à toutes ses loges, sans contrôle effectif du ministre des cultes, acquis d'avance à la cause juive, sont toujours ponctuellement obéis.

Les évêques, au contraire, qui ont reçu la plénitude du sacerdoce, ne peuvent recevoir de leur Chef suprême que le mot d'ordre que voudra bien laisser passer l'ennemi officiel du catholicisme, qui s'appelle aujourd'hui M. Dumay, directeur des cultes, « l'Éminence grise » de tous les *ministres* passés, présents et à venir, *contre le culte catholique.*

Par exemple ! le même M. Dumay qui « condescendra p à laisser passer le mot d'ordre catholique, s'efforcera d'en limiter l'exécution à la mesure de son bon plaisir.

Tandis qu'il lui plaît toujours de laisser la plus complète liberté de circulation et d'exécution aux mots d'ordre d'Israël.[172]

C'est dans ces conditions que le premier jour de la fête de *Souccot*, jeudi 3 octobre (15 *Tischri*) 1895, le Grand Rabbin de Bayonne, Lévy Émile, lut en chaire la circulaire du Grand Rabbin de France Zadoc-Kahn « recommandant *d'armer pour la lutte contre l'ignorance et la calomnie ceux de nos coreligionnaires*, etc. » et dont les conclusions immédiatement pratiques furent :

---

[172] Tous les mots d'ordre ennemis qui circulent en France viennent de deux sources distinctes : 1° de Zadoc-Kahn au nom du *Kahal*, pour les juifs ; 2° d'Adriano Lemmi, par l'intermédiaire du Grand-Orient, pour les francs-maçons et les protestants.
Ce qu'il faut remarquer, c'est que ces mots d'ordre, variables dans la forme, sont toujours *identiques pour le fond.* Pourquoi ?
Les deux sources sont identiques ! Zadoc-Kahn et Adriano Lemmi sont marqués du même signe : la *circoncision*, et pourraient s'appeler tout aussi bien en France, l'un le Grand Rabbin de la franc-maçonnerie, l'autre le Pape des Juifs !

1° *L'organisation par le Grand Rabbin de Bayonne de conférences mensuelles, avec le concours du rabbin Bloch, de Pau, du docteur Delvaille, vice-président du Consistoire, de Jacob Lambert et Jules Delvaille, professeurs, le premier au lycée de Bayonne, le second au lycée de Montauban ;*

2° *Un vœu, tendant à obtenir de M. le Grand Rabbin Zadoc-Kahn l'organisation d'un comité central, auquel seraient envoyées les conférences faites sur tous les points du territoire* et dont ce comité publierait les vingt ou trente meilleures, en un recueil accessible à toutes les bourses.

Univers israélite (9 oct.)

Voit-on d'ici le déchaînement des fureurs ministérielles, si un seul évêque français se fût permis dans son diocèse ce que M. le Grand Rabbin Zadoc-Kahn se permet impunément dans toute la France !... avec le concours des *professeurs de l'État !*[173]...

RABBINS ET PRÊTRES CATHOLIQUES

Le traitement des rabbins, d'après le budget de 1898, varie de 1.750 à 2.500 francs.

Le traitement d'un prêtre catholique varie de 900 à 1.600 francs,, différence moyenne : 825 francs.

Et ce traitement, encore, quoique insaisissable suivant la loi, est souvent supprimé, sous le moindre prétexte.

---

[173] Avec une logique qu'il faudrait admirer, si elle n'était criminelle, nous voyons le ministre des cultes consteller la poitrine de Zadoc-Kahn de décorations (dont celle d'officier de la Légion d'honneur), qu'il n'a jamais songé à offrir au vénérable cardinal Richard !
Pour accuser davantage le mépris, les deux noms figurent à côté l'un de l'autre, dans *l'Annuaire de l'administration. de la ville de Paris !*

En revanche, nous n'avons jamais entendu dire qu'on ait supprimé le traitement d'un rabbin, sous un prétexte quelconque, celui du grand Rabbin Zadoc-Kahn, par exemple, pour son intervention odieuse dans « l'affaire ».[174]

En outre, d'une proposition de loi déposée à *la* Chambre, le 5 juillet 1898,[175] il résulte que les rabbins de Paris (avec les pasteurs) reçoivent de la ville des indemnités de logement, refusées d'ailleurs aux prêtres catholiques.

Ils ont reçu, en 1894, pour près de 500,000 fr. d'indemnités arriérées et en reçoivent annuellement pour 40,000 francs.

ÉGLISES ET SYNAGOGUES

La municipalité de Paris a-t-elle l'habitude, au moins depuis 30 ans, de fournir des subventions aux catholiques de cette ville, pour y bâtir des églises ?

En tout cas, elle a fourni un *million* pour la synagogue de la rue de Victoire, 44, qui en a coûté deux. Inaugurée le 8 septembre 1894.

---

[174] Il est intervenu à la Chambre criminelle pour y prendre communication du dossier, d'après M. de Beaurepaire (3 février).
Il est intervenu auprès du lieutenant juif Cahn, du 74e de ligne (régiment d'Esterhazy), mandait chez lui par carte-télégramme, du 8 janvier, pour en obtenir la réponse à cette question :
« Savez-vous si le commandant Esterhazy est allé en manœuvres d'instruction en 1894 ? »
Il paraît que M. le Président du Conseil a infligé « un blâme », le 17 janvier, au grand rabbin... pour la forme !
Cette intervention, injustifiable dans un ministre d'un culte reconnu par l'État, s'explique cependant à la perfection par les affinités de race :
Mile Berthe Zadoc-Kahn, deuxième fille du grand rabbin, est *cousine germaine* de Dreyfus, par son époux
M. Henri Bruhl, *cousin germain* de Lucie Hadamard, femme Dreyfus !
[175] Signée des noms suivants peu suspects de « cléricalisme » : Charles Bos, Clovis Hugues, Fournière, Alphonse Humbert, Millerand, Dejeante, Viviani, etc.
Il est vrai qu'alors ces Messieurs n'avaient pas de raison de sympathiser avec le grand rabbin.
Il n'en est plus de même aujourd'hui, parait-il, depuis qu'ils connaissent les sympathies du grand rabbin pour Dreyfus !

Elle a fourni 500,000 *francs* pour la synagogue de la rue des Tournelles, qui a coûté un million.

Inaugurée le 30 septembre 1876.

En province, la synagogue de Senones (Vosges) recevait, il y a quelques années, un secours gouvernemental.

À quel titre ?

Senones est de l'arrondissement de Saint-Dié, ancien fief électoral de Jules Ferry.

Oratoires juifs et oratoires catholiques

Les catholiques ne peuvent avoir d'oratoires privés, sous peine de s'en voir expulser par la force armée, même à coups de revolver... Châteauvillain, 5 avril 1815

Pendant ce temps, les juifs ont des oratoires privés tant qu'ils en veulent, à Vichy, par exemple, où célèbre le grand rabbin Zadoc-Kahn, en saison balnéaire ; à Chantilly (dans le voisinage) où M. et Mme Lambert, de Bruxelles, gendre et fille du baron Gustave de Rothschild, viennent prier à leur gré.

Cet oratoire, édifié en 1893, a été inauguré la même année, sans que le gouvernement y vît le moindre obstacle, par le grand rabbin Zadoc-Kahn.

Fabriques et consistoires israélites

On sait que les membres des fabriques paroissiales doivent être agréés par *l'autorité préfectorale*, dans chaque département.

Dans toute l'Algérie, les membres des consistoires israélites sont élus par les juifs, à l'exclusion de toute ingérence préfectorale ou gouvernementale.

Les fabriques ont moins que jamais l'administration personnelle de leurs biens, puisque le gouvernement y a introduit le percepteur à la place du fabricien et menace d'y introduire le franc-maçon, à la place du curé, pour y représenter la « solidarité »maçonnique, à la place de la « charité » catholique.

Dans toute l'Algérie, les Consistoires israélites, jusqu'en août 1898, ont eu la libre disposition de leurs biens (200,000 francs de budget annuel rien que pour Alger).

Et M. Drumont n'a pas eu de peine à s'apercevoir, aux élections de mai, de l'usage peu consistorial qu'avait fait de pareilles richesses le grand rabbin Honel (Vénérable de la Loge d'Alger).

Un décret de M. Laferrière en a réglé l'usage pour l'avenir... en théorie comme toujours

SÉMINAIRES JUIFS ET SÉMINAIRES CATHOLIQUES

L'État juif ne fournit pas de subventions aux catholiques pour bâtir leurs séminaires : la *neutralité* l'y oblige.

En revanche, cette même neutralité l'oblige à en fournir aux juifs ; le séminaire israélite, 9, rue Vauquelin, a été construit en 1881, avec une forte subvention de l'État.

À ce local est annexé le petit séminaire israélite, pour initier la jeunesse à l'étude des sciences Talmudiques.

Les deux ensembles reçoivent une subvention annuelle de l'État de 22,000 francs, toujours au nom de la *neutralité*.

En retour, au nom de la même *neutralité*, le gouvernement a réduit d'abord, supprimé ensuite les subventions analogues aux séminaires et aux facultés catholiques.

Pour couvrir cette partialité révoltante des dehors de la justice, M. Dumay, directeur des Cultes, l'a décorée, à la tribune, le 31 janvier 1899, d'une ingénieuse explication :

« *Nous accordons*, dit-il, *aux grands séminaires catholiques la jouissance des immeubles domaniaux où ils sont installés, et cela représente une subvention considérable.* »

La vérité est que cela représente plutôt une économie pour le gouvernement qui n'a que ce moyen d'utiliser d'anciens monastères volés à l'Église, que sont la plupart des grands séminaires, et de s'en épargner souvent l'entretien fort coûteux.

Au surplus, n'est-il pas juste que la jouissance d'un bien volé à l'Église revienne à l'Église ? A-t-on volé quelque chose aux juifs et aux protestants ?

Non ! en ce cas, pourquoi mettre à leur disposition, en sus des subventions annuelles refusées aux catholiques, des immeubles tout aussi « domaniaux » que nos grands séminaires ?

Le séminaire protestant de Paris, par exemple, qui *appartient à l'État* ; le séminaire rabbinique, 9, rue Vauquelin, construit avec une *forte subvention de l'État*.

On voit que « la subvention considérable » représentée, d'après M. Dumay, par « la jouissance des immeubles domaniaux » concédés aux catholiques, en réalité ne représente rien du tout, qu'une hypocrisie de plus du gouvernement.

Ceci, en pleine conformité avec l'hypocrisie du vote parlementaire du 15 juillet 1889, qui obligeait les séminaristes catholiques à une année supplémentaire de noviciat sacerdotal... à la caserne, mais au nom de l'*Égalité*, cette fois.

Y ont-ils trouvé, du moins, cette égalité, au nom de laquelle on les y envoyait ? qu'on en juge.

Soldats juifs et soldats catholiques

Les soldats juifs ont, pour remplir leurs devoirs religieux, 29 jours de congé par an, qui se répartissent ainsi :

Rosch-Haschanah (nouvel an : commencement de septembre)[176]   2 jours.

Yom Kippour (Grand-Pardon : mi-septembre)[177]   2 —

Souccoth (fête des Tabernacles : fin septembre   2 —

Schemini Atzereth (fin septembre   1 —

Simchat Torah (fin-septembre)   1 —

Hanouça (fête des Machabées : commencement de décembre).
                                       8 —

Pourim (fête des Sorts : mi-mars)   1 —

Peçah (Pâque : vers la mi-avril   10 —

Schabodoth (Pentecôte : commencement de juin) 2 —

---

[176] Ces dates sont approximatives, comme celles de nos fêtes mobiles, qui varient d'une année à l'autre dans le calendrier grégorien.
[177] Sur la demande du grand Rabbin, en 1893, le ministre de la guerre accorda en pleines manœuvres un congé du 10 au 21 septembre à tous les soldats juifs pour la célébration de ces deux fêtes.

Ces congés sont souvent *obligatoires*, ainsi qu'en témoigne la circulaire suivante :

« Paris, le 23 mars 1897,

« Mon cher Général,

« D'après un avis du *Consistoire central* (Président baron Alphonse) *des israélites de France*, les fêtes de la Pâque israélite auront lieu cette année du 16 avril matin au 25 avril matin.

« J'ai l'honneur de vous prier de vouloir bien, à cette occasion, *assurer* en ce qui concerne les militaires sous vos ordres appartenant à la religion juive, *l'exécution des prescriptions* de la circulaire ministérielle du 10 décembre 1888 — *Bulletin officiel*, partie réglementaire, 2e semestre 1888, page 935 — relatives aux permissions à accorder *lors des fêtes*. »[178]

Signé : « *Billot.* » Et cette autre circulaire du ministère de la marine, fin février 1899

« Le ministère de la marine adresse aux vice-amiraux, préfets maritimes, une circulaire ayant trait aux permissions accordées à l'occasion des fêtes de Pâques, *aux militaires du culte israélite.*

« Le ministre a décidé que des permissions pour toute la durée ou pour une partie de ces fêtes, *pourront être accordées*, sur leur demande, à ceux des hommes *qui en seront jugés dignes* par leur bonne conduite et si, d'ailleurs, il ne doit en résulter aucune gêne dans le service.

Signé : « *Lockroy.* »

---

[178] Il faut remarquer les expressions : « *assurer l'exécution des prescriptions... lors des fêtes* » (de toutes les fêtes ci-dessus) nullement employées pour les permissions à accorder aux soldats catholiques. (Voir le tableau comparatif, page 168).

On sait que M. Lockroy est juif ; il pense à ses coreligionnaires, c'est bien mais il a tort d'oublier qu'il est également le ministre des « militaires du culte » catholique.

Pourquoi n'en parle-t-il pas dans sa circulaire ? Parce qu'il ne veut pas leur accorder, à eux, ces congés, même *facultatifs* !

D'où, quand les congés sont *facultatifs* pour les soldats juifs, les soldats catholiques n'en ont pas et quand ils sont *obligatoires* pour les juifs, les catholiques en ont alors de facultatifs.[179]

---

[179] L'injustice flagrante ressortira de la simple comparaison des deux lettres suivantes. Nous n'incriminons pas le général Zurlinden qui est en cause, mais la nécessité tyrannique qu'il a dû subir, aussi bien comme ministre de la guerre que comme gouverneur de Paris. Voici ces lettres :

Paris, le 4 mars 1899.
« *Le général Zurlinden, gouverneur militaire de Paris à M .l'abbé Binz, au métier militaire, vicaire à Saint-Philippe-du-Roule*, 8, *rue Frédéric-Bastiat*.
« Monsieur l'Abbé,
« En réponse à votre lettre du 24 février courant, j'ai l'honneur de vous faire connaître que *j'ai invité*, comme les années précédentes, les chefs de corps à donner aux hommes de troupe sous leurs ordres, toutes facilités pour l'accomplissement de leurs devoirs religieux et notamment, à leur permettre de sortir, dès le réveil, *tous les cinq dimanches du temps pascal, du 19 mars au 16 avril inclus*.
« Veuillez agréer, etc.
« P.-O. : *Le cher d'état-major*,
« E. Perboyre. »

« Monsieur le Président du Consistoire des Israélites de France (baron *Alphonse*),
« Par lettre du 15 de ce mois (février 99), vous me demandez que des permissions soient accordées aux militaires du culte israélite, afin de leur permettre de *célébrer en famille*... la fête annuelle de Pâques qui a lieu, pour ce culte, du 25 mars au 3 avril prochain.
« Ainsi qu'un de mes prédécesseurs, le général Zurlinden, vous l'a déjà fait connaître par lettre du 8 septembre 1898, une circulaire ministérielle *a réglé* une fois pour toutes la question...
« Il appartient par conséquent aux militaires du culte israélite de se mettre en instance de permission pour les fêtes spéciales à leur religion.
« Recevez, etc.
« De Freycinet. »

On remarquera : 1° D'un côté 6 *jours* ; de l'autre 9.
2° D'un côté, les 6 jours *s'échelonnant sur un mois*, ne permettent pas le séjour hors de la caserne ; de l'autre, les 9 jours sont *consécutifs* et permettent le séjour « en famille ».

Nous parlons ici des catholiques de l'armée de terre seulement, dont les congés beaucoup plus restreints sont en outre *facultatifs*, c'est-à-dire susceptibles d'être accordés, mais aussi refusés par les colonels qui, en fait, les refusent souvent.

On se souvient de la sévérité avec laquelle fut traité, il y a quelque temps, le colonel Froment, du 27e d'artillerie, à Douai, pour avoir mis à la décision, *suivant la coutume*, que « des facilités devraient être accordées aux soldats de son régiment, qui désireraient suivre l'instruction religieuse pendant une partie du carême ».

Le *Réveil du Nord*, organe de la synagogue de Lille, traita le général Billot, ministre de la guerre, de « vieille baderne ».

Pour échapper à l'épithète, le général de France, du 1er corps d'armée, réprimanda le colonel Froment et le général Billot le releva de son commandement (11 avril 1897).

Enfin ! les soldats juifs peuvent servir à la synagogue, *en tenue*, ce lieutenant d'artillerie, par exemple, qui put, sans émouvoir aucunement la presse juive de Lyon ou de Paris, psalmodier l'Office au lutrin, à la synagogue de cette ville, en août 1893.

En juillet de la même année, un séminariste soldat fut condamné à 15 jours de prison, pour avoir servi la messe en uniforme, sur la dénonciation d'une *Lanterne* provinciale.

Il fallut une menace d'interpellation de la droite au gouvernement, pour obtenir une enquête à la suite de laquelle la

---

3° Les 6 jours sont *facultatifs*, « les chefs de corps sont *invités*, etc. » ; les 9 jours sont *obligatoires*, « une circulaire l'a *réglé*, il n'y a qu'à se mettre en instance. »
Et si l'on veut ergoter sur le *texte*, on ne peut ergoter sur les *faits* qui le commentent victorieusement ! Voilà l'égalité des cultes au régiment !

punition, sans doute, fut levée ; mais nous n'en sommes pas sûrs, il ne s'agissait pas d'un juif.[180]

Ajoutons qu'une circulaire ministérielle a formellement interdit aux officiers et aux soldats d'assister en tenue à une simple fête de Jeanne d'Arc.

Jeanne d'Arc, non plus, n'était pas juive.

La loi pour les juifs et la loi pour les catholiques

On voit que la fameuse « Égalité devant la loi », inscrite en tête de la *Déclaration des droits de l'homme et du citoyen*, n'a été, en définitive, que l'application aux catholiques français par les juifs de leur loi de domination Talmudique.

Cependant nous devons avouer que jamais elle n'a été appliquée avec plus de cynisme que dans l'affaire Dreyfus !

Le capitaine chrétien Anastay, convaincu d'assassinat, a été jugé et exécuté ; pas un chrétien français n'y a trouvé à redire !

Le catholique Bazaine, coupable de trahison, a été condamné à la déportation ; pas un catholique français qui n'ait applaudi à la sentence et à son exécution !

Le juif Dreyfus est convaincu du même crime ; il fait des aveux ; il est condamné à la peine adoucie de Bazaine, quand il aurait mérité celle d'Anastay ! Et les juifs du monde entier mettent la France et l'Europe à l'envers !

---

[180] À propos de prison, disons que même là, les juifs sont privilégiés !
Par exemple, il y a à Nîmes une maison centrale *pour tous les détenus israélites de France*. (*Annuaire du Gard* édité à Montpellier chez Fadat et Roche.)
Y a-t-il, en France, des maisons centrales *spécialement affectées aux détenus catholiques* ?...

Comment expliquer le mystère ?

Par les règles Talmudiques suivantes à l'usage du magistrat juif :

« Dans les différends survenus entre les juifs et les non-juifs,

« 1° Ou bien la loi juive gouverne ;

« 2° Ou bien, la loi, sans être juive, est favorable aux juifs ;

« 3° Ou enfin, la loi n'est ni juive, ni favorable aux juifs.

« Dans le premier cas, tu fais gagner ton frère en disant : *ainsi le veut* notre *loi* »

« Dans le second cas, tu fais encore gagner ton frère et tu dis à l'étranger : *Ainsi le veut* votre *propre loi.* »

« Dans le troisième cas, *il faut circonvenir les étrangers, au moyen d'intrigues, jusqu'à ce que le gain reste au juif.* »

« Mais *en ces sortes d'affaires*, dit Rabbi Israël, commentant Rabbi Akiba *il faut prendre garde de se laisser prendre, de peur que la religion juive n'y perde de son renom.* » (*Traité Baba Kouma*, fol. 113. 1)

Nous allons voir si ces règles ont été ponctuellement observées dans l'affaire Dreyfus

PREMIÈRE HYPOTHÈSE

« La loi juive gouverne »

Ce n'est pas le cas, puisque la loi est *militaire* et interprétée par des *militaires*. Impossible d'y trouver un magistrat juif pour « faire gagner leur frère » et dire : « Ainsi le veut *notre* loi ».[181]

DEUXIÈME HYPOTHÈSE

« *La loi, sans être juive, est favorable aux juifs.* »

C'est le cas de « cet admirable Code civil romain, s'écrie Zadoc-Kahn enthousiasmé, si bien fait pour plaire à l'esprit fin et pénétrant des auteurs du *Talmud !* »

Nous ajoutons :

« En si parfaite harmonie avec la Constitution juive des *Droits de l'homme et du citoyen*, surtout s'il doit être interprété par un juif comme M. Lœw ou, ce qui revient au même, par une magistrature *épurée* de catholiques et peuplée de juifs !

Et voilà pourquoi, depuis bientôt deux ans, les juifs ont remué ciel et terre pour établir, sans y réussir, *l'indignité* du tribunal militaire qui. a condamné « leur frère » !

Mais ils ont réussi, grâce à la complicité du f ∴ Brisson, à déférer le jugement à la Chambre criminelle de la Cour de cassation. Président M. Lœw

Cette Chambre était acquise à Dreyfus. Cependant, il fallait tout prévoir.

Afin de la prémunir contre tout accès, même fugitif, de loyauté, les juifs ont entassé les sophismes, pour établir par avance

---

[181] Cependant un officier juif était membre du tribunal militaire qui devait juger Dreyfus ; il eut le bon sens de se récuser, pour assurer l'impartialité du jugement.
Combien M. le Président Lœw a été mal inspiré de ne pas l'imiter à la Chambre criminelle de la Cour de cassation !

l'incompétence du futur tribunal militaire, la nécessité de traduire l'accusé devant une juridiction purement civile, la Haute-Cour, par exemple, « seule compétente, disaient-ils pour juger d'un crime qui *n'est point contre la Patrie*, mais seulement *contre la sûreté de « l'État !* » (Voir les journaux dreyfusistes.)

C'est une de leurs trouvailles ! Il est certain qu'avec la Haute-Cour peuplée de Panamistes et présidée par le dreyfusiste Fallières, les juifs auraient eu la partie belle et auraient pu dire à coup sûr de l'acquittement de leur Dreyfus :

« Ainsi le veut *votre* loi. »

Malheureusement pour eux, ils ne prévoyaient pas le vote par la Chambre d'abord, par le Sénat ensuite, le 1er mars 1899, de la loi dessaisissant la Chambre criminelle de « l'affaire », au profit de la Cour de cassation, toutes Chambres réunies.

La Cour suprême, le 3 juin, a renvoyé Dreyfus devant le tribunal militaire de Rennes. Ce qui nous ramène à la

TROISIÈME HYPOTHÈSE

« La loi n'est ni juive, ni favorable aux juifs »

Cette hypothèse, devenue un fait, est le cauchemar des juifs.

À la clarté éblouissante des 60 *millions dépensés* à ce jour (voir plus haut), nous pouvons voir s'ils se sont préparés à lui appliquer le seul moyen de résistance qui lui convienne : « *Circonvenir les étrangers jusqu'et ce que le gain reste au juif.* »

Le juif Reinach nous l'a clairement signifié. Prévoyant le cas où la procédure engagée en vertu de l'article 443 n'aboutirait pas, il écrivait le 2 mars dans le *Siècle* :

« *L'article 443 n'est pas tout le code d'instruction criminelle !* » Comme pour dire :

« Le maquis de la procédure est vaste, nous ne l'avons pas encore tout exploré !... »[182]

C'est évident, il n'y a pas de loi qui tienne Les lois sont pour les Français, elles ne sont pas pour le juif ![183]

Est-ce tout ? Avons-nous épuisé la série des privilèges juifs ?

Ce n'est qu'un échantillon, mais suffisant tout de même pour établir la réalisation pratique, en plein XIXe siècle, du précepte Talmudique qui ordonne « à tous les juifs de regarder les chrétiens comme des brutes *et de ne pas les traiter autrement que des animaux* ».

Les animaux, en effet, n'ont pas le droit d'être traités sur pied d'égalité avec les hommes.[184]

---

[182] Quelques jours après, le 16 mars, le même Reinach, dans le même *Siècle*, avec une désinvolture — nous ne dirons pas *charmante*, puisqu'elle frise l'indécence — affichait son profond respect pour le jugement, quel qu'il soit, à intervenir.
Que s'était-il passé ?
M. Dupuy inclinait visiblement vers le syndicat, par le maintien scandaleux de M. Manau, comme rapporteur devant la Cour plénière de Cassation. Le juif pouvait faire parade d'impartialité.
[183] Un mot du procureur Manau requérant pour la récusation des conseillers MM. Petit, Crépon, Lepelletier, le 24 mars, a souligné cet esprit *Talmud*ique.
Comme M. Desjardins lui faisait remarquer la « confusion » — intentionnelle ou non de sa part — de deux commissions tout à fait distinctes :
« Que m'importe ? » répliqua M. Manau.
Qu'importent en effet les lois de la logique, comme celles du code, à des gens qui n'en veulent pas ? La publication *illégale* de l'enquête secrète de la Chambre criminelle l'a prouvé une fois de plus.
Elle n'a pas démontré l'innocence du traître, mais bien le mépris absolu de ces gens-là pour toute législation autre que le *Talmud*, interprété par le *Kahal* !
[184] Nous signalons cette situation à la sollicitude du f∴ Bourceret, rédacteur à la *Lanterne* et « 33e du Grand-Orient de France » qui s'écriait au discours de clôture du convent de septembre 1898 :

Ce n'est pas tout.

Le *Talmud* dit qu'il faut *voler*, *tuer* le chrétien ! Nous allons voir si le juif, même au XIXe siècle, s'arrête à mi-chemin de son devoir Talmudique.

« Nous avons pour ennemis les ambitieux et les égoïstes qui veulent dominer leurs semblables, créer des castes et maintenir des privilèges dans la société. » (Compte rendu du Convent, p. 14.)
Qui sont ces « créateurs de castes et de privilèges » ? Les juifs ?
Non, dit le f∴ Bourceret, ceux qui « portent une toge, une soutane et même une épée ! »
Il répétait, sans le savoir, le mot appris par Jules Ferry dans les synagogues de Saint-Dié :
« *Trois chancres rongent la France : l'armée, la magistrature et le clergé.* »
Tout ceci pour laisser le champ libre au « chancre » juif dont la France se meurt.

IV

Jusqu'où va la tolérance talmudique

Les juifs voleurs des chrétiens

Les juifs nous ont-ils volés ?

Demandez-le au Panama, qui a englouti dans leurs poches un milliard et demi de l'épargne populaire (Reinach de Nivillers, Arton, Cornélius Herz) !

Demandez-le aux krachs de l'*Union générale* (Lœw et Rothschild), du *Comptoir d'Escompte*

(Rothschild), qui ont semé la ruine et la mort, dans des milliers de familles françaises !

Demandez-le aux *Chemins de fer du Sud* (Reinach) 20 millions d'engloutis !

Demandez-le aux 20 krachs monumentaux, qui ont éclaté en dix ans sur tous les points de la France et dont les juifs ont recueilli les épaves !

Demandez-le à ces souscripteurs pour Mme Henry contre Reinach, qui accompagnaient leur obole de réflexions comme les suivantes :

« De la part d'une famille d'Alsaciens, expropriée et ruinée par les juifs, 1 franc ! » (23 décembre.)

« Trois francs recouvrés sur la somme de 712.000 fr. volés à une famille par les juifs ! » (22 décembre.)

Demandez-le aux quatre-vingt milliards de fortune mobilière et immobilière (le tiers de la fortune totale de la France) possédés par des juifs venus en haillons chez nous, il y a cent ans !

Demandez-le aux 60 châteaux ou hôtels, aux 200.000 hectares de terre française, possédés par le seul M. de Rothschild !

Et que tout cela vous dise si le juif a observé le précepte qui lui commande de voler les chrétiens !

« Crois ou meurs »

Le *Talmud* dit encore de « tuer les chrétiens » (Aboda s. f. 17, 1, etc.). Les juifs nous ont-ils tués ?

Pour la France chrétienne, c'est à peu près fait. Entendez-la râler, sous leurs pieds, du dernier poison qu'ils lui ont administré dans « l'affaire » Mais ne pourrait-elle pas s'en relever ? Sa vitalité vigoureuse a tant de fois trompé les espérances de ses ennemis I

C'est bien ce que les juifs craignent et dans cette crainte ils ont pensé qu'au poison il ne serait peut-être pas mauvais de joindre la famine.

Mais comment ? C'est très simple :

Elle compte sur son Exposition universelle de 1900.

Elle eût mieux fait, selon nous, de ne compter que sur ses propres ressources, de tout temps suffisantes à ses besoins, plutôt que sur celles des cosmopolites, qui ne lui apportent de l'or qu'à la condition d'emporter des lambeaux de son patriotisme, de son indépendance et de sa gloire !

Mais enfin ! elle y compte et les juifs le savent, eux qui ont réussi à détourner de ce côté ses préoccupations et son activité !

Elle doit aller jusqu'au bout !

Que font les juifs ? Du chantage !... suivant leur habitude. Vous croyez que j'invente ?

Lisez :

« Les juifs.de Broken-Hill (Nouvelle-Galles du Sud) ont tenu tout récemment une réunion pour discuter l'affaire Dreyfus.

« Plusieurs orateurs ont vigoureusement *exprimé l'opinion que Dreyfus avait été injustement condamné.*

« La réunion *a décidé de s'abstenir autant que possible de trafiquer de produits français et de ne pas recommander l'Exposition de 1900, à laquelle quelques assistants s'étaient promis d'assister.*

« On a également *décidé de ne pas faire d'affaires avec les Compagnies d'assurances françaises.* On a proposé *aussi d'engager les juifs des autres colonies à imiter cet exemple.* »

Qui parle ainsi ?

Le *South Australian Register*, d'Adélaïde (Australie), 29 septembre 1898.

Initiative isolée, direz-vous, sans conséquence possible !

Isolée ? En tout cas, pas des juifs d'Angleterre, d'Amérique, d'Autriche, qui ouvraient *simultanément* une campagne, tendant à éloigner leurs nationaux respectifs de Nice et d'Algérie, au profit de Monaco, San-Remo, Abbazzia « où *on ne connaît*, disait *l'Allgemeine Zeitung* (mars 1899), *ni luttes de partis, ni haines de races* »

Qu'est-ce que cela voulait dire ?

Tout simplement qu'ils obéissaient à un mot d'ordre. Le mot d'ordre a été lancé, en effet, par le rabbin Bloch, de Vienne, sous l'inspiration, sans doute, du grand *Kahal* de Paris.

Le voici, d'après une correspondance particulière de la *Libre Parole* datée de Vienne, 5 mars :

« Nous n'avons qu'à nous aider nous-mêmes et cela, en vertu du principe que la meilleure parade est l'attaque.

« Ainsi donc rupture avec la France au point de vue industriel.

« C'est dans son exportation que nous pouvons atteindre le plus sensiblement ce pays.

« Si tous les juifs du globe s'unissent, ils constituent une force puissante, un *facteur*,[185] avec lequel il faudra compter dans les relations internationales des peuples.

« *Si nos négociants, si nos femmes mettaient en interdit tous les articles de modes français, ils sentiraient bien vite et jusque dans leurs os les effets de ce boycott, là-bas à Paris !*

« Et quelle juive qui se sent vraiment juive qui n'a pas perdu toute pensée, tout honneur, oserait porter sur son corps *(auf ihrem Leibe tragen)* des dentelles, des étoffes, des tissus, des rubans, des plumes venant de France ?

---

[185] Le terme lui est familier : il se rappelle les *facteurs* du *Kahal* (voir «La police secrète du Kahal.»)

« *Rupture avec la France, tel devrait être le mot d'ordre.*

« Mais nous connaissons trop bien nos gens.

« Ce Dreyfus est un joli sujet de conversation pour le salon.

« C'est là qu'on tire des soupirs et qu'on montre son petit cœur sensible.

« Mais à frapper ses ennemis, nos ennemis, on n'y pense pas !

« Du moins, *il est une chose que tous les juifs, unis et d'un commun accord, doivent s'entendre pour faire : rester chez soi pendant l'Exposition, que pas un seul n'aille à Paris !*

« Du moins on leur prouvera par là qu'on n'est pas une race sans nerfs et sans honneur...

« Qu'ils fassent leurs préparatifs et leurs installations, mais que pas un seul juif n'y aille.

« Qu'ils restent tous chez eux et épargnent leur argent pour des gens meilleurs que les Français. »

(*Israélitische Wochenschrift*).

C'est identiquement le langage du rabbin d'Amérique Fleischer, à la réunion de mars 1899 *(Kahal* et *Bet-Dine)*,[186] à la synagogue de Boston *Adath Israël*, et dont la *Boston-Post* rend ainsi compte :

---

[186] Le *Kivia-Nesseman*, par Fino, recueil des faits historiques de la municipalité de Vilna (1860), donne ce détail de la récente organisation des communautés juives :
« *Tous les trois mois*, dit-il, *les membres de la réunion générale se réunissent en Kahal, pour examiner la situation juive dans le monde et y aviser, suivant qu'elle est en décadence ou en progrès !*

« Le rabbin Charles Fleischer, présentant l'orateur de circonstance, M. Godefrey Morse, a dit :

« J'avais formé le projet d'aller à Paris pour l'Exposition, mais ce ne sera qu'autant que la France se réhabilitera en rendant justice à Dreyfus.

« Sinon, je m'en priverai et je crois qu'un tel boycottage doit être pratiqué par tous les amis de la liberté et de la justice dans le monde entier.

« Ainsi nous montrerons notre mépris pour ce pays qui a si manifestement foulé aux pieds la droiture, etc. »

« M. Godefrey Morse, répondant, nous a appris que la maison juive Stock, place du Théâtre Français, Paris, *a publié* 78 *volumes sur l'affaire Dreyfus*[187] et qu'» *un gouvernement qui ne peut pas rendre justice aux citoyens de son pays, n'a pas le droit d'exister, etc.* »

Autrement dit :

« *Vous ne croyez pas à l'innocence de Dreyfus : vous n'aurez pas d'Exposition... pour vous apprendre !...* »

C'est l'argument renouvelé du Grand Turc aux chrétiens du moyen âge : « Crois ou meurs ! » C'est la parfaite expression de la tolérance Talmudique à l'égard de la France !

Mais pour les chrétiens ? Pour les Français ?

Pour les chrétiens ? Nous allons voir si les juifs se sont privés de leurs cadavres !

---

[187] La section rennaise de la *Ligue des droits de l'homme et du citoyen* a inondé le département de ces brochures, en vue d'influencer le Conseil de guerre de Rennes !

Les juifs massacreurs des chrétiens

La liste des chrétiens morts victimes des juifs, en notre siècle, serait trop longue Quelques faits seulement :

On sait qu'aux musulmans « massacreurs de roumis » les juifs ont prêté « le quatrième palais » de leur paradis Talmudique (voir «Ils habiteront le « 4e palais du Paradis »», page 23).

Ils leur prêtent encore le moyen d'y parvenir, dans les hécatombes de chrétiens qui en sont le prix et qu'ils les aident à accomplir.

Qui ne connaît l'histoire du massacre de chrétiens plusieurs semaines durant, en 1824, par le féroce Abouloubob, avec le concours des juifs ?

À Naoussa, 600 israélites se mirent à sa disposition et l'un deux se vantait d'avoir à lui seul exécuté 64 chrétiens !

À Salonique, ils ne furent pas moins cruels !

Pour obliger des chrétiennes à apostasier, ils les enfermaient nues dans des sacs, les uns remplis de rats, les autres de chats affamés !

La femme du capitaine Tussos, elle, mourut dans un sac plein de vipères, en invoquant les noms de Jésus et de Marie !

Six femmes condamnées à mourir de faim dans un cachot, ayant eu le malheur d'être retrouvées vivantes au bout de 12 jours de famine et de captivité — elles avaient mangé du charbon ! — en furent sévèrement punies par la privation du charbon d'abord, par des coups de fouet ensuite, jusqu'à ce que la mort s'en suivît !

Ces faits sont racontés par Pouqueville, membre de l'Académie des Inscriptions et consul de France près d'Ali-Pacha de Tébélen

(Albanie), en son *Histoire de la régénération de la Grèce* (1825, 4 vol. in-80).

Cela nous reporte, du coup, bien au-delà du moyen âge, au temps des férocités néroniennes, auxquelles, du reste, les juifs prêtèrent leur concours.

Mais peut-être, depuis 1824, les juifs se sont-ils un peu humanisés, nous n'osons dire civilisés ?

En 1896, par exemple, pendant le massacre des Arméniens ?

Qui ne se souvient qu'à Constantinople, dans le quartier d'Halidjiaglou, « les juifs espagnols désignaient aux musulmans les maisons habitées par les Arméniens et les aidaient au pillage » ? (*Correspondant d'Agence française, 4 septembre.*)

Que, dans le quartier d'Haskeuy, ils demandaient aux égorgeurs, pour prix de leurs renseignements, le droit de « déménager » les maisons des victimes ?[188] Ils ont ainsi dévalisé 600 maisons, si bien que le gouvernement a dû imposer le Grand-Rabbinat de la ville d'une indemnité de 600 livres turques (une livre par maison).

À Alep, une lettre particulière inédite du docteur Zakzzenski, à sa sœur Mme W. (janvier 1896), lui apprend que « les rues sont des ruisseaux de sang, *que les juifs font des fêtes et se réjouissent que l'on massacre tous les chrétiens*, que, sous ses yeux, quatre religieux bernardins ont été coupés en morceaux. »[189]

---

[188] Une lettre de Turquie à la *Croix* (13 octobre) disait :
« Les juifs applaudissent les massacreurs et calculent les profits qu'ils feront dans le pillage.
« On n'a pas .assez flétri l'ignominie de leur conduite dans *l'affreuse boucherie de Haskeuy où ils ont conduit les Turcs maison par maison pour avoir le droit de piller après le massacre.*
« Judas a livré Notre-Seigneur à la mort pour 30 deniers ; l'Iscariote vit toujours avec la même haine et la même cupidité. »
[189] Pendant ce temps, un comité parisien envoie à la presse avec « prière instante d'insérer » un chaleureux appel en faveur des chrétiens d'Orient (3 mars 1897).

Mais les juifs ne massacrent pas seulement pour le compte des Turcs, ils massacrent aussi pour leur propre compte. Ce qui nous introduit de plein pied dans la question des meurtres rituels.

Nous remarquons parmi les membres du comité : les juifs Bréal, Maspero, H. Pereire, Salomon Reinach (frère de Joseph), H. Veil.
Et parmi les signataires de l'appel : le judaïsant Leroy Beaulieu comme président, le juif Théodore Reinach (autre frère de Joseph), comme secrétaire !...
Il n'y manquait plus que *Joseph !*....

V

LES MEURTRES RITUELS AU XIXe SIÈCLE

Quoi ? « Ces pratiques d'un autre âge ! » comme disent les *intellectuels* (parlant des catholiques) ont-elles cours encore, en pleine civilisation, au déclin du *siècle* des lumières, à *l'aurore* du siècle des splendeurs électriques ?...

Le grand rabbin Zadoc-Kahn essaya bien de protester dans le *Temps* ; en 1892, contre cette imputation.[190]

Mais que peuvent de platoniques protestations contre des faits dont l'authenticité est aussi incontestable que leur multiplicité ?

---

[190] À M. Drumont, qui démontrait par un texte du *Talmud* que les juifs sont coutumiers des sacrifices humains, M. Zadoc-Kahn répondit :
« *Ici je suis un peu plus compétent que vous et j'ai le droit de protester.* »
Cela nous valut les lignes suivantes d'un juif éminent, admis *à l'École des néophytes* de Rome, mais que ses anciens coreligionnaires réussirent, par leurs intrigues habituelles, à en détourner. Nous en parlons plus loin.
Ce juif polyglotte (il savait cinq langues), nous écrivait de la réponse de M. Zadoc-Kahn à M. Drumont :
« Salonique, 22 juillet 4892.
« Je lis depuis douze ans les journaux hébraïques et je n'y ai jamais vu une ligne du Grand-Rabbin Zadoc-Kahn.
« Ignore-t-il l'hébreu ?
« Certains l'affirment, mais je n'en crois rien et je le prie de vouloir bien m'expliquer ce texte *Talmud*ique du *Mohet-Katan* (17-1). (Ici le texte hébreu) :
« *Depuis seize siècles les chrétiens disent que les juifs ont besoin de leur sang.* »
« Eh bien ! voilà seize siècles que les juifs restent sous le coup de cette accusation, *sans s'être jamais disculpés.*
« Donc *ils sont coupables*, suivant le texte même du *Talmud* : « *Le soupçonné est coupable* » sous-entendu
« s'il ne se disculpe pas ».
Il est certain qu'à vouloir disculper ses coreligionnaires, Zadoc-Kahn perdrait son latin, nous voulons dire son hébreu !
C'est pourquoi il se contente de *protester*. C'est peu compromettant !

On les compte presque par centaines dans ce siècle. En voici quelques-uns par ordre de date :

Meurtre d'un enfant russe en 1831

Un procès retentissant à Saint-Pétersbourg révéla les circonstances suivantes de l'assassinat du fils d'un soldat russe.

1. Deux juges reconnaissent le meurtre accompli par les juifs dans un but superstitieux.
2. Deux autres juges déclarent les inculpés absolument convaincus du crime, mais avec cette circonstance atténuante qu'» *ils avaient cru servir Dieu* »
3. Un cinquième juge constate que « ces crimes sont en usage chez les juifs », mais n'estime pas la preuve suffisante dans l'espèce.

Le procureur général requiert dans le sens des deux premiers juges. Résultat : les juifs sont acquittés !...

(*An Klagen der Juden in Russland, aus den Criminalacten*, Leipzig, Engelman (1864).

Meurtre du P. Thomas en 1840

Ce meurtre fit du bruit, en Europe, presque autant que l'affaire Dreyfus ! On en connaît les circonstances ; rappelons-les sommairement :

Le P. Thomas, capucin de Damas, fut attiré dans le quartier juif, le 5 février 1840 et massacré par le marchand Harrari, aidé de plusieurs complices, ses coreligionnaires.

La chair fut détachée des os de la victime, avec un rasoir, par un barbier juif ; les os furent broyés et les chairs jetées en un cloaque où on retrouva un morceau de la mâchoire avec la barbe, une partie de la peau de la tête avec la tonsure.

Cependant le domestique du Père, Ibrahim Amurah, inquiet de ne point voir revenir son maître, partit à sa recherche au quartier juif.

Lui non plus ne devait pas revenir ! il fut assassiné !

La justice s'inquiéta de trouver et de punir les coupables.

Ce fut vite fait : *sept marchands juifs confessèrent le crime*, déclarant qu'ils l'avaient commis sur la demande du grand rabbin « **exigeant du sang chrétien pour la prochaine Pâque** ».

L'aveu était aussi clair que celui de Dreyfus. Que firent les juifs ?

Ils s'indignèrent dans l'Europe entière, comme le grand Rabbin Zadoc-Kahn en 1892, qu'on osât leur supposer d'aussi sanglantes pratiques et *nièrent carrément le crime*, malgré les aveux des coupables, mais sans apporter la moindre preuve d'innocence.

Exactement comme pour Dreyfus !

Ils offrirent des sommes d'argent à tous les membres des consulats français et autrichien :

200.000 piastres à la chancellerie française et 500.000 à un avocat, Toujours comme pour Dreyfus !

Dans l'intervalle, le rabbin de Lyon, Fabius, rejetait l'affaire « sur les jésuites et le juif Crémieux, sur « les chrétiens d'Orient » *(Journal des Débats*, 7 avril 1840).

C'était « le goupillon ! » encore comme pour Dreyfus !

La seule différence, c'est qu'on ne parla pas de « son alliance avec le sabre ».

Quand tout fut reconnu inutile, Crémieux, Vice-président du Consistoire central des israélites de France, Grand Maître de la franc-maçonnerie du rite écossais, futur Père de l'*Alliance israélite universelle* et des juifs d'Algérie, Crémieux partit auprès de Méhémet-Ali dont il obtint une audience, avec l'appui de l'Angleterre.[191]

Méhémet-Ali souffrait ; alors d'une maladie assez commune, mais grave pour un souverain : l'impécuniosité.

Crémieux lui donna le remède en billets de banque. Pour prix du médicament, le souverain d'Égypte rendit à son tour l'ordonnance suivante :

« Sur les instances de Crémieux, délégué de tous les sénateurs européens du mosaïsme, nous avons reconnu que ceux-ci *désirent la délivrance des prisonniers.*

« Et comme il ne conviendrait pas de refuser d'accéder aux désirs d'une aussi nombreuse population, nous ordonnons que les prisonniers soient mis en liberté.

Et ainsi fut fait....

Cependant un volume parut en 1846, contenant les pièces relatives au meurtre du P. Thomas :

Affaires de Syrie, par Achille Laurent, Paris.

---

[191] Ce n'est pas d'aujourd'hui que l'Angleterre fraternise avec les juifs contre nous.

Les juifs l'ont fait disparaître : il est introuvable ![192]

Or en 1897, l'orientaliste archéologue anglais sir Richard Burton, ancien consul à Damas, exprima l'intention de rééditer le récit d'Achille Laurent, chez Hutchinson and C°, à Londres.

Les juifs ont circonvenu l'éditeur. Le livre n'a pas paru.

.1 Voilà trois mois, dit le *Welt*, feuille juive, organe du sionisme en Angleterre, qu'un comité spécialement nommé *s'est efforcé d'empêcher qu'un certain livre antisémite ne* paraisse à Londres et *aux dernières nouvelles on apprend que ce livre va paraître à New-York.* »

C'était au mois d'août 1897.

Or, en juillet 1899, rien n'est paru !

Les juifs ont donc circonvenu ou acheté les éditeurs de New-York comme ceux de Londres ! Voilà comment depuis 59 ans ils ont réussi à étouffer une vilaine histoire d'assassinat !

Ils n'en ont pas encore mis autant chez nous à réhabiliter Dreyfus ! Mais ça viendra... si les Français leur en laissent le temps.

« Il faudra qu'on nous tue ! » A dit M. Clémenceau, le porte-parole du Syndicat.

Mais, revenons à nos moutons, je veux dire aux meurtres rituels qui, d'ailleurs, s'accomplissaient autrefois sur les moutons, dans le temple de Jérusalem, mais que les juifs ont la malheureuse habitude de pratiquer un peu partout aujourd'hui, sur les chrétiens.

Quelques meurtres contemporains

---

[192] Sauf à la bibliothèque nationale qui en possède un exemplaire. (Gaume, 1846, 2 vol. in-8°)

En 1875, Anna Zamba, domestique, 16 ans, est tuée par les juifs à Zboro, comitat de Saroch (Hongrie). Elle put dénoncer les assassins.

En 1877, Joseph Klec de Szalacs, comitat de Bihar (Hongrie), vend aux juifs sa nièce et son neveu qui expirent dans de cruelles tortures.

En 1879, Lidi Sipos, 15 ans, domestique d'un juif à Piros, comitat de Batsch-Brodogher (Hongrie), est assassinée par son maître ; une autre jeune fille a le même sort à Buda-Pesth.

La même année, une fillette de 6 ans, Sarah, est assassinée par quatre plâtriers juifs à Koutaïs (Caucasie).

La même année, meurtres rituels à Tallya, comitat de Zemplin (Hongrie). En 1880, meurtre rituel à Komorn.

La même année, le fils d'un capitaine de vaisseau de l'île de Chypre est immolé par les juifs, à Alexandrie (Égypte).

En 1881, le petit Evangelio de Fornoraki, un autre enfant de Kaschau, sont assassinés par des juifs.

Dans le même lieu, Steinam-Anger (Brandebourg), quatre jeunes filles disparaissent successivement *à l'époque de la Pâque*, dans les années 1878, 1879, 1880, 1881, raconte M. Onody dans *Tisza-Eszlar*.

En 1882, se produit en Hongrie, précisément, la retentissante affaire dite de *Tiszla-Eszlar*. La voici en résumé :

Meurtre d'Esther Solymosi

Une fillette, Esther Solymosi, de Tisza-Eszlar, disparaissait pendant la Pâque juive (1er avril).

— « Encore un coup des juifs ! cria la voix populaire.

Et la justice enquêta de ce côté.

Cependant des dépêches venues de tous les points du monde annonçaient et la presse juive y faisait écho, la découverte de l'enfant.

Elles étaient démenties le lendemain naturellement. Mais les juifs ne perdaient pas contenance.

Forts de leur innocence (ils le sont tous), ils proposèrent cinq mille florins à qui retrouverait Mlle Solymosi.

Et cinq personnes qui avaient reçu un acompte sur les florins, mais n'avaient probablement pas pris la peine de se concerter, déclarèrent *en même temps* abriter chez elle la fillette disparue.

Cinq pour une, c'était trop !

Après l'enquête chez les vivants, l'enquête chez les morts, à l'hôpital de Marmaros.

Parmi les quinze cadavres qui y furent présentés en vingt-quatre jours, un d'eux portait les vêtements de la victime !...

Était-ce vraiment elle ?

Vain espoir ! On découvrit bientôt que son cadavre avait été volé, que ses vêtements, vendus, devaient servir à lui substituer le cadavre qu'on avait sous les yeux.

Cela fut avoué par les auteurs de la tentative qui furent arrêtés. Qu'était donc devenue Mlle Solymosi ?

L'enquête minutieusement conduite jusqu'au bout révéla la vérité tout entière que voici :

L'enfant avait été attirée à la synagogue « pour allumer les cierges du sabbath », lui avaient dit les Pharisiens Talmudistes.

Et là ils l'avaient saignée et avaient recueilli son sang dans un vase. Comment l'a-t-on su ?

Le petit garçon du bedeau de la synagogue, Joseph Scharf, avait vu la veille de Pâques tant de gens se rendre à la synagogue qu'il avait voulu, avec la curiosité naturelle à son âge, en avoir le cœur net.

Il vint jusqu'à la porte, entendit des chuchotements puis des cris étouffés et finalement regarda par le trou de la serrure.

Que vit-il ?

Le juif Salomon Schwarz, armé du couteau sacrificateur, en train d'immoler la fillette, solidement retenue par les juifs Abraham Buxbaum et Léopold Braun !...

Écrasé par son secret, il le livra à un voisin qui en informa la justice. La révélation était foudroyante pour les juifs !

Il fallait étouffer l'affaire à tout prix ! On y mit le prix, en effet, et voilà comment la presse se tut, l'opinion se calma et le crime demeura impuni !...

Il s'agissait d'un rabbin et non d'un « vulgaire » frère Flamidien ![193]

Mais nous avons hâte de terminer cette énumération sanglante. Achevons par quelques-uns des

MEURTRES LES PLUS RÉCENTS

Le *Moniteur de Rome*, 15 juin 1883, parle de deux meurtres d'enfants, commis par des Juifs de Galata, faubourg de Constantinople, en 1882 ; l'un d'eux a été massacré dans une maison juive où on l'avait attiré.

En 1883, un enfant de bonne famille de Smyrne, disparu aux approches de la Pâque, est retrouvé mort le corps percé de mille coups d'épingle ; c'est exactement le supplice des meurtres rituels du moyen âge (voir «Les meurtres rituels.», page 42).

En 1885, à Mit-Kamar, en Égypte, un chrétien cophte engraisse de son sang le gâteau de la Pâque juive.

En 1886, Agnès Marcus, en Hongrie, est saignée par deux juifs qui la laissent pour morte. Ravivée contre tout espoir, elle dénonça ses assassins, mais n'obtint pas justice.

En 1889, le 21 février, un candidat rabbin est condamné par la première Chambre du tribunal correctionnel de Breslau à trois mois

---

[193] « Le dernier mot de cette affaire fut dit par un haut personnage, touchant de près au ministre de la justice ; au député au Reichstag : « *L'intérêt de l'État hongrois et de toute la monarchie autrichienne exige impérieusement que l'on ne puisse dé montrer et constater la vérité de la saignée rituelle, car nous sommes de tous côtés engagés avec les juifs, et sous beaucoup de rapports il nous est impossible de nous passer d'eux.* » (*Le mystère du sang*, p. 256.)
Ne vous semble-t-il pas entendre le ministère Waldeck-Dreyfus dire à son tour ?
L'intérêt de l'*État juif*, dans la *République juive*, exige « *impérieusement* que L'ON NE PUISSE DÉMONTRER ET CONSTATER LA VÉRITÉ DE LA TRAHISON DE DREYFUS, *car nous sommes de tous côtés engagés avec les juifs, et sous beaucoup de « rapports il nous est impossible de nous passer d'eux.* »

de prison, pour saignée opérée sur un enfant chrétien de huit ans, dont il a recueilli le sang dans un flacon.

En 1893, des agences annoncent les nouvelles suivantes :

Prague, 18 avril. — « On a découvert, le cadavre d'une femme et le bruit court qu'elle a été victime d'un meurtre rituel.

« On craint que la population ne se porte à des violences contre les juifs. »

D'autre part, le *Wiener Tageblatt*, feuille libérale, c'est-à-dire juive, est forcée d'annoncer pour le jeudi 21 septembre 1893 la venue devant le tribunal de Rahowo de l'affaire du meurtre d'une jeune fille, commis à Wratza (Bulgarie).

Nous ignorons le jugement intervenu ; nous serions bien surpris qu'il n'ait été favorable aux juifs.

Autre fait raconté dans la *Terre Sainte*, mai 1895 :

« Le 19 mars dernier, à Damas, un musulman, marchand de bois, aperçut un juif dépassant sa boutique et portant un sac sur le dos. (Pâques tombait cette année le 14 avril, donc dans trois semaines de là.)

« S'imaginant que le juif lui avait soustrait quelques bûchettes, il l'appréhende et exige de voir le contenu du sac. Le juif résiste, le musulman tient bon.

« Je n'ai qu'un *petit chien* dans mon sac », dit le fils d'Israël.

« Le sac est ouvert malgré les supplications du juif et le musulman aperçoit un pauvre enfant de 3 ans, un petit Grec évanoui, la bouche remplie de terre.

« Attroupement ! les chrétiens conduisent le juif au chef de police.

« *Ils sont coffrés et le juif est remis en liberté !*

« *Le musulman a ordre de se taire, sous peine d'exil.* »

Retenons le mot Talmudique de l'assassin pris en flagrant délit : « *Je n'ai qu'un petit chien* » dans mon sac.

C'est la réminiscence du passage commentant *l'Exode* où il est dit, à propos du repos du *sabbat*, que ce repos n'est pas pour les *goïm*, car « les fêtes sacrées sont pour Israël et *non pas pour les chiens* ». (Tr. Megilla, 7, 2.)

Ce petit enfant assassiné n'était vraiment pour le juif qu'un petit chien.

Encore deux faits tout récents, publiés dans l'*Antijuif* (7 mai 1899).

« Le samedi saint, 1er avril, on trouvait dans un bois, près de Polna (Bohême), le cadavre d'une jeune fille, disparue depuis quinze jours, Agnès Hruza, couturière, âgée de dix-neuf ans. Toute idée de vol était dès l'abord exclue, car on retrouva près de la morte son porte-monnaie, ses modestes bijoux et tout ce qu'elle avait. La mort était due à une section des artères et à l'hémorragie qui en était résultée. *Le cadavre n'avait presque plus de sang* et le sol à l'entour n'en montrait pas de traces assez appréciables pour admettre l'absorption par le terrain. Il ne restait donc qu'une hypothèse, celle d'un crime rituel, pour lequel on aurait recueilli le sang pour le faire servir au sacrifice d'un chrétien au moment de la Pâque juive.

« Les soupçons se portèrent, d'ailleurs, immédiatement sur un juif, cordonnier de son état, Léopold Hulsner, qui a été arrêté et sur lequel pèsent les charges les plus graves.

« À la suite de cet effroyable assassinat, les juifs de Polna ont été, l'objet de manifestations hostiles fort explicables.

« Le second meurtre rituel a été commis près d'Erzhausen, dans le duché de Brunswick. Là, c'est un petit enfant qui en a été la victime. Le 13 mars dernier, un homme et une femme juifs, ayant avec eux un enfant, se rendirent d'Einbeck, où ils avaient séjourné du 11 au 13 et célébré une cérémonie rituelle chez le boucher juif de la localité, à Erzhausen.

« Entre Freede et Erzhausen, ils furent rencontrés par plusieurs ouvriers revenant de leur travail, vers six heures du soir. En arrivant à Erzhausen, ils *n'avaient plus l'enfant*. On retrouva le petit cadavre dans un ruisseau assez profond qui coupé la route entre Freede et Erzhausen, le 8 avril seulement. Il portait au cou, à l'artère carotide, une incision profonde qui avait amené l'hémorragie et la mort par l'épuisement de sang, *comme c'est l'usage pour les meurtres rituels.*

« Moins heureuse qu'à Polna, la justice brunswickoise n'a pu jusqu'à présent retrouver les deux assassins, dont les traces se perdent absolument à partir d'Erzhausen et qui auront, sans doute, trouvé asile chez les coreligionnaires avec lesquels ils ont célébré le sanglant sacrifice. »

Nous sommes loin d'avoir tout dit !

Mais il y a d'autres cas que les *meurtres rituels.*

Le juif ne tue pas seulement pour les besoins de sa liturgie Talmudique, il tue encore pour la pure satisfaction de sa haine, également Talmudique, envers le chrétien.

Ce rabbin, par exemple, de Gitomir (Volhynie), Chleink Berditchewski, qui n'hésita pas à empoisonner par la strychnine, en 1894, sa fille et son gendre Gontcharenko : son gendre parce qu'il était chrétien, sa fille parce qu'elle s'était faite chrétienne pour l'épouser, malgré son père.

Le rabbin avoua ainsi son crime au juge d'instruction : « *J'ai préféré*, dit-il, *tuer ma fille* (et son époux avec) *que de la voir renier la foi de ses pères.*

« Je la maudis et ne regrette pas mon action. »

(Pawloff, correspondant particulier de la *Libre Parole*, 11 juin 1894.)

Ce rabbin avait obéi au commandement Talmudique qui veut que le juif qui se fait chrétien soit traité comme le chrétien, c'est-à-dire « poussé dans la fosse d'où on ne le retire plus ». (*Polemik*, etc., p. 14-15.)

Ici la fosse du cimetière.

Quand ce n'est pas celle du cimetière, c'est celle de la prison ou du cachot.

Témoin l'histoire suivante du jeune juif, B. Mandassy, à l'occasion de sa conversion au catholicisme.

Son protecteur, le père E. Denoy, missionnaire français à Salonique (la ville juive préservée du bombardement de la flotte grecque par les financiers juifs, pendant la guerre gréco-turque), le père Denoy écrivait le 3 août 1892, du nouveau converti :

« Ce jeune israélite admis au catéchuménat de la *Pia Casa dei neofiti* de Rome, doit s'embarquer de Salonique, le 10 de ce mois, *pour être à Rome le jour même de l'Assomption.*

« Je ne puis rien dire de plus à son sujet, si ce n'est que c'est un véritable élu du Seigneur qu'on peut appeler *un bon israélite, en qui il n'y a point de duplicité.*

« Je ne doute pas qu'il ne soit un jour l'instrument du plus grand bien, là où le bon vent de la Providence le poussera après son baptême. »

Il devait être à Rome, le 15 août !

Or le 16, il écrivait de Smyrne, en une lettre que nous avons sous les yeux :

« Je prends la liberté de vous dire pourquoi je suis à Smyrne et non au séminaire des néophytes de Rome.

« Dieu seul connaît les persécutions dont je suis l'objet depuis quatre ans, au sujet de ma conversion, puisque le missionnaire mon meilleur ami ne sait pas un mot des tortures morales, toutes acceptées pour l'amour du Christ, dont le saint baptême va me rendre l'enfant.

« Cet espoir est toute ma consolation !

« Et cependant c'est la seconde fois que je suis envoyé à Rome et c'est la seconde fois que mes ennemis ont empêché mon départ !

« La première fois, sous la menace de m'arrêter comme déserteur : c'était à Fiume (Autriche-Hongrie).

« La seconde fois, il y a quelques jours, sur la menace de m'arrêter comme malfaiteur : c'était au Pirée (Grèce).

« Totalement inconnu dans ce pays et sans aucun moyen de défense, je suis venu à Smyrne, où pour comble de malheur, la police turque est aux mains des juifs !

« Ils m'ont volé mon passeport, qui m'assurait du moins une certaine liberté à Salonique, et me voilà à Smyrne, sans ressource aucune, sachant six langues (l'allemand, l'anglais, le roumain, l'espagnol, le français, l'hébreu) et ignorant celles du pays, le grec et le turc, et réduit à vendre mes livres, presque aussi précieux que ma vie, pour soutenir cette douloureuse vie !

« Oh ! comment m'échapper de cette ville ? »

« Au nom de Jésus ! venez à mon aide ! »

Ce cri de détresse, hélas ! devait rester sans réponse !...

Mais il est intéressant de constater comment le juif, volontiers libre-penseur *dans la religion des autres*, devient fanatique envers ceux qui, abandonnent sa propre religion !

Ce fait est loin d'être isolé !

Il n'y a pas si longtemps, c'était le 29 octobre 1898, qu'une jeune israélite de Manchester, par exemple, miss Annie Pattherorkas, pour s'être convertie au catholicisme, fut jetée dans une cave par les juifs Maurice Thomson et Wolf Cohen, qui l'y retinrent cinq jours ! (Correspondance particulière de l'Angleterre à la *Croix*, 22 novembre.)

Ils sont aux mains de la justice, soit ! mais la justice là-bas n'est-elle pas aux mains des juifs, comme à Salonique, à Smyrne ou à Paris ?

Jamais, direz-vous, de pareils faits ne se produiraient en France, sur des chrétiens français !

Les chrétiens français, parlons-en !

VI

TOLÉRANCE JUIVE À L'ÉGARD DES CHRÉTIENS FRANÇAIS

C'étaient des chrétiens français, ces soldats de la Grande Armée que les juifs de Vilna voyant en déroute, en 1812, blessés, manquant de tout, attiraient chez eux, par l'appât d'un soulagement infâme, en réalité pour leur ôter même leurs habits, les jeter ensuite tout nus comme des ordures, par la porte et la fenêtre, dans la neige, où ils venaient encore les torturer jusqu'au dernier soupir ! Ceci est raconté par le général de Ségur, dans son *Histoire de Napoléon et de la Grande Armée*, livre XII, chapitre III.

Voilà comment les juifs entendaient, envers des chrétiens français, ces « droits de l'homme » que ces mêmes chrétiens venaient de leur reconnaître solennellement en France, en y ajoutant « bêtement » les droits de citoyen !

C'était un chrétien français que Gougenot des Mousseaux, auteur du livre *Le juif et la judaïsation des peuples chrétiens*, chez Pion 1869.

Dans ce livre on lit page 186 :

« On ne peut penser au nombre considérable d'hommes, de femmes et d'enfants qui, dans certaines grandes villes de l'Europe, disparaissent pour toujours, au grand effroi de leur entourage, sans laisser la moindre trace. »

Il fut accueilli, 15 avril 1870, par un article de huit pages d'invectives, *sans un mot de réfutation*, du rabbin Isidor Weil, dans l'*Univers israélite*.

Ce ministre d'une religion soi-disant « de tolérance » débute ainsi :

« L'ouverture du concile (du Vatican) a exalté et bouleversé plus d'une cervelle... » Il poursuit :

« Ah ! vos ancêtres les chevaliers valaient mieux que vous : eux, juraient de combattre partout l'injustice, mais vous, vous n'êtes que l'instrument aveugle et sans entrailles des fils de Loyola, que le porte-voix de ceux qui ont trafiqué de leur foi et de leur bonne foi... »

Puis, vers la fin de l'article :

« Vous n'êtes qu'un illuminé, un visionnaire, un possédé.

Aussi bien *je ne vous réfuterai pas*. À laver la tête de l'âne on perd sa lessive ! *(sic)*.

« Cependant, prenez garde ! l'arc trop tendu se brise et la flèche rebondit sur celui qui l'a lancée C'était une menace non déguisée !...

Au surplus l'auteur avait transgressé « la défense de lire le *Talmud*, sous peine de mort ». Il devait donc mourir.

« Or, des Mousseaux, dit Alfred de Pontigny dans son *Introduction* du *Juif selon le Talmud*, p. 10, reçut un dimanche matin avis de sa condamnation et de son exécution prochaine et il mourut subitement le lundi qui suivit.

Quant à son livre, la première édition disparut presque entière dans l'arrière-boutique d'un bouquiniste de la rue Casimir-Delavigne, 5, d'où elle ne ressortit plus. »

Trop favorables aux chrétiens, l'ouvrage et l'auteur avaient disparu ![194]

C'était un chrétien français que le frère Photius, des Écoles chrétiennes, arrêté comme otage pendant la Commune, quoique muni d'un *laisser-passer* du préfet Raoul Rigault, par le juif Lisbonne, aux griffes duquel il n'échappa que par miracle !

Ancien supérieur du pensionnat de Vaujours (Seine-et-Oise), il est aujourd'hui en retraite à Issy.

Quant au juif communard, il est percepteur à Dunkerque :

Sa soif de sang chrétien s'est-elle un peu apaisée ?

---

[194] M. Gaston Méry a donné les détails suivants, 19 mars, d'après un ami intime de Gougenot des Mousseaux :
« Les juifs supprimèrent à l'éditeur Plon la clientèle de la compagnie du Nord...
« En 1871, l'édition fut vendue en bloc à un gros baron de la finance, *qui la fit mettre au pilon.*
« Elle allait être détruite chez le libraire de la rue Casimir-Delavigne, mais je pus en sauver six exemplaires, que je remis le jour même à M. des Mousseaux, rue de la Ferme-des-Mathurins.
« L'auteur voulut rééditer son livre, mais il se heurta au refus catégorique de M. Plon, qui le justifia par ses droits d'éditeur, suivant le traité passé avec l'auteur ; le fait m'a été confirmé par M. Plon lui-même en 1885.
« En 1876, M. des Mousseaux avait réussi à rééditer son livre en Roumanie et en Autriche.
« La même année, au moment de ses pourparlers, d'ailleurs infructueux, avec M. Plon, le bruit courut néanmoins de la réimpression de son livre.
« Il habitait alors Coulommiers ; il m'écrivit, fin septembre, de venir le voir. J'y fus le 4 octobre.
« Le lendemain, un dimanche, au sortir de la messe et où nous étions allés et où il avait communié suivant son habitude, il me montra, parmi les lettres de menaces qu'il avait reçues, celle-ci qui les confirmait d'une façon sinistre. Elle disait :
« *Vous avez été condamné à mort par une réunion qui a eu lieu hier (du Kahal sans doute). Croyez-en un ami inconnu, ne mangez ni ne buvez rien, sans faire éprouver l'effet de votre nourriture sur votre chien. L'arrêt sera exécuté à bref délai.* »
« M. des Mousseaux ne fit qu'en rire !
« Le lendemain matin, à huit heures (6 octobre 1876), en rentrant de la messe — il y allait tous les jours — il tombait mort subitement ! »
D'une « congestion cérébrale », ont dû remarquer les docteurs de ce temps-là !...
Le juif russe converti Brafmann, qui a démasqué le *Kahal*, est mort de la même manière.

Pas bien sûr, à en juger par les paroles suivantes d'un de ses hauts coreligionnaires, au sujet de l'affaire Dreyfus :

« *C'est une lutte*, dit-il, *entre les catholiques et nous*, et si nous arrivons au pouvoir, *la Terreur n'aura été qu'une idylle, en comparaison de ce qui attend les religieux.* » (*Croix*, 1er novembre 1898).[195]

C'est qu'en effet, les religieux sont des chrétiens français !

C'est un chrétien français — quoi qu'en disent les juifs — que le jeune tribun d'Alger, Max Régis, qu'» un journal hébreu récemment créé par le *Consistoire israélite* (200.000 francs de budget) engageait vivement *les juifs d'Algérie à* assassiner », dit une dépêche à la *Libre Parole* du 13 août 1898.

C'était un. chrétien français que M. de Méritens, inventeur de ces phares électriques qui préservent aujourd'hui du naufrage tant de milliers de navigateurs sur toutes les mers du globe !

---

[195] Une preuve de plus que « l'affaire » est *avant tout* religieuse.
Elle est le dernier épisode — le dénouement si l'on veut d'une guerre que nous *subissons*, mais que les juifs nous *font*, eux, depuis cent ans, avec une arme aussi vieille que le fusil à pierre, et pourtant jusque-là efficace : *le cléricalisme !* ! !...
Quant aux menaces, le Dr Rohling, auteur du *Juif selon le Talmud*, en a reçu de semblables :
« Un anonyme juif, dit-il, m'écrivit de Hamm que *je devrais mourir pendu comme Aman.*
« Un autre m'écrivit de Kreuzthal : « Nous regardons comme *une œuvre agréable à Dieu de t'ôter de notre chemin ; c'est par nos mains que tu seras enlevé de cette terre.* »
« Des lettres du même genre me parvinrent en masse. »
Qui ne se souvient des menaces de mort, des tentatives d'assassinat dont a été l'objet M. Édouard Drumont pendant sa seule campagne électorale d'Alger de la part des juifs, ou sous leur impulsion ? et encore dernièrement à Grenoble, 16, 17 et 18 mai 1899, au procès Max Régis ?
On n'a pas oublié la manière dont Sébastien Faure, au nom des juifs, prétendait lui imposer, le 16 octobre 1898, une insertion à la *Libre Parole* (d'ailleurs refusée) :
« Les anarchistes, vous ne l'ignorez pas, savent se passer du ministère des huissiers. Mais j'espère que vous ne m'obligerez pas à en arriver là. »

Que n'a-t-il puisé, le 27 octobre 1898, dans ses sentiments chrétiens, la force de résister au suicide, où l'avait acculé ce juif qui « *ne lui laissait à 65 ans*, écrivait-il le jour même de sa mort, *ni un lit pour dormir, ni une assiette pour manger !* »

Ce juif dira qu'il usait de son droit. Sans doute !

Mais quand on use de *tout* son droit, on perd celui de se proclamer ami de la tolérance, sauf, bien entendu, de la tolérance Talmudique dont nous parlons et que ce juif peut revendiquer, en effet, comme tous ses coreligionnaires.

Usait-il aussi de son droit, ce juif d'Alger, Samuel Sudaka, qui, au cours de la période électorale de 1898, tira un coup de fusil sur la maison de M. Riboullaud, capitaine de gendarmerie en retraite ?

Usait-il de son droit ce tribunal juif qui punissait l'auteur de l'attentat, de 6 francs d'amende pour la « projection de corps dur » et infligeait un an de prison au français Tartarin, coupable d'avoir donné un coup de bâton au juif Serron Nathan *(Libre Parole*, 22 novembre) ?

Nous ne parlons pas de trois tentatives d'assassinats, présentes à toutes les mémoires :

La première, à coups de revolver, de l'anarchiste Lucas sur les Français de la « Ligue des patriotes », le 6 décembre 1898, salle Pré-aux-Clercs, sous l'œil bienveillant du juif Natanson, originaire de Varsovie ;

La seconde, à coups de matraque, sur M. le député Lerolle, trois jours après, 9 décembre, salle Thomas, avenue de La Bourdonnais ;

La troisième, à coups de revolver (12 coups tirés) sur les patriotes, le 5 février 1899, à Marseille.[196]

Par ces litanies des hécatombes chrétiennes opérées par les juifs, qu'on juge de l'impudence du juif Bernard Lazare exprimant, le jour même de la tentative d'assassinat de M. Lerolle, son désir de défendre les *malheureux* juifs d'Algérie, les juifs de Galatie qu'on tue, ceux de Russie qu'on cloître ».

« Malheureux », sans doute, de ne pas dévorer des chrétiens au gré de leur appétit !

Ce qui n'empêchait pas du reste le franc-maçon dreyfusard Poulain de jeter à M. l'abbé Lemire rappelant, à la tribune, « la sollicitude perpétuelle de l'Église à protéger les juifs contre les fureurs populaire », cette sotte interruption : « Parlez-nous de Torquemada ! L'Église a une histoire sanglante ! » (23 décembre 1898.)

« Torquemada » n'était pas l'Église ! mais l'histoire sanglante que nous racontons est bien celle des *juifs* !

Faut-il ajouter y les épisodes sanglants de la *seule* « affaire Dreyfus » ? « Affaire », ne l'oublions pas, de *trahison* exclusivement pour les Français, de *religion* et de *race* exclusivement pour les juifs !

Morts inexpliquées

---

[196] Un placard anarchiste signé d'un protestant : *Falœsily*, et de trois juifs : *Natan*, *Alphandéry*, *Lévy*, avait provoqué les coups.
Au cours du procès Jules Guérin-Philibert Roger, aux assises du 13 février 1899 « *on a arrêté*, dit la « Libre Parole », *sept anarchistes porteurs de couteaux et de revolvers* ». Combien y avait-il de juifs !
Enfin le promoteur des bagarres où M. Drumont a failli périr à Grenoble, le 17 mai, était le juif Samuel David, de la maison « *Au bon génie* ».

Le commandant d'Attel, directeur du Dépôt, faisant fonction d'adjudant de place, à la parade d'exécution, avait reçu les aveux du traître !

Trouvé mourant en wagon le 1er octobre 1895, « vert comme un réverbère », a dit un témoin, à la station d'Ermont, revenant de Triel d'où il était parti en bonne santé.

M. Chaulin-Servinière, député de la Mayenne, avait fait, le 7 février 1898, cette déclaration à *l'Intransigeant* :

Le capitaine Lebrun-Renault me fit savoir qu'il avait recueilli de la bouche du traître les paroles suivantes :

« Si j'ai livré à l'Allemagne des documents, c'était afin d'en obtenir d'autres. »

« M. Lebrun-Renault m'assura aussi que, dès le lendemain du jour où il entendit cet aveu, il adressa au ministère de la guerre une lettre dans laquelle les paroles textuelles de Dreyfus étaient relatées. »

Cette déclaration était faite le 7 février.

Six mois après, le 25 juillet, M. Chaulin-Servinière, était trouvé en morceaux, sur la ligne de Paris à Laval, tout près du Mans où il devait descendre.

Accident ou crime, sa mort est demeurée *inexpliquée*.[197]

---

[197] D'une interview du colonel Deniéport, vieil ami du député :
« L'hypothèse du suicide est inadmissible, démentez-la de toutes vos forces.
« Sans être riche, Servinière avait une très large aisance.
En outre, il n'avait aucune préoccupation grave. S'il en avait eu, je l'aurais su. Il ne me cachait rien.
Je ne crois pas davantage à un accident. Prudent, circonspect, Servinière n'est certainement pas tombé fortuitement. Très haut en couleur, il a peut-être eu un étourdissement. Je l'admets cependant difficilement. Reste l'hypothèse du crime.

L'Association « morte la bête, mort le venin »

Nous lisons dans une feuille du syndicat de trahison, décembre 1898 :

« Nous apprenons qu'une ligue — une association noire plutôt — se forme sous le titre : « morte la bête, mort le venin ».

Elle a pour but de lutter *par tous les moyens, quels qu'ils soient, contre la tourbe antisémite et son dévoué président.*

« Les exécuteurs de la danse, *quelle qu'elle soit*, seront tirés au sort au cours de conciliabules tenus secrets.

« Nous n'avons pas beaucoup de détails sur cette association, mais, à la place de certaines gens, nous nous méfierions. »

M. Guérin, « le dévoué président », visé dans cette note, s'est montré prêt à accueillir, comme il convient, les maîtres danseurs », qu'on pourrait tout aussi bien appeler les « maîtres chanteurs ».

Cela ne les a-t-il pas décidés à chercher ailleurs des élèves-valseurs moins récalcitrants ? C'est peut-être l'explication de quelques valses de la mort comme les suivantes :

« — Vous paraît-elle vraisemblable ?
« — Vous savez que Servinière a été l'un des confidents du capitaine Lebrun-Renault !...
(*Libre Parole*, Gaston Méry, 26 juillet 1898.)
La mort tragique du colonel Henry, au Mont-Valérien, trouverait ici sa place si, à l'appui des insinuations suivantes, que tout d'ailleurs justifie, jusqu'au *silence des intéressés*, nous avions une preuve matérielle :
Le colonel Henry *n'a-t-il pas été invité* par un soi-disant ami, en réalité ami des juifs, à fabriquer ce qu'ils ont appelé un *faux* et qui n'était que la reproduction *populaire* d'un document secret *authentique* ?
La supercherie reconnue, le colonel, désespéré, *n'a-t-il pas été invité*, plus ou moins directement, par des agents du syndicat à mettre fin à ses jours ?
Cela a été dit et écrit et n'a jamais été démenti !...

Valses de la mort

C'était au commencement de février 1899. Le « trio de coquins Lœw-Bard-Manau », chargé de la révision du procès Dreyfus, commençait à fléchir sous la poussée de l'opinion, révoltée par le cynisme qui présidait à la conduite de l'enquête.

D'autre part, un projet de loi « dessaisissant de l'affaire » la Chambre criminelle, paraissait devoir être favorablement accueilli par le parlement. Tout était perdu !

Pour refroidir l'accueil, comme à ce moment-là un scandale clérical eût été bienvenu !

Justement ! le dimanche 5 février, le petit chrétien, Gaston Foveaux, élève des Frères de la rue de la Monnaie à Lille, disparaissait à la tombée de la nuit.

Le mercredi suivant, on trouvait son cadavre au parloir du pensionnat où il avait été jeté subrepticement.

La maison fut aussitôt licenciée, le personnel sévèrement enquêté et gardé à vue pendant trois semaines !

Le frère Flamidien, arrêté, soumis de longs mois à la promiscuité des criminels de droit commun, était finalement reconnu innocent par l'opinion publique-et néanmoins maintenu en prison par le juge d'instruction Delalé.[198]

---

[198] Les trois lettres (voir « Le juif et le clergé catholique ») découvertes dans l'établissement des Frères de la rue de la Monnaie sont d'une précision telle, sur les circonstances du crime, qu'elles ne-laissent aucun doute sur leur provenance, l'assassin lui-même.
Le juge d'instruction n'a pu s'empêcher de reconnaître, devant les frères Achille et Adelmir, que ces *lettres sont bien du même style que celui du billet* placé près du cadavre de l'enfant (pour dépister les recherches). Ce billet, où l'assassin s'accusait avec ostentation, n'est donc

Mais, dans l'intervalle, Sébastien Faure avait pu flétrira « l'infâme cléricalisme » en réunion anarchiste le 11 février ; le dreyfusard Carnaud, déposer à la Chambre, le 12, un projet de loi tendant à « exclure de l'enseignement ceux qui font vœu de chasteté » ; la municipalité dreyfusarde de Lille, les insulter dans des affiches ordurières ; la presse juive, colporter l'ordure jusqu'au dernier hameau du dernier village de France ![199]

---

pas du frère Flamidien, puisque les lettres de *même style*, récemment trouvées, ont été écrites *depuis qu'il est en prison !...*
M. Delalé a bien envisagé Cette conséquence, mais il n'a pas osé tirer la conclusion !...
Serait-elle en contradiction avec les jugements « infaillibles » du *Kahal* de Lille et de celui de Paris ?... Le frère Flamidien a été mis en liberté, le 10 juillet, par la Chambre des mises en accusation de Douai, plus impartiale et moins esclave de la consigne *Talmudique* !
[199] Un spécimen des commentaires dont les camelots accompagnaient la vente de l'ordure :
« Pères et mères de famille, vous qui m'écoutez et qui avez des enfants, sachez qu'à Lille un crime épouvantable a été commis chez les Frères !
« Le petit Foveaux, un enfant beau comme un ange (!) a été souillé et étranglé par son professeur, le frère Flamidien ! « Il n'y a plus à le nier !
« Les cléricaux, les jésuites, les frocards et les calotins sont pris la main dans le sac.
« Le frère s'est mis à genoux, il a demandé pardon à son Institut ; il a tout avoué ces jours derniers ; le monstre sera exécuté.
« Oui, pères et mères de famille qui m'écoutez, il est temps que cela finisse !
« Gardez-vous ! Gardez-vous de mettre vos enfants à l'école des Frères Gardez-vous de leur faire passer la porte de ces repaires d'hypocrites, de menteurs et de brigands !
« Les Frères et tous ceux qui les soutiennent sont des saligauds et des assassins. »
Ceci a été entendu le 23 mars 1899 (alors que l'innocence du frère était depuis longtemps démontrée), à Xertigny (Vosges), par M. Louis Colin, de *l'Univers*, qui ajoutait en *post-scriptum* :
« On m'affirme, à la dernière heure, que l'homme patibulaire est un vieux *juif*, qui vend du papier au lieu de peaux de lapins. »
Rien d'étonnant ! Les juifs pullulent dans ce département où ils ont douze synagogues (voir «— Dans la Seine il y a sept synagogues, dont quatre à Paris.»).
Le camelot était, du reste, admirablement secondé dans sa campagne par *l'Agence Havas* dont la *Croix* écrivait, le 25 mars, à l'occasion des irrégularités flagrantes, commises dans l'expertise des écritures des Frères de la Monnaie :
« Pourquoi cette *Agence* se borne-t-elle à reproduire les *mensongères informations* (qu'elle sait être telles) du *Grand Écho du Nord*, sans tenir compte des démentis formels et précis de la *Croix du Nord*, de la *Dépêche* de Lille et du *Journal de Roubaix ?* »
Autant lui demander pourquoi elle fausse l'opinions dans le monde entier sur l'affaire Dreyfus !...

Vain tapage ! Inutile scandale ! Stérile assassinat ! *La loi dessaisissant la Chambre criminelle était votée à la Chambre, le 14 février !*

Mais on pouvait l'empêcher de l'être au Sénat ! Comment ?

Par un nouveau coup d'éclat !

Ce fut la mort subite de Félix Fauré, Président de la République, le 16 février à 10 heures, du soir.[200]

Si elle pouvait répondre, elle dirait : « Parce que je suis une *Agence* des juifs et que je prends l'intérêt des juifs. » (Voir la note «— Le 28 octobre 1898, un groupe de Français de Buenos-Aires écrivaient à M. Drumont :», et suivantes).

[200] On en connaît les circonstances :
À 4 heures, alors que rien ne laissait supposer la mort *imminente* du président, *qui avait reçu jusqu'à ce moment-là*, ce télégramme était lancé de Paris en Bourse à Bruxelles et reproduit par *tous* les journaux belges
« *Démission Faure imminente, élection Loubet assurée.* »
Le même jour, *à 2 ou 3 heures*, M. Henri Despretz, 24, rue d'Inkermann (Lille), d'après une correspondance particulière de la *Croix* (4 mars), recevait d'Anvers « une communication téléphonique par laquelle on annulait une transaction commerciale, en raison des événements à redouter par suite de la *démission de Président qu'avait donnée M. Faure* ».
Deux autres télégrammes, l'un en anglais, l'autre en français, étaient expédiés de Liverpool à Tourcoing, dit la *Croix du Nord* (10 mars). Les voici
« Liverpool, 16 .février, 4 heures du soir.
« *Est-il vrai troubles à Paris. ? Télégraphiez amples détails.* »
« Liverpool, 16 février, 5 heures 27 du soir.
« *Le marché a subitement baissé par suite de rumeurs de complications à Paris.* »
À *dix heures*, expirait le Président
En pareil cas (mort subite), la loi exige un délai de 48 heures avant la sépulture ou l'embaumement.
M. Félix Faure était embaumé 10 *heures* après (le lendemain, à 8 heures du matin).
On attendait du moins l'autopsie, beaucoup plus que pour M. Carnot ou la reine Élisabeth, autopsiés bien que leur mort ait été sans mystère.
M. Félix Faure n'a pas été autopsié !
La putréfaction même a été si rapide que, *malgré l'embaumement*, il a fallu le mettre en bière sans retard !... L'embaumement avait-il été mal fait ?
On n'a pu le savoir, puisqu'aucun procès-verbal d'embaumement n'a été publié, contrairement à l'usage !...
Mystère partout ; points d'interrogations de toutes parts !

La mort de Félix Faure

Quand nous disons « subite », c'est une manière de dire, car elle ne le fut pas pour tout le monde, spécialement pour ce franc-maçon d'Extrême Orient qui l'a connue huit jours à l'avance !... et au sujet duquel un abonné de la *Croix* lui écrivit de là-bas le 22 mars :

« La mort du président de la République française, nous l'avons apprise par les télégrammes le lendemain du jour où elle a eu lieu. Par « nous », je veux dire « *nous lecteurs de journaux sur cette partie du globe* »

Et à ces points d'interrogations, nulle autre réponse que les suivantes, que nous donnons pour ce qu'elles valent :

Première réponse

« Alors, c'est le coup de foudre de la mort d'Henry qui a fini par tomber sur leurs têtes de pierre (des patriotes).
« Puis, c'est la *mort plus haute et plus effrayante encore du chef de l'État*, qui a renversé le complot qui se tramait autour de lui, avec son aide, contre la justice et la liberté.
« Si vous ne marchez que par force, sous le coup de la nécessité, il y a comme une *logique fatale des choses qui veut que les coups aillent toujours en augmentant jusqu'à ce que votre obstination soit vaincue.*
« Comme il est absolument nécessaire à la marche des choses du monde que la vérité finisse toujours par prendre le dessus, *il faut bien que ces coups se répètent et s'accroissent, lorsque votre résistance s'obstine.* .
« *Si vous aviez fait justice, il y a un an*, tout le cours des choses était changé et dans un autre enchaînement de circonstances différentes, *aurait pu ne pas se trouver l'occasion fatale*, où ce grand personnage a rencontré sa mort. »
« Tout étant changé dans l'ordre des choses, cela aussi aurait été changé. »
Qui parle ainsi ? Un dreyfusard opportuniste, dans une feuille juive, signalée par la *Libre Parole* (26 février).

Deuxième réponse

Nous sommes sauvés ! *Nous n'avions pas de plus grand ennemi que Félix Faure* et Dieu est avec, nous... puisqu'il est mort ! » *(Libre Parole,* 28 février.)
Qui parle ainsi ? Un ancien obligé de Cornélius Herz, ami de Reinach et de Dreyfus, exhalant tout haut sa joie dans un cabaret du boulevard.

« Mais nous (personnellement), nous l'avons apprise *huit jours au moins avant qu'elle n'ait eu lieu.*

« J'étais là quand une *lettre* nous arriva d'un de nos compatriotes français : dans cette *lettre*, on disait en substance et comme nouvelle plus ou moins sujette à caution :

« *Savez-vous bien que le président de la République est mort ?* »

« On en rit et on en « blagua », car le compatriote en question est au fond des terres et les nouvelles par la poste ou par le télégraphe prennent du temps pour lui arriver.

« Aussi, *jugez de notre surprise, quand nous apprîmes quelques jours plus tard la mort, non pas ancienne, mais toute fraîche du président Faure !*

« On écrivit à notre compatriote pour demander un complément de renseignements sur ce qu'il avait écrit.

« Il répondit qu'avant d'écrire sa dernière lettre il avait reçu la visite d'un *Européen ou descendant d'Européen (qu'il nommait)* et que ce *personnage lui avait dit que le président Faure devait être assassiné le jour même.*

« Il parait que le visiteur est franc-maçon.

« Dans tous les cas, *il y a dans les parages une famille juive que le visiteur susdit pouvait avoir rencontrée.* »

Quoi qu'il en soit de ces prédictions lugubres, des regrets unanimes accueillirent la nouvelle de la mort du Président Faure.

Le peuple parisien surtout ne lui ménagea pas ses sympathies !

Huit jours durant, les foules se succédèrent autour de sa dépouille mortelle exposée dans la grande salle de l'Élysée !

Chose curieuse ! au sortir du palais présidentiel, des camelots vous offraient pour dix centimes une superbe photographie du défunt, encadrée de deuil et relatant les épisodes marquants de l'alliance franco-russe, par exemple le toast à bord du *Pothuau*, 26 août 1897 et les appréciations des journaux.

Instinctivement, on cherchait le nom de l'auteur si bien inspiré par son patriotisme ! Et on lisait dans l'angle de droite :

« *Édité par Joseph Aron, 23, rue Boileau, Montrouge !...* »

Après les funérailles, le 23 février, la fameuse loi de *dessaisissement* venait devant le Sénat. La lutte fut désespérée ! toute la réserve dreyfusiste donna !

L'article *unique* de loi, il fallut trois séances mouvementées pour le discuter ! De guerre lasse, le Président du Cabinet posa la question de confiance !

Il emportait le vote, mais à 27 voix de majorité seulement ! *le 1er mars* 1899. C'était fini, bien fini, cette fois ?...

Cela ne faisait que commencer.

Un prophète de malheur

Le 3 *mars*, M. de Pressensé écrivait

« Il est trop tard, Monsieur Dupuy, vous vous êtes pris dans votre propre piège.

« Votre loi (de dessaisissement), elle vous discrédite, elle vous couvre d'ignominie, elle ne saurait plus vous servir.

« Et puis, tenez ! *je ne suis pas prophète*, mais laissez-moi vous dire qu'*il y a des moments où l'on s'attend vaguement à quelque chose d'inattendu, soit l'on pressent quelque coup de tonnerre qui balaierait l'atmosphère.*

« Qui sait si, à l'heure où vous tenez les cartes biseautées dont vous avez préparé la partie, ce même destin qui a couché Félix Faure sur un lit de mort, à la veille de décisions peut-être criminelles et sûrement irréparables, ne vous *réserve pas quelque tragique surprise, après laquelle il ne vous restera plus qu'à passer la main à un joueur plus heureux ou plus honnête ?* »

Remarquons bien les deux points de la prophétie : 1° « *une tragique surprise* », 2°» *un coup de tonnerre balayant l'atmosphère.* »

Maintenant poursuivons.

Est-ce « la tragique surprise » ?

M. Laurenceau, préfet du Nord sous le cabinet Brisson, lui avait, à ce titre, signalé l'existence à Bruxelles d'une caisse centralisant les fonds qui affluent du monde entier, pour alimenter la campagne Dreyfus !

Il y perdit son poste ; mais, à l'avènement du ministère Dupuy, il obtint la trésorerie générale de Nîmes !

Or, M. Laurenceau, déjà inscrit parmi les témoins à charge de Mme Henry contre Reinach, était mandé à Paris par M. Dupuy, désireux de s'éclairer sur la « caisse noire » de Bruxelles !

Sa mission remplie, il s'apprêtait à partir.

Trouvé mort *le 4 mars, à* l'Hôtel Terminus où il était descendu !

M. Fédée, ancien chef des brigades de recherches, avait autrefois arrêté des anarchistes (les alliés actuels des juifs) ; avait, de plus, suivi de très près la trame du complot dreyfusard.

Mort subitement, *le* 4 *mars*, le même jour que M. Laurenceau !... Est-ce la tragique surprise » ?

Tous deux avaient travaillé pour le compte du ministère de l'Intérieur ! Et M. Dupuy était ministre de l'Intérieur ![201]

Est-ce « le coup de tonnerre » ?

Le lendemain, 5 *mars*, à 2 heures 25 du matin, 80.000 kilos de poudre sautaient à la poudrière de Lagoubran (entre la Seyne et Toulon) ![202]

---

[201] Il n'a parlé de la « caisse noire » de Bruxelles, dont il avait les preuves d'existence dans son tiroir, que pour dire qu'il *ne savait rien.*
Il doit peut-être à sa discrétion d'être encore en vie !
M. Krantz, tombé avec lui du pouvoir le 12 juin, a été moins discret.
Il a affirmé, depuis, sa conviction de la culpabilité de Dreyfus !... Or, le jeudi 22 juin, M. Krantz, sa femme et ses enfants étaient victimes d'une tentative d'empoisonnement !...
La presse dreyfusarde n'en a pas soufflé mot !
Seule *l'Agence Havas* a dit de M. Krantz, *pendant que le poison le tordait*, qu'» il présentait (le 23) au général de Galliffet, le directeur du ministère de la guerre ».
C'est tout !...
L'agent Guénée avait déclaré que « *s'il était appelé à d*époser devant le Conseil de guerre de Rennes, il ferait connaître par le menu le résultat de sa filature de Dreyfus en France et à l'étranger. »
Il ne sera pas appelé à déposer ! Il vient de mourir *subitement* le 5 juillet ! Le journal d'Yves Guyot en a été le premier informé !...
Remarquons seulement que les anti-dreyfusards tombent comme des mouches... juste au moment psychologique !
Dreyfus avait réclamé *trois ans* pour établir son innocence !
Il fallait bien cela pour faire disparaître les témoins de son crime !... Il n'était pas exigeant !
Le *Kahal* de Russie avait accordé *six ans* pour faire disparaître Derjawine, « ce grand persécuteur du peuple d'Israël » ! (Voir «Derjawine maudit dans toutes les synagogues du monde», page 62.)

Le coup fut entendu à Nice (200 kilomètres) et la commotion ressentie à plus de dix kilomètres à la ronde !

Quant à l'emplacement de la poudrière, il a été « balayé » comme « l'atmosphère », ne laissant d'autre trace de balayures que les décombres des bâtiments démolis, parsemés des cadavres, presque une centaine, qu'on y a recueillis !....

C'était un beau « coup de tonnerre » ! Était-il insuffisant ? Il paraît !

Puisque le surlendemain mardi, *7 mars*, « entre six heures et demie et sept heures, six individus tiraient, deux coups de revolver sur la sentinelle placée au-dessus du *magasin de la mélinite*... le soldat Guy du 111e de ligne », dit le *rapport officiel* ;

Que, le matin même, seize paquets de dynamite ont été trouvés à cet endroit !

Voilà où nous en sommes ! ou plutôt où en sont les juifs avec leurs pratiques sanglantes ! C'était au moyen âge, c'est aujourd'hui en dehors de chez nous, les meurtres rituels !

Mais en France, le revolver, la dynamite et le poison seraient, paraît-il, le dernier mot de la civilisation Talmudique !

On voit qu'au XIXe siècle, le *Talmud* a été pratiqué autant et plus qu'en aucun des siècles précédents, qu'il l'a été en France autant et plus qu'en aucun pays du monde !

---

[202] Nous tenons d'un secrétaire de l'État-major de Toulon, qu'en 1896, des anarchistes, trompant la surveillance des postes, purent s'introduire dans une poudrière et y écrire, en vers, une menace « d'explosion ».
Le *factum* photographié est conservé comme pièce à conviction dans les papiers de l'État-Major.
Ne pas oublier qu'à Toulon, Sébastien Faure a obtenu *ses* meilleurs succès de propagande anarchiste.

Chapitre VIII

Coup d'œil rétrospectif

Mesurons d'un coup d'œil rapide les ruines accumulées chez nous par les vingt-cinq dernières années de domination Talmudique !

Nous disons *Talmudique*, d'accord cette fois avec le grand-rabbin de Paris Dreyfuss qui l'avouait ainsi sur la tombe du grand-rabbin Isidor, le 27 septembre 1895 :

« C'est sous la direction de M. Isidor, on peut le dire, que notre Communauté *a eu sa constitution définitive*, qu'elle a été *dotée de la plupart de ses organes* qui, par lui et par celui qui a recueilli son pieux héritage, se sont *développés, fortifiés sans cesse*, dans ce dernier demi-siècle. »

C'est Zadoc-Kahn qui a recueilli le « pieux héritage ! »

Mais à « *la Constitution définitive de la communauté* » juive, à la « *fortification grandissante de ses organes dans ce dernier demi-siècle* » qu'avons-nous gagné ?

Le voici :

Expulsion de cinquante mille religieux français, de vive force, par les portes enfoncées de leurs couvents, le 29 mars 1880, en vertu des « loi existantes tirées de leur oubli séculaire par le juif de Francfort fraîchement naturalisé, Reinach, l'insulteur du colonel Henry.

Abolition, en juillet de la même année, de la loi chrétienne assurant aux ouvriers français le repos du dimanche, mais en violation de la loi Talmudique qui le leur interdit : « Le repos des fêtes n'est pas pour les chiens. » (Megilla : 7, 2, édition de Venise.)

Votes des lois *d'accroissement* (décembre 1880), *d'abonnement* (avril 1895), qui frappent d'un impôt exorbitant *le bien des pauvres*, dans les 500 *millions légitimement acquis de* 200.000 *religieux français* {2.500 francs chacun) et respectent les 80 *milliards, mal acquis la plupart, d'environ juifs étrangers* qui en usent et en abusent à leur *profit exclusif.*

— Vote, le 28 mars 1882, sous l'inspiration juive et avec l'appui des juifs de la Chambre et de la presse, spécialement de la *Lanterne*, de la loi *d'Enseignement neutre* du judaïsant Jules Ferry, dont les plus clairs résultats sont au bout de dix ans :

1. « Le chiffre des *enfants* criminels augmenté d'un *quart*, le chiffre de la population restant stationnaire. » (Alfred Fouillée.)
2. « Le chiffre des *crimes* de *sept millions* d'enfants de 7 à 16 ans, atteignant à peu près le *double* des crimes de *vingt millions* d'adultes au-dessus de 16 ans. » (Alfred Fouillée.)
3. Dieu biffé dans le cœur de 10 millions d'enfants passés par l'école sans « Dieu.
4. Ces 10 millions d'enfants préparant cinq millions de ménages sans Dieu, c'est-à-dire sans enfants, c'est-à-dire consommant à bref délai la ruine, aux trois quarts déjà faite, de la famille et de la France !

— Vote, le 27 juillet 1884, de la *loi du divorce* du juif Naquet qui a provoqué cent mille divorces, empêché la naissance de 200.000 Français, privé notre armée de 100.000 soldats !

— Vote, le 15 juillet 1889, de la loi « *les curés sac au clos* » ou « le noviciat sacerdotal à la caserne D, aux applaudissements unanimes du peuple juif en. France !

— En 1892, vote de la *loi des finances* qui maintient des subventions aux séminaires israélites où l'on enseigne, au moins indirectement, avec le *Talmud*, la haine de la France et des Français, et les supprime aux séminaires catholiques où l'on enseigne, avec l'amour de la France, la religion de 38 millions de Français !

— La même année, création à la Sorbonne d'un *cours de positivisme* ou d'irréligion, complété, en 1898, par l'introduction dans l'enseignement officiel, sur l'initiative du f∴ Bourgeois, ami intime des grands juifs, du *darwinisme* qui enseigne que « l'homme descend du singe ».[203]

— Faut-il ajouter la suppression des prières officielles, des processions dans les villes et villages, les poursuites arbitraires contre le clergé, les suppressions cyniques de traitements, les saisies et ventes des biens des congrégations, etc., etc. !

Et, ce qui est bien autrement grave ! la doctrine du *plaisir à outrance* enseignée par des économistes juifs, propagée avec frénésie par le journal, l'affiche, le prospectus ordurier, ordinairement juifs, et courant pervertir, sous la franchise de la poste, jusqu'au dernier hameau du dernier village de France !...

Résultats :

Sur huit millions de ménages français, il y en a :

1° *Deux millions sans enfant* (un quart) !

---

[203] Ce qui ne peut que flatter les juifs *Talmud*istes enseignant eux-mêmes que « *les juifs seuls sont des hommes, les autres nations ne sont qu'une variété d'animaux* ». (Tr. Baba. m. f. 114,2.)

2° *Deux millions* 500.000 *à fils unique* (plus d'un quart) !

Soit : QUATRE MILLIONS CINQ CENT MILLE MÉNAGES FRANÇAIS A FILS UNIQUE OU SANS ENFANT SUR UN TOTAL DE HUIT MILLIONS QUATRE-VINGT MILLE !...

Annuellement : 350.000 conscrits en France, contre 450.000 en Allemagne ! ...[204]

La France au dernier rang de la *natalité* dans le monde !

La France au cinquième rang de la population aujourd'hui, au dernier rang demain, même après l'Italie, d'après le chiffre rigoureux des statistiques !

Ce qui explique les insolences de l'Angleterre, la joie de l'Allemagne, les impertinences mêmes de l'Italie, la vaincue de Ménélik !

Ce qui arrache aussi à M. Bertillon, le statisticien français, ce cri d'alarme, que tous les échos devraient promener à travers la France, avec des accents de tonnerre :

« la France est perdue, si on ne réveille par des mesures énergiques son patriotisme endormi ou peu éclairé.[205]

---

[204] Le *Vorwaerts*, organe officiel des juifs et des socialistes, allemands, félicitant les juifs et les soi-disant socialistes français de leur campagne pour Dreyfus contre l'armée, s'écriait avec une joie non dissimulée, le 15 novembre 1898 :
« La France ne peut plus soutenir la concurrence avec l'armée allemande, car l'Allemagne compte aujourd'hui 12 millions d'habitants de plus que la France.
« L'armée française doit donc être transformée en une armée de miliciens ; nos *camarades de France*
(Reinach, Jaurès, etc.) ont compris cela et marchent dans cette voie. »
Les *Münchner Neueste Nachriten* renforcent ces appréciations, à propos de l'évacuation de Fachoda : « Marchand est rappelé sans condition ! *La France est devenue un Portugal* n° 2 !
[205] M. Bertillon a été révoqué le 5 juillet par le Conseil municipal, pour n'avoir pas déposé en faveur du traître.

On pourrait en conclure que l'Angleterre ne sait pas seulement montrer le poing aux faibles, mais aussi aux forts, puisque la France est rangée parmi les grandes puissances.

De fait, l'Angleterre n'a pas plus risqué qu'avec les Portugais, car la République française n'a que l'apparence d'une grande puissance. »

Voilà qui souligne cruellement le mot de l'héroïque commandant Marchand à Toulon :

La paix a été maintenue ! mais je crois pouvoir dire que des paix comme celle-là, *il n'en faudrait pas deux à la France par siècle !... »*

En réalité la France est faible ! conclut la feuille allemande. »

C'est pour l'affaiblir encore — c'est le but formel — que le syndicat juif de trahison poursuit sa campagne au cri de : « À bas la France ! »

Le réveiller ? En aurons-nous le temps ? Les juifs-sont en train d'égorger sa gardienne, *l'armée*, qui peut s'écrier, comme autrefois Elie, précisément du peuple juif

« Seigneur ! ils ont tué vos prophètes, démoli vos. autels.

Son cri de douleur n'en est que plus justifié ! Il nous arrache une réflexion :
À quoi tient cette épouvantable déchéance, telle que la. France n'en a jamais connue, à aucune époque de son histoire ?
Uniquement et *ce fait*, qu'à aucune époque de son histoire la France ne s'est livrée aux juifs comme elle s'y est livrée en 1791, par le décret du 27 septembre, qui leur. octroyait la naturalisation !
Pour un décret analogue accordé à l'Algérie en 1870, *l'Algérie se meurt au bout de trente ans !*
La France peut s'estimer heureuse de n'être point morte au bout de cent ans !
Voilà qui répond au défroqué Loyson, affirmant à Bayonne (novembre 1898), que « le *judaïsme* est la base de la civilisation chrétienne ».
Le judaïsme de la *Bible*, oui, que *les juifs ne suivent plus*, mais non le judaïsme du *Talmud*, *seul pratiqué aujourd'hui*, et dont la France se meurt !

« Je suis demeuré tout seul et ils cherchent à. m'ôter la vie. » (III Reg. xix, 10, 18.)

Les autels ? Il n'y en a plus guère qu'un seul debout, *l'autel du plaisir, élevé par le juif, où les Français accourent, à son appel, immoler le devoir !*

Pendant qu'à l'horizon de toutes nos frontières grondent déjà les bruits avant-coureurs de la pluie de feu qui doit, comme dans Sodome et Gomorrhe, consumer l'idole et ses adorateurs !...

Une « Sodome et une Gomorrhe » — M. Drumont dit : « Le lupanar de l'Europe », mais un lupanar dont ils tiennent les clés et encaissent les bénéfices, — voilà ce que les juifs ont fait de la France !

Hélas ! ils l'ont faite à leur image, l'image du vice impur, dont saint Paul remarquait déjà les reflets sur leur physionomie ![206]

Du moins, c'est ce qu'ils en ont voulu-faire !

Et cela ! nous ne devons, nous ne pouvons plus le souffrir, sous peine d'être un peuple fini, voué à toutes les destructions prochaines du fer et du feu !

---

[206] « Si le Seigneur des armées ne nous avait réservé quelques-uns de notre race (pour leur faire miséricorde), nous serions devenus comme Sodome et Gomorrhe. » (Rom. IX, 29.)

Chapitre IX

Conclusion

« Que faire ? »

Un Français des « croisades », s'il en était encore, ne « moisirait » pas la réponse !

Que faire ? Mais enchaîner les mains criminelles qui ont ouvert les écluses à ce nouveau déluge !

Mais elles sont si puissantes ces mains !

Oui, puissantes de l'or qu'elles palpent, ce qui n'est rien, mais surtout puissantes de la lâcheté où elles ont réussi à nous réduire avec cet or !

Du temps que les Français n'étaient pas à vendre, l'objection était inconnue ![207]

---

[207] À ce propos, M. Rochefort écrivait, fort justement, le 1er juillet :
« Ce qu'ils (les juifs) ont tenu à établir et ce qu'ils ont établi, c'est que depuis la mort de Robespierre l'incorruptible, tous les Français ont cessé de l'être et qu'un certain nombre de millions adroitement distribués ont raison des Chambres, de la magistrature, de l'administration, des ministres, des présidents de République et de la franc-maçonnerie. »
Cela étant, nous ne voyons pas en quoi l'élection par le peuple du Président de la République, suivant l'idée chère au si chevaleresque M. Déroulède, modifierait la situation.
Les juifs, assez puissants aujourd'hui pour acheter l'élection des Chambres par le peuple, *le seraient tout autant pour acheter l'élection présidentielle par ce même peuple.*
Ce qu'il faudrait, ce serait de supprimer le contact entre le juif et l'électeur ; ce qui peut se faire de deux manières :
Ou bien rendre l'électeur capable de résister à l'appât de la pièce de *quarante sous ;*

— C'étaient des sabreurs ! Et nous sommes amis de la paix ! N'y a-t-il pas d'autres moyens, en somme ? La *diplomatie*, par exemple !

SI NOUS FAISIONS DE LA DIPLOMATIE !

La diplomatie ?... parlons-en cela fera toujours plaisir aux juifs !

La diplomatie s'explique entre gens *honnêtes*, uniquement désireux de s'éclairer mutuellement sur leurs droits pour les respecter, sur leurs devoirs pour les remplir !

Mais entre Français et juifs, la diplomatie ne s'explique pas plus qu'entre le voleur de grand chemin et sa victime, pour qui la diplomatie peut alors se dé finir :

L'art de capituler indéfiniment, avec grâce, « en beau joueur qui perd la partie », disait le *Figaro à* propos de Fachoda, devant les injonctions malhonnêtes d'un ennemi, auquel on *ne peut pas*, ou on *n'ose pas*, ou on *ne veut pas* résister.

Quand « on ne peut pas » il faut avouer son impuissance et subir avec résignation les conditions de l'ennemi !

Ou bien mettre le juif dans l'impossibilité de la lui offrir. Nous ne croyons pas à l'efficacité de la première manière, qui suppose trop d'héroïsme.
Reste la seconde qui serait réalisée en supprimant aux juifs les *droits de citoyen actif !*
Les juifs se proclament eux-mêmes « *une race cosmopolite par nécessité* » (Théodore Reinach). Nous les prendrions au mot !
Pourraient-ils s'en plaindre ?...
D'autant moins que nous respecterions davantage en eux ces « droits de l'homme » auxquels ils tiennent tant, mais qu'ils respectent eux-mêmes si peu chez les Français, qui, les premiers, les leur ont solennellement reconnus !
Pour nous, voilà la solution, l'unique solution *immédiate* de la crise épouvantable que traverse la France ! Ôter aux juifs les *droits de citoyen actif !*
Ce doit être le premier article de la Constitution révisée !

Quand « on n'ose pas », cela s'appelle de la lâcheté ! Quand « on ne veut pas », cela s'appelle de la trahison ! À nous de choisir le qualificatif qui nous convient !...

La diplomatie ? Mais c'est elle qui a allumé l'incendie qui dévore la France !

C'est elle qui en a porté la nouvelle — en se donnant le malin plaisir de charger le tableau — dans le monde entier et jusqu'aux sources inexplorées du Nil où il s'agissait, non plus d'allumer, mais d'éteindre, ici, du même coup, la flamme patriotique au cœur d'un héros et le pur rayon de gloire qu'il venait d'attacher au front de la Patrie !

Cette diplomatie criminelle, masquée suivant son habitude d'oripeaux « humanitaires », un Français l'a percée à jour d'un coup de crayon désormais célèbre.

Ce fut un baume à la blessure du héros qui put alors exhaler sa douleur avec ses remerciements, dans une lettre qu'il faut relire.

La voici :

« *Le Caire, 6 novembre.*

« *A M. Forain, artiste.*

« Mon cher ami,

« Vous ne me connaissez pas. Nous ne nous sommes jamais rencontrés ; mais comme je viens de sentir étrangement, dans l'acuité pénétrante de votre vision, nos deux patriotismes se croiser, j'ai voulu vous donner ce titre que vous ne dédaignerez pas.

« Voilà un préambule qui doit vous surprendre.

« Maintenant, écoutez :

« Le 21 septembre passé, à Fachoda, il y avait près de dix mois que nous n'avions plus de nouvelles de France ni de l'Europe : depuis 48 heures, l'armée anglo-égyptienne était arrivée d'Omdurman et le sir dar Kitchener allait redescendre sur Khartoum.

« Wingate, par ordre de son chef et dans une intention louable sans doute, me remît, avant le départ, une collection de journaux anglais et... *français, que nous n'avions pas osé demander*, mais que nous reçûmes avec reconnaissance.

« Les journaux français étaient des numéros du mois d'août du *Progrès égyptien*.

« Je n'ai plus que deux lignes à ajouter : une heure après avoir ouvert les feuilles françaises, les dix officiers français tremblaient et pleuraient.

« *C'est là que nous apprîmes que l'affaire Dreyfus avait été rouverte avec l'horrible campagne des infâmes.*

« *Et pendant trente-six heures, aucun de nous ne fut capable de rien dire aux autres. — On n'échange pas de pareilles impressions.*

« *Je n'ai rien augmenté, rien exagéré, rien changé... au contraire.*

« Je veux simplement vous dire en regardant le dernier Forain d'Octobre, que pour avoir prévu ce qui est arrivé à 5,000 kilomètres de distance, il faut que vous possédiez une grande âme de fier patriotisme. Ce serait impossible autrement.

« À cause de cela, je vous demande la permission de vous embrasser, si vous voulez bien.

« De tout cœur à vous.

« Commandant Marchand. »

A qui possède une once de patriotisme au cœur, nous ne demanderons pas ce qu'il pense de cette lettre, dont on peut dire aussi qu'» *on n'échange pas de pareilles impressions* ».

Remarquons seulement qu'elle est le résultat de la diplomatie... *anglaise*.

Voici maintenant celui de la diplomatie... *française* :

L'ORDRE D'ÉVACUER FACHODA

Quand le capitaine Baratier l'apporta au commandant tout frais cueilli de la bouche de Delcassé, voici la scène poignante qui se passa, d'après un témoin oculaire :

« A ce moment, le spectacle est des plus émouvants. *Baratier est d'une tristesse navrante ; c'est à peine s'il ose regarder Marchand.*

« *Celui-ci a le pressentiment que Baratier apporte de mauvaises nouvelles ;* son regard énergique semble fouiller son cher camarade jusqu'au fond de l'âme...

« *Tout à coup, n'y tenant plus, il se précipite sur lui et l'entraîne à l'écart, au fond du canot* qui l'a amené. Je vois *Baratier laisser tomber ses bras avec découragement.*

« Marchand semble *hors de lui et serre les poings avec rage ; il n'est que trop facile de deviner ce que lui dit Baratier.*

« A partir de ce moment, Marchand devient *silencieux ;* pendant le dîner, que lui offre M. Thévenet, chef du service de la Compagnie du canal de Suez, le brave officier, dont la figure est bouleversée par le chagrin, ne peut retenir *ses larmes !*...

Voilà les résultats de la diplomatie.... française !...

Voilà la diplomatie avec laquelle les juifs ont forcé, il y a cent ans, les portes de la famille française ! Avec laquelle ils l'ont dominée, avec laquelle ils la piétinent aujourd'hui ! Avec laquelle ils ne désespèrent pas de lui faire signer demain à elle-même son arrêt de mort dans l'acquittement de Dreyfus ![208]...

Et voilà la diplomatie que des Français oseraient caresser encore ?...

À ces Français de bonne composition, dédions encore les lignes suivantes

Il s'agissait du Panama, définitivement enterré par le projet voté, au Sénat américain, d'un autre canal interocéanique.

---

[208] Inutile de dire que cette diplomatie, dont les devises favorites sont : « *La force prime le droit, le mensonge prime la vérité* », n'est ni chrétienne, ni française, puisqu'elle est d'un florentin malhonnête, Machiavel.

À ceux qui l'emploient, juifs ou autres, les Français doivent opposer la seule diplomatie *française* : « *La franchise dans la résistance.* »

C'est pour l'avoir oublié et avoir voulu jouer d'un instrument que la probité française nous interdisait de connaître, avec des ennemis que l'absence totale de scrupules leur permettait de connaître à fond, que nous en avons mal joué et que nous avons été roulés.

Notre diplomatie avec les juifs a obtenu exactement les résultats de notre diplomatie gouvernementale avec l'Angleterre, à propos de « Fachoda ».

Nous avons capitulé en Égypte, par la convention franco-anglaise du 21 mars 1899, en sacrifiant la conquête de l'héroïque commandant Marchand.

L'Angleterre nous prépare de nouvelles capitulations, en Chine, au Siam, à Terre-Neuve.

Les juifs, après avoir mis la main sur les biens de l'Église, par leur « loi contre les fabriques », sans trouver de résistance *active*, s'apprêtent à chasser les catholiques de leurs églises. La menace a été récemment faite aux fabriciens de Montpellier.

C'est l'exemple, sur un point, de ce qui se passe sur tous les points où les catholiques ont voulu *diplomater* avec les juifs ou leurs représentants.

Ici, comme ailleurs, le châtiment accompagne la faute !

Un journal l'annonçait en ces termes aux Français ruinés :

« *Les* 870.000 *gogos pincés dans l'immense filouterie qu'on appelle le Panama* ont dû éprouver ces jours-ci un dernier serrement de cœur.

« Le télégraphe est venu leur. annoncer brutalement que le Sénat américain avait voté la loi Morgan ; c'est-à-dire la construction d'un canal interocéanique par le Nicaragua. »

— Qui a poussé ce coup de sifflet ?

Le journal *l'Aurore* (28 janvier 1899), du commandité de Cornélius Herz, l'ancien grand flibustier de Panama, de l'ami de Reinach neveu du grand flibustier panamiste du même nom, de Clémenceau en un mot, l'ancien directeur de la *Justice*, qui recommanda plus que tous « l'immense flibusterie » aux 870.000 gogos » qu'il persifle aujourd'hui.

C'est par de pareils coups de sifflets Élue les juifs accueillent depuis cent ans ce que nous aimons à appeler « nos succès diplomatiques » ! Ils ont même créé, dans ce but, un organe spécial : « *Le Sifflet.* »

Et nous voudrions *diplomater* encore ?...

Nous capitulerions devant tout, devant le sifflet ? Jamais !...

Et si le juif est un fléau de Dieu ?

L'objection a été faite « très sérieusement »

Faut-il donc résister au « fléau de Dieu » ?

La peste est un *fléau de Dieu !* faut-il capituler devant la peste et ne pas appeler le médecin ?

La famine est un *fléau de Dieu* ! faut-il capituler devant la famine et se laisser mourir de faim ?

La guerre est un *fléau de Dieu* ! quand on nous la déclare, faut-il lever la crosse en l'air ?[209]

Attila était un *fléau de Dieu* ! fallait-il que saint Léon le laissât passer sur la ville éternelle ?

L'Anglais était un *fléau de Dieu*, au temps de Charles VII ! fallait-il que Jeanne d'Arc, pour plaire aux « intellectuels » de l'Université qui demandaient le règne de l'Anglais en France, comme ils demandent aujourd'hui celui de Dreyfus, fallait-il que Jeanne d'Arc ne chassât point l'Anglais ?

— L'Allemand était un *fléau de Dieu* en 1870 ! fallait—il que notre héroïque et malheureuse armée n'essayât. point de fermer le chemin à l'invasion ?

Et l'on viendrait nous dire qu'il ne faut pas résister au juif, sous prétexte qu'il est le « fléau de Dieu », que l'œuvre de lente mais sûre destruction qu'il accomplit sur nous, depuis vingt ans surtout, est une œuvre voulue de Dieu ?

Allons donc ! il y a quelque chose de plus sûrement voulu de Dieu : c'est *l'instinct de la conservation* que Dieu a mis au cœur des peuples comme des individus et dont on est sûr, quand on en suit l'impulsion, de faire la volonté de Dieu.

Quoi ? Job sur son fumier,[210] subissant l'épreuve de Dieu, ôtait les vers de ses plaies ! Et la France n'aurait pas le droit d'ôter la vermine juive de ses blessures ?

---

[209] Nos gouvernements juifs l'ont fait trop souvent, c'est pour cela que nous devenons, à tous les points de vue : « *un Portugal n° 2* », disent les Allemands.

« Eh bien, soit ! oui, nettoyons nos plaies, ôtons la vermine, mais toute la vermine !

« Or, dans la vermine, il n'y a pas que les juifs, il y. a aussi les protestants et les francs-maçons !

« Pourquoi en vouloir surtout au juif ? »

Faut-il le dire encore ?... On ne le dira jamais assez !

Mais parce que dans l'armée d'invasion qui nous dévore, plus que les sauterelles ne dévoraient l'Égypte, *c'est le Juif qui tient la tête* par son *gouvernement secret, le Kahal.*

Que cette tête commande aux protestants et aux francs-maçons qui obéissent comme des subordonnés à leur généralissime

Que ce généralissime, valet de Rothschild, est le juif Lemmi.

Qu'à ce titre, il a imposé au Grand-Orient de France (pas au Grand-Occident) et par le Grand Orient au f∴ protestant Brisson et par le f∴ Brisson à la Chambre qu'il présidait, de repousser la fête nationale de Jeanne d'Arc !

Parce que ce généralissime a poussé ce cri de haine symbolique : « *J'ai deux haines au cœur :*

Dieu et la France. »

Que ce cri de haine est le mot d'ordre aujourd'hui de l'armée dreyfusarde, sous la forme rajeunie de « *guerre au sabre et au goupillon* » ;

---

[210] Disons en passant à ceux qui paraissent l'ignorer de très bonne toi, que Job n'était pas juif, mais *Iduméen*, c'est-à-dire d'un pays absolument hostile aux juifs.

« Au goupillon », qui bénit la France au nous de Dieu ; « au sabre » qui s'incline devant Dieu en protégeant la France !

Parce que l'armée dreyfusarde, pour atteindre « le goupillon », frappe le Pape et les Évêques ; pour atteindre le « sabre », frappe l'État-Major ; que l'armée française, pour atteindre l'armée dreyfusarde, à son exemple, doit frapper à la tête, c'est-à-dire sur le juif.

« Que ferions-nous sans le juif ? »

Mais c'est lui qui nous nourrit !

— Oui, comme le cuisinier nourrit le volatile qu'il destine à la broche ; comme le boucher, le bœuf ou le mouton qu'il destine à l'abattoir, mais avec cette différence tout à l'avantage de l'animal de basse-cour ou de boucherie, qu'ils sont nourris l'un avec le grain du cuisinier, l'autre avec le foin du boucher, tandis que nous le sommes, nous, avec le pain, c'est-à-dire l'argent que le juif nous a volé.

— En ce cas, vous renoncez à la conversion des juifs ?

C'est l'objection des catholiques fervents, il faut bien y répondre !...

« Et la conversion des juifs ? »

Est-ce le moment, pour le mouton, quand il est dans la gueule du loup, de se préoccuper de la conversion du loup ?

Est-ce le moment, pour nous, moutons de catholiques, de nous préoccuper de la conversion du loup juif, dans la gueule duquel nous sommes jusqu'au cou ?

Nous râlons, et notre dernier bêlement serait : « Pitié pour le juif » ?... Bêlons plutôt : « Pitié pour nous ! »

Notre-Seigneur a bien crié : « Pardonnez-leur, car ils ne savent pas ce qu'ils font »

Il l'a dit des exécuteurs de la sentence des juifs, qui n'étaient pas juifs puisqu'ils étaient *romains*, et ne savaient pas en effet ce qu'ils faisaient, puisqu'ils exécutaient aveuglément une consigne, à la façon des fonctionnaires subalternes d'aujourd'hui, qui jettent les moines à la porte et les catholiques hors la loi, sur des ordres qu'ils ignorent, la plupart, venir des juifs !

Pour ceux-là aussi Notre-Seigneur implore le pardon, car « ils ne savent pas ce qu'ils font », mais Il ne l'implore pas, Il ne l'a jamais imploré pour les chefs du judaïsme, les Princes des prêtres, les Scribes, les Pharisiens, qui avaient voté sa mort à bon escient, *précisément parce qu'**Il les avait maudits***, qui continuent à la voter tous les jours, parce qu'Il maintient contre eux ses malédictions !

Cependant à tout péché miséricorde ?

Oui, à tout péché dont on se repent ! Montrez-nous les signes de repentir du juif !

Sont-ce les menaces de « chambardement » de Reinach ? les promesses de terreur — « auprès de laquelle l'ancienne terreur n'aura été qu'une idylle » — d'un de ses *hauts* coreligionnaires, *s'il arrive au pouvoir* ?

Tant que vous ne nous donnerez d'autres gages de repentir, souffrez que nous songions beaucoup plus à nous défendre contre le juif qu'à lui octroyer un pardon qu'il ne songe pas à mériter, s'il songe à le demander avec son habituelle impudence ![211]

Au surplus, s'il ne faut pas être plus catholique que le Pape, il ne faut pas vouloir être plus miséricordieux que le bon Dieu, sous peine de tomber de la miséricorde dans la bêtise !

Or, que dit le bon Dieu des juifs ?

Qu'ils ne se convertiront en masse qu'à la *fin du monde* ![212]

D'ici-là, ils continueront à crucifier le Christ, suivant la tradition Talmudique, dans ses adorateurs les catholiques, qui compteront par conséquent une illusion de plus à leur actif, s'ils continuent à espérer quand même la conversion des juifs.[213]

---

[211] C'est pourquoi nous nous associons pleinement au programme d'une nouvelle ligue (mars 1899) qui, « *réprouvant énergiquement l'esprit d'intolérance, dénonce le mal profond causé au pays par ces deux fléaux (qui n'en font qu'un) : l'antichristianisme et le sémitisme.* »
Quelle est cette ligue ?
Elle s'appelle : Comité catholique pour la défense du droit !
À la bonne heure !
Hélas nous avons changé un mot de son programme ! Les deux fléaux qu'elle réprouve sont : « *L'antichristianisme et l'antisémitisme !* »...
[212] « Je vous enverrai le prophète Élie *avant que le grand et épouvantable jour du Seigneur n'arrive* et il réunira les Pères (les patriarches) avec leurs enfants (les juifs existants) et le cœur des enfants avec leurs Pères (Malachie IV, 5 et 6).
[213] À ceux qui nourriraient cette généreuse illusion, comme les membres, sans doute, du *Comité catholique pour la défense du droit* où figurent des abbés, nous dédions les lignes suivantes d'un juif à *la Croix*, 7 janvier 1899 :
« *C'est notre empire qui se prépare ; c'est celui que vous appelez l'antéchrist, le juif redouté par vous, qui profitera de tous les nouveaux chemins pour faire rapidement la conquête de la terre.* »
C'est la justification, à la fin du XIXe siècle, du mot de saint Paul aux Thessaloniciens vers le milieu du Ier siècle (52) :
« Les juifs qui *ont tué le Seigneur Jésus et les prophètes, qui nous ont persécuté, qui ne plaisent point à Dieu et* sont ennemis de tous les hommes, nous empêchent (encore) d'annoncer aux païens la parole qui les doit sauver, pour combler sans interruption la mesure de leurs péchés.
« *Car la colère de Dieu est venue sur eux pour jusqu'à la fin (du monde).* » (Thess. II, 15 et 16.)

Nous ne parlons pas des conversions individuelles qui continueront à se produire, « *mais en petit nombre* », disait saint Paul aux juifs de son temps.[214]

Faut-il donc sacrifier ce petit nombre ?

Non, mais nous devons beaucoup moins sacrifier le grand nombre de nos frères catholiques dont les âmes périssent *par millions* sous les coups des juifs !

En somme, quand le loup a envahi la bergerie et dévore les moutons, c'est pour eux le moment de résister, non de bêler.

Ou plutôt, il faut faire l'un et l'autre et *non pas l'un à l'exclusion de l'autre*, sous peine te ne faire que la moitié de son devoir.

Le devoir commence par la prière, mais il finit par l'action.

S'il est vrai de dire que « toute action est *nulle* qui n'est pas soutenue par la prière n, il n'est pas moins vrai de dire que « toute prière est *vaine* qui n'aboutit pas à l'*action* ».

Et chacune doit se faire en son temps.

Du mot de saint Paul : « *ils sont ennemis de tous les hommes* », rapprochons le mot d'Édouard Drumont en son magistral article du 28 mars « Notre œuvre :
« *Le juif a été chez tous les peuples et à toutes les époques considéré comme un ennemi public, parce que chez tous ces peuples et à toutes les époques il a été un agent de dissolution, de corruption, de division, de trahison et de ruine.* »
« *Le comité* (soi-disant catholique) *pour la défense du droit* » dira-t-il que saint Paul était intolérant. » En tout cas, nous savons bien ce que saint Paul dirait du *Comité* !...
[214] « Quand le nombre des enfants d'Israël serait égal à celui des grains de sable de la mer, *il n'y en aura qu'un petit reste de sauvés.* » (Rom. ix, 27.)
Au surplus, pour le petit comme pour le grand nombre connu de Dieu seul, nous pourrons toujours faire la prière de l'Église, le vendredi saint « *pour les juifs perfides* », en y ajoutant l'oraison *contre les persécuteurs de l'Église* » et l'invocation des litanies des saints : « *Seigneur ! daignez humilier les ennemis de l'Église !* »

Quand Jeanne d'Arc fonçait sur les Anglais au cri de « Jésus ! Marie ! » elle n'arrêtait point l'élan de son cheval afin de prier pour ou contre les Anglais.

Elle priait avant, après, mais non pendant l'assaut ; elle mettait son action entre deux prières, disons mieux, elle mêlait son action à la prière, *elle ne mettait point sa prière à la place de l'action !*

Elle savait que de la France aussi il faut dire que « Dieu qui l'a faite sous nous ne la veut pas sauver sans nous ».

Voilà comment, avec l'aide de Dieu, elle mettait en déroute les bataillons anglais !

Voilà comment, avec l'aide de Dieu, nous mettrons en déroute les bataillons de la juiverie !

Et la charité ?

La charité nous commande « de haïr » non le juif, mais « *le mal qui est dans le juif et que nous fait le juif* »[215] avec son *Talmud*, interprété par son abominable *Kahal* !

---

[215] C'est le mot de saint Augustin : « *Aimons les hommes* qui sont dans l'erreur, *haïssons l'erreur* qui est en eux. »
Ce mot constitue la différence essentielle entre *la tolérance catholique* et la *tolérance Talmudique*.
L'une impose *l'amour de l'homme*, dont on déteste l'erreur !
L'autre impose une *haine égale de l'homme* et de ce qu'on appelle « son erreur ».
Le catholique *aime le juif* dont il *combat le judaïsme* ou pour mieux dire le *Talmudisme*.
Le juif *abhorre également le catholique et son catholicisme*, et cela en pleine conformité avec le *Talmud* qui enveloppe dans la même proscription « *le Christ et les chrétiens, Jésus de Nazareth et les Nazaréens*, qu'il faut voler, dépouiller, massacrer en toute occasion et de toutes les manières ».
Voilà comment le juif ne peut respecter, dans le chrétien, ces vrais « *droits de l'homme* » que le *chrétien respecte dans le juif !*
C'est la preuve flagrante de la tolérance de l'un et de l'intolérance de l'autre. Livré aux réflexions du *Comité catholique pour la défense du droit*.

Si nous ne haïssons pas de toutes nos forces ce *Talmud* et ce *Kahal* qui démolissent la France chrétienne depuis cent ans, nous n'aimons pas la France, nous n'affilons pas nos frères, nous n'aimons pas Notre-Seigneur.

Et si nous les aimons, notre haine du *Talmud* et du *Kahal* sera la mesure de notre amour ! En aucun cas nous ne devons haïr le juif !

Il y a une exception trop oubliée aujourd'hui *presque jusqu'au crime !*

La voici d'après le *doux* saint François de Sales, disciple du *doux* saint Augustin et docteur comme lui :

« *J'excepte, entre tous, les ennemis déclarés de Dieu et de son Église,* car ceux-là il faut les décrier tant qu'on peut, comme sont les sectes des hérétiques et des schismatiques et leurs chefs (à vous Messieurs les rabbins et autres docteurs du *Talmud,* à vous Messieurs les membres du *Kahal*).

« c'est charité de crier au loup quand il est parmi les brebis. » (*Introduction à la vie dévote.*)

« La jolie dévotion pour des catholiques !... »

« POUSSER À LA GUERRE, LES CITOYENS LES UNS CONTRE LES AUTRES ? »

C'est l'éternelle objection — trop intéressée pour être sincère — des juifs, des protestants, des francs-maçons qui passent leur vie, je ne dis pas seulement « à pousser à la guerre », mais *à la faire*, avec l'astuce du renard, la férocité du loup, aux catholiques qu'ils savent disposés à toutes les capitulations.

C'est toujours la même vieille histoire — vieille comme le diable qui l'a inventée à son profit — du « lapin qui a commencé », du « mouton qui trouble le breuvage du loup ».

Il n'y a qu'une réponse à faire : *Redoubler d'énergie dans la résistance*, dût le loup s'écrier d'un air de pharisien scandalisé :

« Cet animal est fort méchant ! Quand on l'attaque il se défend ! »

Et si « l'animal » *ne se défend pas*, il justifie les lignes suivantes, que nous lui dédions :

« En dépit de tous les philanthropes et des charlatans de libéralisme, nous soutenons que toutes ces nations (qui ont accueilli le juif) *doivent expier cruellement le tort de leur charité pour le juif ;*

« Charité *imprudente*, charité *déplorable*, dont les grands penseurs de tous les siècles leur avaient, à l'avance, signalé les périls ;

« Car *Tacite*, le plus illustre des historiens de l'antiquité, s'élève déjà contre l'indomptable orgueil et l'esprit de fourberie du peuple juif.

« *Bossuet* ne peut s'empêcher d'écrire que les juifs ne sont plus *rien* à la religion et à Dieu, et qu'il est juste que leurs ruines soient répandues par la terre, en punition de leur endurcissement... »

Qui parle ainsi ?

Un vil *clérical ?* un *réactionnaire ?* un allié du « sabre et du goupillon » ?

Non, un libre-penseur socialiste et phalanstérien : Toussenel, disciple de Fourier, en son livre : *Les juifs rois de l'époque.*

Que va dire M. Jaurès ?

Cependant au loup juif, il y a une autre réponse :

« Guerre des *citoyens !* » dites-vous ? Pardon ! Monsieur de la Synagogue, pour parler *citoyens*, il faut l'être !

« L'êtes-vous ? À quel titre ?

« Au titre que confère la naturalisation !

« Ça ne suffit pas ! Vous pouvez étaler vos parchemins, les porter, si cela vous agrée, sur toutes les coutures de vos habits, cela ne fera pas plus de vous un citoyen français, que la peau de mouton dont se pare le loup n'en fait un mouton !

« Vous n'avez donc pas qualité pour nous adresser le reproche de pousser à « la guerre des citoyens ».

Voilà ce que nous pourrions répondre.

Mais à quoi bon ? A-t-on jamais vu le loup s'incliner devant la raison du mouton ?... Notre devoir demeure donc entier :

« *Crier au loup juif !... qui a envahi la bergerie française !* » C'est précisément la charité que nous venons d'accomplir.

Nous la compléterons, en ajoutant au cri-d'alarme l'indication du terrain sur lequel nous devons nous unir.[216]

Le terrain d'union

---

[216] Il s'agit de l'assaut *immédiat*, non de la guerre de longue haleine, dont la méthode est indiquée en détail, dans la 2e partie du *Juif roi*, chez Lethielleux, 10, rue Cassette, et à la librairie Antisémite, 14, boulevard Montmartre, Paris.

Car *il faut s'unir !* suivant le mot de l'héroïque commandant Marchand, au balcon du cercle militaire, le 1er juin : « Mes amis, soyons unis ! »

Et qu'on ne dise pas que cela n'est possible qu'aux juifs, aux protestants et aux francs-maçons ! Il serait bien surprenant que la charité qui a édifié la France, soit incapable de la réédifier !

Que nos ennemis puissent opérer la concentration de la haine, que nous ne puissions opérer la concentration de la fraternité chrétienne et patriotique !

Que la haine de 100.000 juifs soit plus puissante, pour démolir la France, que l'amour de 38 millions de Français pour la reconstruire !

En ce cas, nous justifierions les paroles suivantes du *Vaterland* de Bavière, juin 1899 :

« *Si les Français se laissent maîtriser par cette bande de juifs, c'est que leur énergie n'est plus aujourd'hui digne d'un meilleur sort...*

« Mais nous ne pouvons pas croire que le peuple français soit déchu au point de se laisser étrangler par ces gens-là.

« Le chanvre de la corde qui servira à les pendre est probablement déjà hors de terre. » Nous ne demandons pas à les pendre !

Nous voulons seulement « ne pas nous laisser étrangler par ces gens-là ». Mais pour cela, encore une fois, *il faut s'unir !*

Mais enfin, sur quel terrain nous unir ?[217]

---

[217] Ne pas oublier ce que nous avons dit en commençant, que : La *constitution républicaine* ne peut pas être un *terrain*, une *base* d'union, au sens rigoureux du mot, mais seulement une *condition* d'union, si excellente soit-elle, d'ailleurs, depuis les directions pontificales.

Nous n'avons pas le choix ! Sur le terrain où nos ennemis nous attaquent en ce moment : le terrain du *Patriotisme*, c'est-à-dire de l'Antisémitisme !²¹⁸...

VICTOIRE ! ! !

Sur ce terrain, le seul pratique aujourd'hui, prenons carrément position derrière le rempart menacé par le juif : l'armée française, et ouvrons sur l'ennemi un feu aussi nourri que meurtrier, un vrai feu de salve, de toutes nos batteries à la fois :

Batteries de gros calibre, dans la plaine des intérêts matériels !

Batteries légères sur la colline du patriotisme Batteries mystiques de la prière sur la montagne de la foi !

Toutes ces batteries, nous les avons entendues tonner déjà, dans la souscription de la *Libre Parole*, sur la face de Reinach, un des capitaines de l'armée juive.

Redoublons, retriplons le feu sur l'armée tout entière, avec l'énergie désespérée d'un peuple qui veut vaincre... parce qu'il ne veut pas mourir.

Qui pourra tenir devant la vigueur et l'ensemble d'un pareil assaut de trente-huit millions de Français ? Sera-ce le petit million de mercenaires étrangers, juifs, protestants, francs-maçons, même

---

On ne s'unit que sur un *principe*, comme : *la Religion, la Patrie* (qui n'est que l'extension de la *famille*) et nullement sur un *fait* contingent, tel qu'une *constitution*, qui est aujourd'hui et peut ne plus être demain.

[218] Toutes les ligues de « Prières », des « Patriotes », de « La Patrie française », etc., aboutissent fatalement à la « *Ligue Antisémitique* », c'est-à-dire à l'*Antisémitisme* qui est pour nous, au point de vue de *l'action*, la plus haute expression du *Patriotisme*, comme le *Sémitisme* est la plus basse expression de *l'Internationalisme* et de la perversité.

soutenus par la cavalerie de Saint-Georges,[219] même galvanisés par l'audace factice de son généralissime juif, Adriano Lemmi ?.

La victoire est au bout !

Français de bonne volonté, ne la sentez-vous pas déjà planer sur nos têtes, promenée par la main compatissante de Dieu, présagée par son Vicaire qui nous dit que : « *La France ne peut pas périr !*

À nous de la saisir en un suprême effort, comme à la pointe de l'épée !

— Et alors ?

— Alors ! l'ennemi vaincu, le terrain déblayé des débris de sa défaite, trophée de notre victoire, nous regagnerons, la main dans la main et la chanson aux lèvres, la forteresse de notre foi religieuse, rempart de la Patrie, asile de la liberté française, inexpugnable *à l'intolérance du juif*, qui n'essaiera plus, cette fois, de nous en faire descendre !

Adveniat regnum tuum !

---

[219] Curieuse coïncidence. Elle est casernée 17, *rue Saint-Georges*, au domicile particulier de M. le grand rabbin Zadoc-Kahn, trésorier du syndicat de trahison, nous voulons dire du *Kahal* central, dont Rothschild est président !